Dieter Funke

Die dritte Haut

Psychoanalyse des Wohnens

Psychosozial-Verlag

Bibliografische Information Der Deutschen Nationalbibliothek
Die Deutsche Nationalbibliothek verzeichnet diese Publikation in der Deutschen Nationalbibliografie; detaillierte bibliografische Daten sind im Internet über <http://dnb.ddb.de> abrufbar.

Originalausgabe

Goethestr. 29, D-35390 Gießen.
Tel.: 0641/77819; Fax: 0641/77742
E-Mail: info@psychosozial-verlag.de
www.psychosozial-verlag.de

Umschlagabbildung: Anonymus: »Hildegard von Bingen. Die wahre Einheit in der wahren Dreiheit« (Postkarte)
Foto des Autors auf der Rückseite des Einbandes: © Günter Starke
Umschlaggestaltung: Psychosozial-Verlag
Lektorat: Katrin Frank
Gesamtherstellung: Majuskel Medienproduktion GmbH, Wetzlar
www.majuskel.de
Printed in Germany
ISBN 3-89806-552-9
ISBN 978-3-89806-552-8

Inhalt

Vorwort

Die Metapher von der »dritten Haut« bezieht sich auf die uns umgebenden Begrenzungen in Form von Wänden, Mauern, Decken, Böden und Einrichtungen, womit wir uns im direkten und im übertragenen Sinn umhüllen. Architektur, Räume und Mobiliar haben mich jenseits eines professionellen Sachverstandes auf einer gefühlsmäßigen Ebene schon immer angesprochen. Zunehmend mehr haben mich die tieferen psychischen Beweggründe interessiert, die unserem Bedürfnis nach Umhüllung, nach Kleidung, nach Gestaltung der Räume um uns, also nach Wohnen im unmittelbaren und übertragenen Sinn zu Grunde liegen.

Mein Buch wendet sich deshalb nicht nur an Fachleute wie Psychoanalytiker, Architekten, Kulturwissenschaftler, sondern an Menschen, die »wohnen« und damit einen Grundvorgang des Menschseins bewusster und intensiver vollziehen wollen. Winnicott bezeichnete einmal die Kreativität als eine bestimmte Tönung der gesamten Haltung der Realität gegenüber. In Anwendung dieses Wortes auf das Wohnen meint Kreativsein eben nicht einen extravaganten Wohn- und Einrichtungsstil zu entwickeln, sondern die alltäglichen Rituale des Wohnens als schöpferischen Selbstvollzug zu verstehen. Voraussetzung dafür ist eine Portion Neugier auf die unbewussten Seiten eines Vorgangs, der so alt ist wie die Menschheit, denn wohnen heißt Mensch sein, wie es Martin Heidegger in seinem bekannten Aufsatz *Bauen, Denken, Wohnen* von 1951 ausdrückt.

Ich danke meiner Frau und Kollegin Renate M. Paus sowohl für ihre Inspirationen beim Schreiben und bei der Bildauswahl als auch für das Nachspüren über gemeinsame Wohnerfahrungen, ohne die dieses Buch nicht entstanden wäre. Celia Norf danke ich für ihr unterstützendes Interesse bei der Entstehung dieses Buches, Axel Wowereit für seine fachkundige Hilfe bei der Bild- und Grafikgestaltung. Ich wünsche den Lesern und Leserinnen, dass die Lektüre dazu beiträgt, Wohnen (wieder) zu einer intensiven und bewussten Erfahrung werden zu lassen.

Dieter Funke
Düsseldorf, Mai 2006

Einleitung

Psychoanalyse findet in Räumen statt. Zwischen Raum und Mensch geschieht etwas, was psychoanalytisch bedeutsam ist. Dennoch ist das Interesse der Psychoanalyse an den Räumen, in denen ein großer Teil des Lebens stattfindet, nie besonders groß gewesen. Wohnen, Bauen und Raumerfahrungen sind eher Randthemen im kulturanalytischen Spektrum. Das ist in doppelter Hinsicht verwunderlich, denn zum einen benutzt Freud häufig bauliche Bilder, wenn z. B. der Vorgang des Psychoanalysierens oft mit baulich-architektonischen Metaphern beschrieben wie z.B. konstruieren bzw. rekonstruieren (bezogen auf die Lebensgeschichte des Analysanden) oder containen für die Tätigkeit des Analytikers, unintegrierte Spannungen und Affekte zusammenzuhalten und somit verdaulich zu machen. Zum zweiten hat Freud eine wichtige Veränderung im Raum-Setting der psychoanalytischen Therapie vorgenommen, die in gewisser Weise die Voraussetzung seiner Erfindung der Psychoanalyse war: Fand die Behandlung von psychisch Kranken bis dahin in medizinisch-klinischen Räumen statt, verlagerte sie Freud in seine Privatwohnung. Sein Behandlungsraum, frei von allen medizinischen Accessoires, hatte die Gestalt einer Wohn- und Gelehrtenstube, ausgestattet mit vielen Hinweisen auf die Geschichte und Herkunft des Menschen, wie z.B. seine umfangreiche Antikensammlung. In jüngster Zeit freilich hat sich die Raum- und Wohnvergessenheit der Psychoanalyse in ein neues Interesse an einem psychoanalytischen Verständnis des Raumes und des Wohnens gewandelt. So beschäftigt sich das Heft 2 des Jahrgangs 2004 der Zeitschrift »texte« als Themenheft mit Architektur und Psychoanalyse, und Claudia Guderian hat 2004 eine viel beachtete Arbeit zur Geschichte und Gegenwart von Raum und Setting in der Psychoanalyse vorgelegt.

Die Metapher von der dritten Haut als Bezeichnung für die uns umgebenden Wände weist auf ein körpernahes Verständnis des Wohnens und Bauens hin. Die erste Haut als Teil unseres Körpers erweitert sich als zweite Haut in der Gestalt von textilen Umhüllungen und als dritte Haut in Form von Wänden, Decken und Böden in den Raum der Kultur. Die dritte Haut ist somit Teil unseres Körpers und unseres Ichs und gleichzeitig Teil der Außenwelt.

Abb. 1:
Masaccio, Vertreibung aus dem Paradies, 1427, Capella Brancacci, Florenz

Die Geburtsstunde des Ich-Bewusstseins des menschlichen Individuums ist im bekannten Mythos von der Vertreibung aus dem Paradies der Moment, in dem die Haut als Körperhülle ins Bewusstsein tritt: »... und sie erkannten, dass sie nackt waren« (Gen. 3,7). Das so erwachte und zugleich vertriebene Menschenpaar wird sich des Mangels einer kulturellen Hülle bewusst und wird darüber von Scham ergriffen.

Abb. 2:
Piero della Francesco, Madonna des Parto, 1467, Monterchi

Die Kulturgeschichte der Menschheit kann als eine ständige Erweiterung ihrer Hauthülle in die Umwelt gelesen werden. Der zweiten Haut folgt die dritte, indem Schutzwände und Mauern errichtet werden, die sich in immer neuen Formen in unterschiedlichen Stilen ausdifferenzieren. Was alle Formen verbindet ist das Grundbedürfnis nach Umhüllung, was besonders im Rundbau zum Ausdruck kommt, für den das Kugelhaus (vgl. Abb. 3) die moderne Variante darstellt. Insofern ist Wohnen trotz des Wandels der Form auf Beständigkeit angelegt, was den Soziologen Gert Selle (1993) seine Studie über die eigenen vier Wände mit der Feststellung beginnen lässt, das Wohnen konservativ sei. Hier freilich interessiert der psychische Untergrund dieses Bedürfnisses nach einer dritten Haut, also die unbewusste Dimension eines so komplexen Phänomens wie dem des Wohnens.

Abb. 3: Kugelhaus auf der Jahresausstellung »Die technische Stadt«, Dresden 1928, aus: Nerdinger, Winfried (Hg.) (2002): Konstruktion und Raum in der Architektur des 20. Jahrhunderts – exemplarisch. Beispiele aus der Sammlung des Architekturmuseums der Technischen Universität München. München, S. 13

Bei dem Versuch der Erkundung der unbewussten Wurzeln des Wohnens erweist sich die Metapher des Hauses auch als eine Möglichkeit, die Psychoanalyse selbst als ein Gebäude zu verstehen, welches zahlreiche Geschosse, Ebenen, Räume und Übergänge aufweist. Das mehrgeschossige Haus als Vorstellungsrahmen bewahrt davor, einen Aspekt oder Ansatz gegen den anderen auszuspielen oder sie in eine Entweder-oder-Position zu bringen. Die Mehrgeschossigkeit des Theoriegebäudes der Psychoanalyse verhindert es, aus dieser ein Einraumhaus zu machen. Die Haus-Metapher lädt vielmehr ein, einen möglichst breiten Überblick über die jeweilige Sicht eines Ansatzes zu geben, die sich dann zu einer differenzierten Vorstellung über unser Wohn-Ich und unser Wohn-Selbst zusammenfügen. Mit den Begriffen Wohn-Ich und Wohn-Selbst sind die beiden zentralen Konzepte genannt, entlang derer eine Psychoanalyse des Wohnens entfalten werden soll.

In einem Überblick im I. Teil über die geschichtliche Entwicklung des Wohnens als menschlicher Lebensform werden Zusammenhänge zwischen der Menschwerdung des Menschen, der Herausbildung seines Ich-Bewusstseins und seines Selbstverständnisses sichtbar, die durch einen Blick auf eine Philosophie des Wohnens vertieft werden. Im II. Teil werden in mehreren Anläufen Erkundungen zum *Wohn-Ich* vorgelegt, jener zentralen Regulationsinstanz, mit der wir unsere emotionalen und sozialen Bedürfnisse über den Vollzug des Wohnens regulieren. Die unbewussten, vor allem im vorgeburtlichen Erfahrungsraum verborgenen Wurzeln unseres *Wohn-Selbst* werden im III. Teil unter Rückgriff auf die pränatale Psychologie dargestellt. Zum Abschluss werden einige sehr subjektive gefärbte Gedanken zum spirituellen Vollzug des Wohnens vorgelegt.

I. Wohnen als Lebensform

1. Erlebnisfeld Wohnen

Die private Bühne

Wohnen ist wie Theater auf der privaten Bühne. Hier bringen wir uns selbst zur Darstellung und wählen auch die Zuschauer selber aus. Diese Bühne ist geschützt; sie garantiert uns eine private Öffentlichkeit und bewahrt uns vor unbefugten Blicken. Wenn man sich fragt, wie unsere Gesellschaft und Kultur mit diesem Grundbedürfnis nach Umhüllung und dem Schutz des individuellen Innenraumes umgeht, fällt sofort eine widersprüchliche Tendenz auf: Einerseits wächst das Bedürfnis nach Rückzug in private und unantastbare Räume des Wohlbehagens, andererseits wird das Bedürfnis nach Umhüllung in unsere Gesellschaft permanent unterlaufen. Die dritte Haut wird durchsichtig gemacht. »Big Brother« ist da wohl nur das augenfälligste Symptom des durchsichtigen Menschen, der Tag für Tag in den rituellen Talkshows vorgeführt und zelebriert wird. Im Spätsommer 2003 ließ sich ein Künstler als säkularer Säulenheiliger in London in einen durchsichtigen Behälter an einem Kran hoch in der Luft aufhängen und setzte sich dort vier Wochen ohne Nahrung den Blicken der Öffentlichkeit aus. Wie immer man diese Aktion versteht, mit dieser Performance wollte der Künstler offenbar auf paradoxe Weise auf die Erfindung der vor fremden Blicken schützenden Hülle als eine der ersten kulturstiftenden Leistungen der Menschheit aufmerksam machen, deren Auflösung den Einzelnen in seinem Identitätsgefühl betrifft. Für die psychischen Wurzeln und den seelischen Erlebnishintergrund des Wohnens möchte diese Arbeit als eine Form der angewandten Psychoanalyse sensibel machen.

Sag mir, wie Du wohnst, und ich sage Dir, wer Du bist!

So lautet zu Recht ein altbekanntes Sprichwort. Wie jemand wohnt, ist über das Praktische und Funktionale hinaus immer auch eine Art Markenzeichen der Person, die sich mit Wänden, Möbeln und Accessoires »in Szene setzt« und damit etwas von sich mitteilt. Die Wohnbühne ist ausgestattet mit allem, was wir zur Inszenierung unseres Lebensdramas brauchen und was uns wichtig ist. Alles, was sich angesammelt hat, trägt eine Bedeutung mit sich und hat eine Geschichte. Ja, die eigene Wohnung erzählt unsere Geschichte.

Weil der Mensch ein »animal symbolicum« ist, wie der Philosoph Ernst Cassirer in seiner *Philosophie der symbolischen Formen* sagt, hat die Wirklichkeit für den Menschen immer ein doppeltes Gesicht: Neben dem praktischen funktionalen Wert der Dinge und Gegenstände haben diese auch eine symbolische Seite. Sie bedeuten etwas, ihnen haftet ein Bedeutungsmehrwert an, der in der Regel mit einer inneren Antenne wahrgenommen wird, auch wenn er nicht ausdrücklich thematisiert wird oder bewusst ist. Die symbolische Dimension eines »Dinges« wie der Wohnung wird nicht immer bewusst erfasst. Sie wird stimmungsmäßig wahrgenommen und diese Wahrnehmung hängt von vielen emotionalen Faktoren ab, die u.a. auf den Bereich des Seelisch-Unbewussten verweisen. Wir werden die bewusste und unbewusste Bedeutung der Raumerfahrung und der Wohnung im zweiten und dritten Teil herauszuarbeiten haben. Soviel aber kann jetzt schon gesagt werden, dass die Wohnung über ihren praktischen Wert des Schutzes, der Sicherheit und der Abgrenzung eine innerseelische Bedeutung hat. In ihr inszeniert sich unser Selbst, wodurch unsere Wohnung zu einer Selbstrepräsentanz wird, wie die Psychoanalyse sagt. Freilich ist diese von zahlreichen kulturellen, ökonomischen und sozialen Faktoren beeinflusst.

Auch wenn sich das Interesse der Psychologie und Psychotherapie weitgehend auf die Bedeutung anderer Menschen für die Entstehung des individuellen Selbstgefühls konzentriert hat, so hat doch bereits der Begründer der amerikanische Psychologie, William James, die Bedeutung materieller Dinge für die Entstehung und Aufrechterhaltung des Selbstgefühls einer Person zum Gegenstand psychologischer Forschung gemacht[1]. Neben den Gegenständen, die unser Alltagsleben begleiten und strukturieren – dazu zählen neben praktischen Dingen in Haushalt und Beruf, neben Kleidung und Schmuck auch symbolische Gegenstände wie Sammlungen, Nippes, Kunstwerke usw. – werden Zimmer, Wohnungen, Häuser, Mobiliar und Einrichtung zum bevorzugten Medium unserer Selbstdarstellung. In diesen Gegenständen materialisiert sich unser Selbst, es wird anschaulich und handhabbar. An den Dingen können wir Gefühle unterbringen wie Sehnsucht, Freude

1 Die Arbeit von Tilmann Habermas (1999) basiert auf den Untersuchungen von James und stellt den umfangreichsten und derzeit wohl bedeutendsten Beitrag zur Bedeutung der Dingwelt für die Identitätsbildung dar.

oder Trauer; sie verbinden uns mit der Vergangenheit, halten Erinnerungen wach und lassen uns wissen, dass wir mehr sind, als wir im Augenblick fühlen oder erleben. Vor allem die Behausungen, in denen wir uns aufhalten oder die wir aufsuchen, ermöglichen eine räumliche Auffassung unseres Selbst (T. Habermas 1999, S. 60–62). Diese wiederum ist an den Körper gebunden: Unser inneres Selbst als ein Ausgedehntes zu erfahren, ist nur möglich über die räumliche Ausdehnung unseres Körpers. Mit dem Körper können wir uns räumlich positionieren und dadurch seelische Bedürfnisse ausdrücken: Wir erleben innen und außen; unser Körper-Ich vermittelt uns die Unterscheidung von Selbst und Nicht-Selbst. Dadurch ermöglicht uns der Körper psychische Erfahrungen: Wir können uns unterscheiden, abgrenzen, identifizieren und Teil von etwas uns Umgebenden sein, wie es z.B. ein Raum darstellt.

Das bedeutet, dass die Arbeit an Wohnungen und Häusern immer auch eine Weise der Gestaltung und Formung unseres Selbsterlebens und unseres Bewusstseins ist. Möbel verrücken, aufräumen, renovieren, umgestalten sind Tätigkeiten, die intensiv auf unseren emotionalen Zustand ein- und rückwirken. Deshalb ist es in der psychotherapeutischen Praxis durchaus üblich, Patienten mit Depressionen Hausarbeit zu empfehlen, manchmal zu nächtlicher oder morgendlicher Stunde, wenn die Depressionen auftauchen. Einerseits wirkt das Tätigsein gegen die depressiven Tendenz des Rückzugs, der Passivität und Ohnmacht, andererseits gilt die Aufmerksamkeit, die beim Putzen, Aufräumen und Gestalten zunächst auf uns wichtige Gegenstände bezogen wird, auf indirekte Weise auch dem eigenen Selbst: Die Wohnung wird wie eine dritte Haut behandelt, die stellvertretend für das eigene Selbst gepflegt wird. Wir werden uns deshalb im diesem Buch der Geschichte der dritten Haut und ihres Zusammenhangs mit der Entstehung der seelischen Struktur des Menschen zuwenden.

»Wohnst du noch oder lebst du schon?« (Ikea)

Mit diesem Werbeslogan eines schwedischen Möbelhauses wird »richtiges« Wohnen in quasi religiöser Weise zum »Leben« hochstilisiert, und umgekehrt soll sich »richtiges« Leben weitgehend im Wohnen vollziehen. Wie »richtiges« Leben geht, wird in den Möbelhäusern durch begehbare Wohnwelten vorgeführt. Wer sie zu Hause imitiert, hat Teil am richtigen Leben, so die (unbewusste) Botschaft der dargestellten Wohnlandschaften. Wohnen wird als Kult präsentiert, der Sinn stiften soll und die Regeln und Riten, nach denen dieser Kult funktioniert, werden von denen festgelegt, die die Wohnprodukte verkaufen. Der Wohnkult übernimmt heute eindeutig Funktionen, die früher die Religion innehatte! Nicht der Einzelne bestimmt autonom über seine Wohnwünsche und ästhetischen Vorlieben, sondern diese orientieren sich an weitgehend vorgestanzten Mustern und ästhetischen Schablonen. Damit ist einer jener Konfliktpunkte genannt, an denen eine kulturpsychoanalytische Bemühung um das Wohnen ansetzt.

»… dass das Ich nicht Herr sei in seinem eigenen Haus« (Freud)

Eine ganz andere Entfremdung hatte Freud (Freud 1917, S. 11) im Sinn, als er die Metapher vom Ich, das nicht Herr im eigenen Hause sei, formulierte. Er meinte, dass sich ganz andere Bewohner im Lebenshaus aufhalten, als das sich seiner selbst sichere Ich vermutet: Die Triebe, die Freud im Es als der zentralen Motivationsstruktur angesiedelt sieht, bestimmen weit mehr als Wille und Vernunft das Handeln und Begehren des Menschen. Dem optimistischen Selbstbild des modernen und aufgeklärten Menschen fügte Freud eine empfindliche Kränkung zu, als er die Triebe als die prägenden Kräfte entdeckte, die das Ich weit mehr beherrschen, als es diesem lieb ist.

Heute haben diese dem Ich unbewussten Kräfte andere Namen: Es sind die über Häuser, Räume, Wohnungen, Einrichtungen usw. vorgeführten Lebensordnungen, die das Individuum in die vorgegeben Muster einpassen und es so berechenbar und – im Sinne des Konsums – dienstbar machen. Vor allem das Wohnen ist davon betroffen: Wie zu wohnen ist, wird in vorgefertigten Wohnungen und vorgeführten Wohnlandschaften ebenso festgelegt wie die Anordnung der Einrichtungsgegenstände. Auch im wörtlichen Sinn ist das Ich nicht Herr im eigenen Haus.

2. Wohnen und Psychoanalyse

Die Psychoanalyse hat sich von Anfang an nicht nur als therapeutische Heilungsmethode verstanden, sondern auch als Instrument zur Erforschung kultureller Schöpfungen. Als Kulturpsychoanalyse erforscht sie jenseits von Krankheiten der Seele konflikthafte Phänomene der Kultur mit dem Ziel, durch ein psychoanalytisches Verständnis zu neuen, unbekannten und womöglich überraschende Einsichten zu kommen (vgl. Diergarten 2003, S. 39–47). Denn mit der Entdeckung der unbewussten Dynamik im Seelenleben des Menschen durch Freud war ein völlig neuer Zugang zum Verständnis des Menschen und seiner von ihm geschaffenen Kultur aufgetan.

Eine Kulturpsychoanalyse des Wohnens setzt an den Konflikten Widersprüchlichkeiten an, die sich um das Wohnen ausmachen lassen. Zu nennen sind der oben genannte Konflikt zwischen Selbst- und Fremdbestimmung, Widersprüche um die Entfremdung im Wohnen bei gleichzeitiger Stilisierung des Wohnens, die Konflikte um die Bedürfnisse nach Rückzug und Privatheit einerseits und Selbstisolation und Gewaltinszenierung andererseits. Auch konflikthafte Verhaltensweisen vom pathologischen Sammeln von Dingen in der Wohnung bis zum Phänomen der Vermüllung gehören zu den interpretationsbedürftigen konflikthaften Erfahrungen. Durch Rückgriff auf den unbewussten Sinn des Wohnens soll ein psychoanalytischer Beitrag zum Verstehen dieser und weiterer Konflikte um das Wohnen geleistet werden.

Raum ist unbewusster Sinn

Wenn der Begriff »das Unbewusste« auch zunächst recht inhaltsleer und formal klingt, so hat Freud dem Unbewussten doch einen inhaltlichen Sinn gegeben, der sich in Sinnbildern, Metaphern und Symbolen ausdrücken lässt. Der Sinn des Unbewussten ist freilich kein philosophischer oder religiöser Sinn, sondern Ausdruck frühester Beziehungs- und Raumerfahrungen. Ein Kind, das ein Bild malt, auf dem die Mutter als eine Katze dargestellt ist, die eine Maus frisst, bringt eine Erfahrung zum Ausdruck, die eine enge, bedrohliche, verschlingende Beziehung zwischen Kind und Mutter ver-sinn-bildlicht. Man muss freilich etwas von der »Logik« der Mutter-Kind-Beziehung verstehen, um den psychologischen Sinn des Bildes zu begreifen. Die frühesten Sinnbilder, die Freud als Inhalt des Unbewussten nennt, sind die sog. unbewussten Fantasien, von denen die ursprünglichste die »Mutterleibphantasie« ist. Mit dieser Fantasie legt Freud gleichzeitig das bio-psychische Substrat dieser Vorstellung frei. Zweierlei bleibt für unsere Fragestellung festzuhalten:

- einmal sieht Freud hinter dem triebhaften Wünschen und Begehren eine »konservative« Kraft, die alle Objektfindung nach dem Sinnbild der ersten Objekterfahrung gestalten will (»Objektfindung ist Wiederfindung«);
- er konzipiert den ersten »Sinn« menschlichen Strebens räumlich, als Wunsch nach dem ersten Urraum, den die Mutter dem Embryo als Gastraum bereitstellt.

Alle Räume, die wir später herbeiwünschen oder die wir meiden, tragen Spuren des ersten mutterleiblichen Urraumes. Räume verbergen und offenbaren somit jenen Sinn, den die unbewusste Fantasie vom vorgeburtlichen Leben und der Trennung davon ausmacht.

Freuds Kulturtheorie – Grenzen und Erweiterungen

Freuds psychoanalytische Kulturtheorie geht von der Einsicht aus, dass sich in den Mythologien und Religionen, in Kunst und Kultur ein Stück in die »Außenwelt projizierte Psychologie« (Freud 1900/01, S. 287) wieder findet. Diese nach außen gewendeten Inhalte des Unbewussten sieht Freud verwurzelt in den Verstrickungen und Konflikten in der Beziehung zu den Eltern, wobei für ihn vor allem die Konfliktlinie entlang der Vaterbeziehung zum entscheidenden Dreh- und Angelpunkt seiner analytischen Kulturtheorie wird. Wie im Seelenleben des einzelnen Menschen der ödipale Konflikt, der durch die Gegenwart des Vaters ausgelöst wird, die Konfiguration der Psyche und somit die psychologische Menschwerdung des Kindes besorgt, so sieht er im Konflikt der Urhorde mit dem Urvater, der ermordet wird, den Ursprung der Entstehung der Kultur in der Geschichte des Menschengeschlechtes. Freud ahnt zwar, dass es hinter dem »Vater« noch eine andere Dimension des Unbewussten gibt, wenn er schreibt: »Es mag noch etwas anderes dahinter [›der Religion‹, D. F.] stecken, aber das verhüllt einstweilen der Nebel (…)« … (Freud 1930, S. 204).

Er vermochte jedoch die Bedeutung der Mutter und der frühen Erfahrungen des Kindes mit ihr weder theoretisch zu fassen noch therapeutisch zu nutzen. Der erste, der die Präsenz der Muttererfahrung im Unbewussten aufspürte, war der enge Mitarbeiter und lange Vertraute Freuds, Otto Rank. Mit seinem heute erst in größerem Umfang verstandenen Werk *Das Trauma der Geburt* begann 1924 der Bruch mit Freud und der Ausschluss aus der psychoanalytischen Gemeinschaft. Der Common Sense der damaligen Psychoanalyse war so auf das Vaterthema konzentriert, dass die Thesen Ranks von der Bedeutung der mit der Mutter verbundenen Geburtserfahrung eine solche Zumutung und Provokation für das patriarchale Denken bedeuteten, dass sie schlicht ignoriert wurden. Erst durch die sich auf dem Boden der Psychoanalyse allmählich herauskristallisierende Bedeutung der Beziehung zur Mutter, wie sie sich in der Narzissmustheorie, der Objektbeziehungs- und Selbstpsychologie niederschlägt, wurde Otto Rank wieder in ein anderes Licht gerückt, so dass heute von einer »Wiederentdeckung Otto Ranks für die Psychoanalyse« (Janus 1998) gesprochen wird. Die pränatale Psychologie und die Erforschung der Ursprünge des menschlichen Bewusstseins haben zu einer Erweiterung des Verständnisses dessen geführt, was mit dem Konzept des Unbewussten gemeint ist. Es ist eben nicht mehr nur der Vater, und damit die sprachfähigen und verdrängten Anteile, die das Unbewusste strukturieren, sondern es sind vor allem die vorgeburtlichen, geburtlichen und frühnachgeburtlichen Erfahrungen, die als Trauma und Kompensation des Traumas die Bemühung des Menschen grundieren, in dieser Welt real und symbolisch frühe Mutterleibsbedingungen und damit ein umfassendes Wohlsein wiederherzustellen oder Ängste, die mit diesen Erfahrungen verbunden sind, zu überwinden. Damit wird der Freudsche Hinweis, dass es sich beim Wohnen um einen den kulturellen Ersatz für den verlorenen Uterus handelt, weitaus besser verständlich und lässt sich in Einzelheiten entschlüsseln, wie es in diesem Buch geschieht.

Damit, so könnte man zu Recht einwenden, sei das Schibboleth der Psychoanalyse, nämlich, dass der ödipale Konflikt das Ich erst konstituiere, aufgegeben. Denn nur durch den Vater als Dritten im Bunde der Beziehung von Mutter und Kind könne sich dieser Ich-konstiuierende Konflikt entfalten. Dazu ist an dieser Stelle zu sagen, dass sich das Ich tatsächlich triadisch bildet. Die Triade wird allerdings nicht nur durch den Vater ermöglicht, sondern als Konstitutiv menschlicher Erkenntnis durch die Bezogenheit auf etwas Drittes. Dies gilt jedoch – und diese Einschränkung ist wichtig – für das empirische Ich und das Ich-Bewusstsein des Menschen. Darüber hinaus gibt es aber Bewusstseinsstufen, die über das Ich hinausgehen und die hier mit dem Begriff des Selbst beschrieben werden. Dieses Selbst konstituiert sich nicht triadisch-ödipal, sondern bildet sich durch die Aktivierung früher Einheitserfahrungen.

Auf der Basis dieser Unterscheidung von Ich und Selbst versucht die hier vorgelegte Psychoanalyse des Wohnens, aus den verschiedenen, teils divergierenden und sich widersprechenden psychoanalytischen Ansätzen wie der Freudschen Es- und Ich-Psychologie, der Narzissmus- und Objektpsychologie, den beziehungsanalytischen Ansätzen und der Selbstpsychologie jene Aspekte heraus zu destillieren, die für ein mehrdimensionales psychoanalytisches Verständnis des Wohnens – einmal als Ich-Funktion (Wohn-Ich) und ein andermal als Selbstvollzug (Wohn-Selbst) – hilfreich und notwendig sind. Als Verbindungsglied dieser Ansätze gilt die analytische Kulturtheorie, die sowohl den triebpsychologischen Ansatz als auch beziehungstheoretische Konzepte, die auch die Psychoanalyse des pränatalen Lebens integriert, in sich aufnimmt. In der Kultur wiederum drücken sich bestimmte Entwicklungsstufen des menschlichen Bewusstseins aus, und die psychoanalytische Kulturtheorie sucht die dem Bewusstsein nicht unmittelbar zugänglichen Aspekte zu erhellen. Freud bewirkte mit der Entdeckung des Unbewussten eine Erweiterung des menschlichen Bewusstseins um jene Dimensionen, die den triebhaft-animalischen Teil, mithin seine evolutionäre Vergangenheit meint. Da sein aufklärerischer Anspruch sich auf die Bewusstwerdung von bisher Unbewusstem bzw. Vorbewusstem bezog, kann man die Psychoanalyse als Teil einer umfassenden Theorie des Bewusstseins verstehen. Gerd Kimmerle (1997) kommt in seiner Studie *Der Fall des Bewusstseins* zu der Auffassung, dass die Psychoanalyse, wenn sie mit anderen Disziplinen dialogfähig bleiben will, nach einer »Theorie des Bewusstseins« verlangt, da »ohne eine Klärung der Bewusstseinsbildung auch das Unbewusste unfassbar bleibt« (ebd., S. 94f.).

Bewusstsein als Bezug zwischen Psychoanalyse und Wohnen

Sich für den Bewusstseinsbegriff als Bezugspunkt zu entscheiden, wäre also eine Art »konvergierende Option«, zunächst innerhalb verschiedener psychoanalytischer Konzepte, aber auch für den Dialog mit anderen, nichtpsychoanalytischen Ansätzen zum Verständnis des Phänomens »Wohnen«. Zugegebenermaßen sind die Begriffe »Bewusstsein« oder »Unbewusstes« problematisch, weil sie auf eine falsche Fährte führen können. Sie geben der Illusion Nahrung, als gäbe es das Bewusstsein als etwas Objektives und Statisches. Die Bewusstseins- und Hirnforschung klärt jedoch darüber auf, dass Bewusstsein kein Ding und kein einmal erworbener starrer Zustand ist, sondern ein Prozess, in dem ständig neue Wahrnehmungs- und Erkenntnismuster hervorgebracht werden. Dieser Bewusstseinsprozess erzeugt unentwegt Strukturen, die Plausibilität verleihen, Sicherheit herstellen und damit den weiteren Prozess der Bewusstseinswandlung ermöglichen. Die Plastizität des Gehirns erlaubt, dass das Bewusstsein im Gehirn Formen, Vernetzungen und Verschaltungen anlegt, hervorbringt und verändert. Bewusstsein ist ein autopoetischer Prozess.

Es ist noch eine weitere Besonderheit des Bewusstseins zu beachten, die immer auch die Sonderstellung der Psychoanalyse innerhalb der Wissenschaften ausgemacht hat, weil sie sich auf den subjektiven Faktor menschlichen Erlebens bezieht. In den gesetzesbildenden (Natur-)Wissenschaften und teilweise auch in den davon geprägten alltäglichen Wahrnehmungsprozessen werden wahrgenommene Phänomene in der Perspektive der dritten Person beschrieben: von außen, distanziert, objektivierend und nachvollziehbar für die Teilnehmer des gleichen Sprachspiels. Das Bewusstsein zählt aber nun zu jenen Phänomenen, die nur aus der Perspektive der ersten Person wahrgenommen werden können: Es ist in höchstem Maße subjektiv, kulturell konstruiert, ohne einen festen Bezugspunkt außerhalb seiner selbst. Alles, was bewusst wird, geschieht innerhalb von Bewusstseinsstrukturen der Person, der etwas bewusst wird. Der Konstruktivismus hat hinlänglich deutlich gemacht, dass es keinen objektiven Bezugspunkt außerhalb gibt. Die Suche danach ähnelte dem Bemühen Münchhausens, sich an den eigenen Haaren aus dem Sumpf zu ziehen.

Der Prozess der Bewusstseinsbildung hat allerdings die Tendenz, sich in Formen Mustern und Modellen, die er erschafft, sich selbst gegenüber zu treten. Bewusstsein materialisiert sich in den kulturellen Schöpfungen, die die Menschheit hervorgebracht hat. Bauen und Wohnen sind Manifestationen des Bewusstseins einer Zeit, und wenn die Psychoanalyse dies zu verstehen sucht, nimmt sie an, dass das Bewusstsein immer unterwandert ist von dem, was sie das Unbewusste nennt. Das bedeutet auch, dass das Wohnen in seiner äußeren Gestalt dem Bewusstsein in gewisser Weise voraus ist, weil es sich aus einer Quelle speist, von der das Bewusstsein erst nachträglich weiß.

Das ist der unverzichtbare Beitrag Freuds zur Erfassung des Bewusstseins. Er bestand darauf, dass menschliches Bewusstsein nur begriffen werden kann, wenn man ein dynamisch wirkendes Unbewusstes annimmt. Während sein einstiger Weggefährte und späterer Kontrahent C. G. Jung dieses Unbewusste als kollektive Grundausstattung des Menschengeschlechtes versteht und in den Archetypen das Regelwerk freilegt, nach denen es funktioniert, sieht Freud die Regeln der Konstruktion, nach denen das Bewusstsein aufgebaut ist, in der Verdrängung, den Abwehrmechanismen und der Funktionsweise des psychischen Apparates. Seine erste Konzeptualisierung des seelischen Geschehens, das sog. topische Modell, wird noch von der räumlichen Vorstellung beherrscht: Bewusstes, Vorbewusstes und Unbewusstes werden als Regionen der Psyche vorgestellt, die durch teils durchlässige, teils unüberwindbare Grenzen voneinander getrennt sind. Während sich hier das Unbewusste mit dem Bereich der Triebe, der animalischen Grundausstattung, deckt, erfährt es in der sog. Strukturtheorie von 1923 eine erhebliche Erweiterung: Ich, Es und Über-Ich werden jetzt nicht mehr als räumliche Provinzen, sondern als Strukturen der Psyche nach Art eines Hauses (vgl. Teil II) verstanden, mit der Folge, dass Freud auch im Ich und Über-Ich Unbewusstes annimmt: »Wir haben im Ich selbst etwas gefunden, was auch unbewusst ist, sich gerade so benimmt wie das Verdrängte, das heißt starke Wirkung äußert, ohne selbst bewusst zu werden, und zu dessen Bewusstmachung es einer besonderen Arbeit bedarf« (Freud 1923, S. 244).

Das Unbewusste ist jetzt nicht mehr nur das *Verdrängte*, sondern auch das *Verdrängende*. Inhalt dieses Verdrängten/Verdrängenden sind traumatische Erlebnisse, die nicht verarbeitet werden können, und

Triebwünsche, die wegen ihrer sozialen Unerlaubtheit keine Befriedigung erfahren. Die Strukturierung des Bewusstseins erfolgt zeitbedingt und für den Bewusstseinstand der vorletzten Jahrhundertwende nach patriarchalen Mustern.

In der Nachfolge Freuds hat sich die Gewichtung vom Triebgeschehen und seinen Objekten mehr auf die Beziehungserfahrung zwischen Mutter und Kind verschoben. Damit sind andere inhaltliche Vorstellungen über das Bewusstsein bzw. die Regeln des Unbewussten ins Spiel gekommen: Fehlgeschlagene Beziehungen, mangelnde Empathie, defizitäre Bindungsmuster, Missbrauch des Kindes für Bedürfnisse der Erwachsenen machen den Inhalt des Unbewussten im Ich bzw. Selbst aus. Das »Wir im Ich« ist der Kern des Ich. Die pränatale Psychologie verfolgt diese verinnerlichte Beziehungserfahrung weit zurück bis in die Zeit der Zeugung. Die Psychohistorie etwa sucht Niederschläge des frühesten pränatalen Bewusstseins in den kulturellen Formen der kollektiven Selbstdarstellung des Menschen in der Geschichte. In Bezug auf das Wohnen lässt sich eine Bewusstseinsevolution annehmen, die sich in einer kulturhistorischen Kontinuität von den steinzeitlichen Schutzhütten und Höhlen über die Kulträume der »großen Mutter«, den städtischen Siedlungen der archaischen Zeit und den patriarchal strukturierten Tempeln der Antike bis zur Innenwelt einer postmodernen Wohnung widerspiegelt. Diese Kontinuität der Bewusstseinsevolution lässt sich mit den beiden oben eingeführten Begriffen des Wohn-Ich und des Wohn-Selbst wiedergeben. Während das Ich-Bewusstsein des Wohn-Ichs triadisch aufgebaut ist und dem modernen Individuum entspricht, bezieht sich das Wohn-Selbst auf jene Phasen, die genetisch der Triade vorgelagert sind und inhaltlich das empirische Ich-Bewusstsein übersteigen.

Damit ist das Instrumentarium, mit dem das Wohnen als Vollzug und als reale Gestaltung analysiert werden soll, skizziert: Die Funktionen des Wohn-Ichs werden mit Freuds Strukturmodell näher gefasst. Melanie Klein und Janine Chasseguet-Smirgel liefern ein Verständnis der Innen-Außen-Regulation, welches in der Leiblichkeit des Menschen und deren psychischen Abkömmlingen wurzelt. Ein um die Dimension des Grenz- und Beziehungsaspektes erweitertes Verständnis des Wohn-Ichs wird erarbeitet durch Rückgriff auf die Arbeiten von Paul Federn, auf das darauf aufbauende Grenz- und Inszenierungskonzept des Münchener Psychoanalytikers Wolfgang Trauth, auf beziehungsanalytische Aspekte Thea Bauriedls und auf das Konzept des Selbstobjekts, wie es Heinz Kohut und Heribert Wahl auf dem Boden der Selbstpsychologie formuliert haben. Mit letzteren wird die Bedeutung des Wohnens für die Regulation unseres Selbstgefühls aufgezeigt. Im dritten Teil gilt die Aufmerksamkeit dem Wohn-Selbst als unbewusster Erlebnismatrix des Wohnens. Es werden die wichtigsten Ergebnisse der Analyse des vorgeburtlichen und geburtlichen Erlebens vorgestellt, wie sie Rank, Graber, Grof und Janus als Begründer und Vertreter einer analytischen pränatalen Psychologie entwickelt haben. Mit diesen Ansätzen wird die psychoanalytische Verortung des Wohnens in der Leiblichkeit des Menschen um eine entscheidende Dimension erweitert.

Wie kann man Wohnen psychoanalysieren?

Mit der Anwendung dieser über Freud hinausgehenden Konzepte stellt sich eine weitere Frage, die die Kulturpsychoanalyse beschäftigt und die für unser Thema relevant ist: Kann man die Kultur, kann man das Wohnen als Teil von Kultur überhaupt psychoanalysieren? Zunächst muss freilich eine Einschränkung im Hinblick auf die Reichweite gemacht werden, die die klinische Psychoanalyse von der kulturanalytischen unterscheidet. Kulturanalyse ist zunächst Formanalyse, Analyse der Hardware, wenn man so will, und nicht des Innenlebens der Subjekte (vgl. Evertz 2002). Diese kommen zunächst nur indirekt zur Sprache, insofern, als die Form immer auch als ein Stück nach außen verlagertes Bewusstsein ist und als materialisierte Subjektivität, als Form gewordene Lebenspraxis und als symbolische Repräsentanz seiner Innenwelt verstanden werden kann.

Eine zweite Einschränkung ergibt sich durch die Tatsache, dass das psychoanalytische Verfahren ein dialogisches ist und somit ein antwortendes und reagierendes Gegenüber voraussetzt. Auch die auf das Wohnen angewandte Psychoanalyse kann nicht auf dem Weg der Einbahnstraße funktionieren. Auch bei einem kulturanalytischen Versuch darf dieses antwortende Gegenüber nicht fehlen, auch wenn es sich von der therapeutischen Situation unterscheidet. Es ist hier präsent in der Person des Lesers und der Leserin, wie sie sich der Autor vorstellt und so deren fantasierte Reaktionen in seine Gedanken einbezieht. Wenn also psychoanalytische Interpretationen des Wohnens versucht werden, hängt das Gelingen dieses Versuches davon ab, wie der Leser und die Leserin darauf reagieren. Nicht im Schreiben vollzieht sich die Psychoanalyse des Wohnens, sondern im Lesen und den dadurch hervorgerufenen Reaktionen. Eine psychoanalytische Deutung gilt in der therapeutischen Anwendung dann als gelungen, wenn sie eine emotionale Reaktion im Analysanden hervorruft wie Erstaunen, Neugier, Erschrecken, manchmal auch Angst und Abwehr, auf jeden Fall aber die Bereitschaft, sich weiter darüber zu verständigen und eine neue Perspektive auf bisher selbstverständlich Erscheinendes zu bekommen. Während in der psychoanalytischen Therapie der Analytiker die Reaktion seines Analysanden mitbekommt, ist diese Möglichkeit bei der kulturanalytischen Arbeit so nicht gegeben. Ich kann mir als Autor also nur in meiner Fantasie vorstellen und wünschen, dass die hier vorgelegten psychoanalytischen Deutungsmuster des Wohnens Reaktionen wie Erstaunen, Neugier, Widerspruch und die Lust zu weiteren Erkunden hervorrufen.

Damit möchte ich noch einmal meinen Ausgangspunkt skizzieren: Die hier vorgelegte »Psychoanalyse des Wohnens« ist ein Versuch, Wohnen wieder als einen kreativen Akt, als individuelle selbstschöpferische Tätigkeit zu verstehen. Solche kulturpsychoanalytischen Bemühungen finden in der Regel entlang konflikthafter und widersprüchlicher Erfahrungen statt. Voraussetzung ist die Wahrnehmung eigener Wohnbedürfnisse, um sie dann »wohnend« zu gestalten. Diese Aufgabe der Regulation wird mit dem Begriff »Wohn-Ich« im II. Teil näher entfaltet. Diese regulierende Funktion wird als »künstlerische Tätigkeit« begriffen, greift auf teils bewusstes, teils unbewusstes Entwicklungswissen zurück und gründet in unterschiedlichen Stufen des Bewusstseins. Bewusstsein wird hier verstanden als ein Kontinuum der gesamten Individuation des Menschen, von der Zeugung bis zum Tod (Evertz 2002, S. 73). Mein Versuch geht von der Annahme eines durch vorgeburtliche und geburtliche konflikthafte Erfahrungen geprägten Unbewussten aus, das sich in unseren kulturellen Aktivitäten wie der des Wohnens ausdrückt und zwar in einer doppelten Weise: Einmal, dass sich darin früh gemachte Erfahrungen in symbolischer Form zur Darstellung bringen und, dass diese Erfahrungen der Abkömmlichkeit und Bindung durch kulturelles Schaffen wie das Bauen integriert werden können. Dies wird mit Hilfe des Begriffs »Wohn-Selbst« im III. Teil entfaltet.

Das Unbewusste der Psychoanalyse wurzelt in körpernahen Erfahrungen und stellt sich dar als eine in Symbolik verhüllte Körpersprache der vorgeburtlichen Zeit bzw. des traumatischen Verlustes dieser Urgeborgenheit. Deshalb wird als Metapher für das Wohnen der Begriff »dritte Haut« gewählt, die uns nach der Kleidung in Form von wie auch immer gestalteten Begrenzungen umgibt. Diese Körpersymbolik findet sich bereits bei Freud, wenn er im Wohnhaus einen »Ersatz für den Mutterleib« sieht, »die erste, wahrscheinlich noch immer ersehnte Behausung, in der man sich sicher war und sich wohl fühlte« (Freud 1930, S. 450).

Die Orientierung an unbewussten seelischen Vorgängen macht aus diesem Buch eben keinen psychologischen Ratgeber für richtiges Wohnen. Auch ist hier mit »Wohnen« nicht in erster Linie die Art und Weise gemeint, wie wir unsere Wohnungen einrichten, welche Accessoires wir verwenden und welche psychologische Rückschlüsse sich daraus – wie zu Recht zu befürchten wäre – auf den Bewohner selbst ableiten lassen. Wohnen ist hier in einem sehr umfassenden, existentiellen Sinn gemeint, denn Wohnen hat etwas mit Leben zu tun. Im Englischen heißt *life* sowohl *wohnen* als auch *leben*. Menschsein heißt, ein Bewohner der Erde zu sein. Die Elementarformen, die der Mensch als Bewohner entwickelt hat, sind der Ausgangspunkt, dem eine philosophisch-existentielle Annäherung an das Wohnen und das Raumerleben folgt, bevor im zweiten und dritten Teil der Beitrag der hier angesprochenen psychoanalytischen und psychohistorischen Konzepte für ein Verständnis des Wohnens als Existenzvollzug des Menschen dargelegt wird[2].

2 Eine Einordnung und Beziehung zu gegenwärtigen Architekturtheorien würde den Rahmen dieser Arbeit sprengen. Am nächsten steht diese Psychoanalyse des Wohnens der Arbeit des Architekten Wolfgang Meisenheim *Das Denken des Leibes und der architektonische Raum* (Köln 2004). Dort findet sich auch ein Überblick über die Entwicklung der Architekturtheorie des 20. Jahrhunderts.

3. Elementarformen des Wohnens: Von der Schutzhütte zum Cyberhome

Wenn die Wohnung als ein Symbol für die Ich-Identität und für das Selbst des Menschen verstanden wird, dann spiegelt die Entwicklung elementarer Wohnformen auch die Evolution des Bewusstseins wider und erzählt die Geschichte menschlicher Selbstwerdung.

Dach, Boden, Wand

> »Außer kulturellen oder politischen Vorurteilsstrukturen scheint nichts so konservativ wie das Wohnen, ungeachtet aller ›jugendlichen‹ Moden, schrillen Accessoires und demonstrativen Gesten zweifelhafter Lifestyle-Modernität. Die Konstanten sind zu auffällig, die verdeckten Muster zu wieder erkennbar, die Sehnsüchte zu regressiv, die Erinnerungen zu verpflichtend, als dass es im Wohnen heute oder morgen zu einem revolutionären Wandel kommen könnte« (Selle 1993, S. 11).

Von einem Psychoanalytiker würde man eine solche Einschätzung erwarten, wenn er die regressiven und im Unbewussten einlagerten Sehnsüchte benennt, die sich im Wohnen ausdrücken. Wenn aber ein eher an der Empirie orientierter Soziologe auf die ewig gleichen Konstanten des Wohnens hinweist, scheint etwas dran zu sein an der Vermutung, dass Wohnen eine anthropologische Konstante ist, die sich nur äußerlich in den Erscheinungsformen verändert hat, nicht aber in der psychologischen Motivation und der elementaren Bedürftigkeit des Menschen. Von der Altsteinzeit bis heute besteht das Bedürfnis, sich zurückzuziehen und Schutz zu suchen, in prähistorischen Zeiten vor einer als feindlich erleben Natur, heute vor der Öffentlichkeit, die mehr und mehr Zugriff auf das einmal erreichte Private und Intime zu nehmen versucht. Selle (ebd.) stellt in seiner soziologischen Studie zum Wohnen fest, dass sich hinter dem Schutz- und Rückzugsbedürfnis eine allgemeine Tendenz der Individualisierung widerspiegelt. Menschheitsgeschichtlich tritt diese Tendenz, sich als Individuum oder als Gruppe von der umgebenden Natur abzugrenzen, in jener Epoche auf, in der der Mensch seine Nomadenexistenz aufgibt und sich die Sesshaftwerdung vollzieht.

Die Sesshaftwerdung des Menschengeschlechtes, die sich in einem langsamen Prozess der sog. neolithischen Revolution ereignet hat, bedeutet einen ungeheuerlichen kulturellen Entwicklungsschritt. Als der Mensch aufhörte, mit den wilden Tieren die Lebensform des Umherziehens von Futterquelle zu Futterquelle zu teilen und sich durch »Stehenbleiben« aus dem ewigen Kreislauf der Natur herausbewegte, schuf er jene Elementarformen der Behausungen, denen als Dach und Wand über ihren funktionalen Wert des Schutzes vor der Außenwelt (Klima, Tiere, Menschen) hinaus ein Symbolwert anhaftet. Als Ausdruck unseres Selbst spiegeln sie bis heute das Grundbedürfnis nach Abgrenzung nach Außen und infolge dessen eine Zentrierung auf das Innen wider. Dieses Bedürfnis nach einer Behausung tritt in seiner elementarsten Form als Verlangen auf, ein Dach über dem Kopf zu haben, welches sich über den mit mütterlichen Eigenschaften ausgestatteten Boden der Erde erhebt. Nicht die Mulde in der Erde, nicht die natürliche Schutzhöhle, sondern das sich nach oben aufrichtende Dach markiert den kulturellen Schritt zum ersten Wohnhaus, welches diesen Namen verdient. Die Kuppel, wie das Pantheon (Abb. 5), und das Schalendach, wie die Konstruktion von Isler (Abb. 6), bilden eine umgedrehte Erdmulde, die über der Erde in den Himmel aufgerichtet wird. In ihnen spiegelt sich die Selbsterhöhung des Menschen über die natürlichen bindenden Kräfte der Erde wider; in ihren Anfängen drückt sich die erste selbstschöpferische architektonische Tätigkeit des Menschen aus.

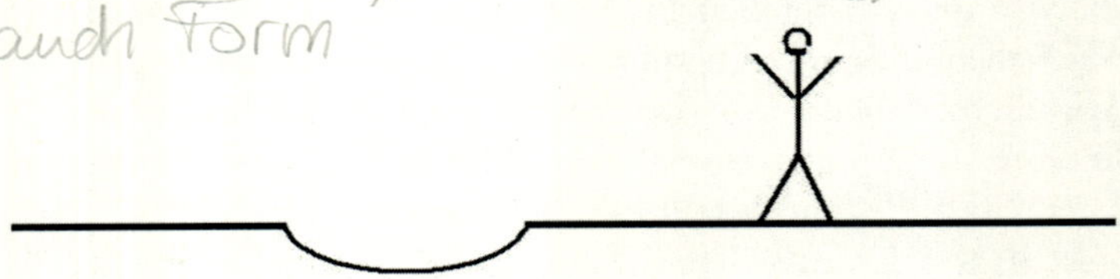

Abb. 4: Eigene Grafik

Abb. 5: Kuppel des Pantheon, Rom

Abb. 6: Heinz Isler, Tankstelle Deitingen-Süd, 1968, aus: Nerdinger, Winfried (Hg.) (2002): Konstruktion und Raum in der Architektur des 20. Jahrhunderts – exemplarisch. Beispiele aus der Sammlung des Architekturmuseums der Technischen Universität München. München, S. 61

Die Erde nährt und sichert; sie ist als »Mutter Erde« der Ort der Herkunft und Rückkehr, sie steht für Geburt und Tod. Die Spanne zwischen den beiden Ereignissen Geburt und Tod ist die Zeit der Erhebung über die Erde, wie es sich im Errichten eines schützenden Himmelsdaches zwischen Himmel und Erde ausdrückt. Die älteste Schutzhütte, von der Reste an der französischen Riviera als pfostengestütztes Dach, noch ohne Wände, gefunden wurden, ist etwa 40.000 Jahre alt.

Abb. 7: Konstruktion eines pfostengestützten Schrägdachs, aus: Camesca, Ettore (Hg.) (1971): Das Haus. Vom Pfahlbau zur Wohnmaschine. Gütersloh, S. 13

Diese Urhütte, Vorform aller späteren Sattel- und Steildachkonstruktionen, differenziert sich hinsichtlich Form und Gebrauch, nicht jedoch in der menschlichen Bedürfnisstruktur, sich durch ein Dach einerseits vor der Außenwelt zu schützen, andererseits sich nach oben zu erheben und die Himmel nach unten zu holen, wie es in den späteren Innendecken dieses Daches, die nach Art eines Sternenzeltes ausgemalt werden, sichtbar wird.

Wände als zweite Elementarform des Wohnens treten bald hinzu. Dach und Mauern setzten voraus, dass es einen Boden gibt, auf dem bzw. über den sie sich erheben. Somit ist die Wand in ihrer dreifachen Verwendung die Elementarform des Wohnhauses: als Decke *über uns*, als Wand *um uns* und als Boden *unter uns* definiert sie den abgrenzbaren Innenraum, in dem sich der Mensch als Gegenüber zur Natur erlebt und bewegt (vgl. Selle 1993, S. 31).

Der rechte Winkel als Norm

Die Haus- und Zimmergrundrisse einer der ältesten menschlichen Siedlungen von Catal Hüyük vor 8.500 Jahren weisen eine rechtwinklig-kubische Form auf. Für unseren Kulturkreis bleibt dieser rechtwinklig ausgerichtete Raum maßgeblich und bestimmt als unverrückbare Norm das architektonische Gefüge unserer Häuser und Städte.

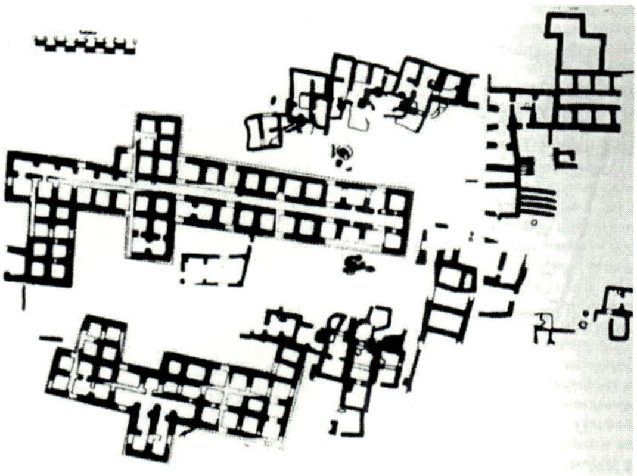

Abb. 8: Umm Dabagiya, Nordirak, um 6500 v. Chr., aus: Hoepfner, Wolfgang; Wüstenrot Stiftung (Hg.) (1999): Geschichte des Wohnens, Bd. 1. Stuttgart, S. 19

Als klassisches Beispiel hierfür gelten die römische Stadtvilla und das Landhaus. Sie waren um einen rechtwinkligen Innenhof gegliedert. Die Wände sind – bis heute – lotgerecht gemauert. Aus dem praktischen Bedürfnis, Dinge zu begradigen, um z.B. einen Topf am dauernden Umfallen zu hindern oder Dinge stapelbar zu machen, entstand die Gerade, von der der Künstler Friedensreich Hundertwasser zutreffend sagt, dass sie in der Natur nicht vorkomme. Interessant ist, dass die Gerade und das geometrische Raumkonzept auf den Menschen übertragen wurden, mit der Folge einer gewissen Vereinheitlichung von Menschen. Während die erste Form, ein Dach über dem Kopf zu schaffen, noch als Erweiterung des Körpers in die Kultur begriffen werden kann, deutet die rechtwinklige Wand bereits auf ein Auseinandertreten von menschlicher Natur und Kultur hin. In diesen Elementarformen des rechten Winkels erscheint nicht nur eine architektonische Grundform, sondern bereits eine kulturelle und gesellschaftliche Definition des Menschen.

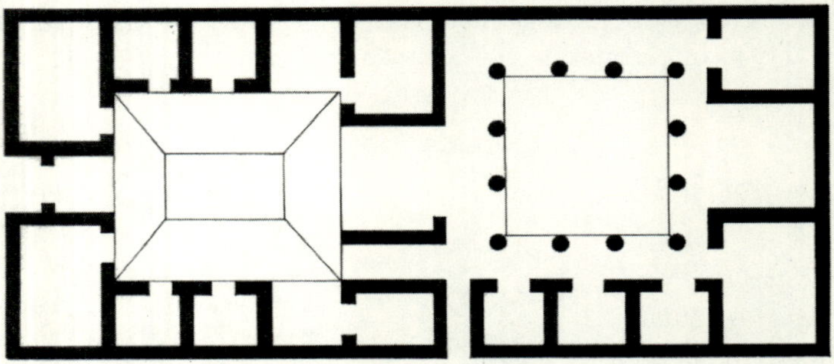

Abb. 9: Grundriss eines römischen Hauses, aus: Camesca, Ettore (Hg.) (1971): Das Haus. Vom Pfahlbau zur Wohnmaschine. Gütersloh, S. 53

Auch die Wandmöbel haben sich als Kastenmöbel weitgehend dieser rechtwinkligen Form angepasst. Schränke, Sofas, Kleinmöbel werden in der Regel wandparallel aufgestellt. Sitzgruppen bilden nach einer Seite offene Vierecke; selten werden einzelne Möbel aus der rechtwinkligen Ordnung herausgenommen und diagonal aufgestellt. Auch der Rundbogen bleibt bestenfalls eine Gemütlichkeit erzeugende Beigabe in der ansonsten orthogonalen Struktur der Wohnung. Bis in den intimsten Bereich des Schlafzimmers setzt sich dieses Grundmuster fort: Die Betten stehen in der Regel mit dem Kopfende zur Wand, neben rechtwinklig aufgestellten Nachttischchen usw. Selle konstatiert, dass unser mitteleuropäisches »Wohn-Ich« (ebd., S. 66) von der rechtwinkligen Ausrichtung des Raumes so geprägt ist, dass sich runde Kuppelräume nur als repräsentative Ausnahme durchsetzen konnten. Die Norm des rechten Winkels wie im Bau von Max Dudler (Abb. 10) erzeugt eine bestimmte Art der Orientierung im Raum, eine dreidimensionale Struktur der Raumwirklichkeit: oben-unten, vorn-hinten, rechts-links. Der Körper selbst ist in dieses Schema hinein verwoben. Die dreidimensionale Struktur ermöglicht es dem Wohn-Ich, sich rasch zu orientieren und in einem fremden Raum Sicherheit und Vertrautheit zu finden. Darin scheint überhaupt der Vorteil der rechwinklig-kubischen Raumgestalt zu liegen, dass sie nämlich Berechenbarkeit und damit Sicherheit vermittelt.

Abb. 10: Max Dudler, Schokoladen-museum Stuttgart 2005, aus: FAZ vom 9. Sept. 2005

Der später erfolgenden psychoanalytischen Interpretation vorgreifend kann man die Vorliebe für diese Raumgestalt in der Abwehr archaischer Ängste sehen, die runde, höhlenartige und asymmetrische Räume erzeugen können, weil sie unbewusst an jenen mütterlich-erdhaften Urraum erinnern, dem zu entkommen mit großen Gefahren verbunden war. Im Ausschlüpfen aus diesem undurchschaubaren Raum entdeckt der Mensch das durch den Wunsch zurück in diesen ersten Raum gefährdete Gut seiner eigenen Individualität. Die Berechenbarkeit des Lebens auf der Erde wird unterstützt durch symbolische Formen, die sich von den weichen und natürlichen Urformen mütterlichen Lebens und den Urmulden und Höhlen der Frühzeit des Menschen unterscheiden. Als klare Orientierungsraster binden sie die Angst vor Fremdheit, Chaos und Orientierungslosigkeit.

Wandöffnungen: Türen und Fenster

Die Selbstabgrenzung, die die Wand ermöglicht, weckt zugleich das Bedürfnis nach Öffnung: Die Wände, die ein Haus von der Außenwelt absondern, machen nur einen Sinn, wenn sie Öffnungen haben, die sich schließen und öffnen lassen. Fenster und Türen sind »Verbindungsglieder, die die Welt des Drinnen zu der Welt des Draußen in Beziehung setzen. Aber beide leisten diese Aufgabe in einer sehr verschiedenen Weise« (Bollnow 1963, S. 154).

Die Tür selbst beschreibt einen Übergangsraum, der Verbindungen nach zwei Seiten schafft. Er verbindet und trennt den Außen- und Innenraum, er ermöglicht Eintreten und Austreten und beschreibt als Schwelle einen eigenen »Raum im Raum«, einen Übergangsraum, der besonders in Sakralräumen aufwändig gestaltet ist. Als solcher ermöglicht er Wohnen als Grundvollzug des Menschlichen: Abgrenzen und Grenzerweitern, Verschließen und Öffnen.

In der Sage von der Gründung der Stadt Rom durch Romulus kommt dieser Doppelcharakter der Tür im Akt des Sich-Abgrenzens und Sich-Öffnens in ursprungsmythischer Weise zur Sprache: Als Romulus die Roma quadrata, die Urzelle der Stadt Rom auf dem Palatin gründete, zog er mit dem Pflug ein Viereck in den Ackerboden. An den Stellen, an denen die Umgrenzungen Öffnungen, Tore, haben sollte, trug er den Pflug einfach (lat. portare), so dass ungepflügte Stellen als Öffnungen entstanden. Porta heißt daher das Tor. Der männlich-väterlichen Aktivität des Pflügens entspricht die Grenzziehung, während das Tragen (portare) und damit das Öffnen der Grenzen eine weiblich-mütterliche Tätigkeit beschreibt.

Anders das Fenster. Es ist von nicht so elementarer Bedeutung und tritt als Wandloch wohnhistorisch erst später dazu. Seine Funktion besteht darin, Licht und Luft in den Innenraum zu befördern. Erst als das verglaste, transparente Fenster in Gebrauch kam, steht das Fenster für einen kulturgeschichtlich bedeutsamen Entwicklungsschritt: Der Blick nach draußen bei gleichzeitiger körperlicher Innenraumbefindlichkeit ermöglicht ein nebeneinander der Perspektiven von drinnen und draußen. Von einem Standpunkt des Innen kann die Welt draußen betrachtet werden bei gleichzeitiger Nähe und Distanz zu den Geschehnissen. Das Fenster abstrahiert die Welt (Selle 1993, S. 49) und lässt sie als Ausschnitt in einer bestimmten Perspektive erscheinen. Im Nachfolger des Fensters, dem Bild, wird diese Perspektivität des menschlichen Blickes besonders deutlich. Diese erkenntnistheoretische Dimension des Fensters macht das Bild von René Magritte (Abb. 11) deutlich, wenn das Bild auf der Staffelei und der Blick durchs Fenster identisch werden.

Abb. 11: René Magritte, Die Beschaffenheit des Menschen, 1933 (© VG Bild-Kunst, Bonn)

Diese Elementarformen von Dach, Wand, Boden, rechtem Winkel, Tür und Fenster haben sich im Laufe der Entwicklungsgeschichte des wohnenden Menschen hinsichtlich ihres äußeren Erscheinungsbildes gewandelt und verändert, nicht aber im Hinblick auf die sich darin ausdrückenden Grundbedürfnisse. Ob in der römischen Stadtvilla, im spätrömischen Landhaus, im mittelalterlichen Einraumhaus oder in einer postmodernen Wohnlandschaft: In all diesen Wohnformen suchen Menschen den Rückzug und die Öffnung, die Nestwärme und die Unterscheidung von anderen und vergewissern sich auf diese elementare Weise, wer sie sind bzw. wer sie nicht sind.

Differenzierung des Innenraums

Wände als Dach, Mauer, Boden schaffen einen vom Außen abgegrenzten Innenraum und ermöglichen so in sinnfälliger Weise die Unterscheidung von Ich und Nicht-Ich. Die Entstehung und Entwicklung dieses Innenraums erzählt zugleich die Geschichte der Entstehung und Differenzierung des psychischen Innenraums. Wohnen im Innenraum wird so zu einer Metapher für die Entwicklung des Individuums, die Geschichte der Differenzierung des umbauten Innenraumes in der Geschichte des Bauens und Wohnens erzählt zugleich die Entwicklungsgeschichte des Individuums und des Bewusstseins.

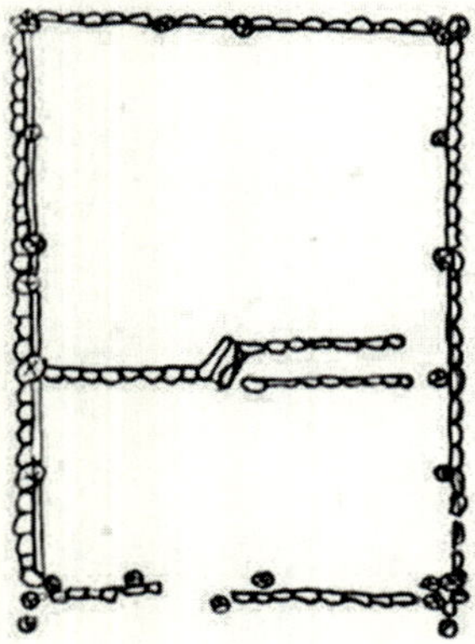

Abb. 12:
Skizze aus: Camesca, Ettore (Hg.) (1971): Das Haus. Vom Pfahlbau zur Wohnmaschine. Gütersloh, S. 20

Der Vorgang der Innenraumdifferenzierung verläuft nicht einheitlich, sondern zeitlich und örtlich versetzt. Während etwa das römische Stadthaus oder die Landvilla eine ausgeprägte Binnendifferenzierung aufweisen, war nördlich der Alpen bis ins Hochmittelalter das Einraumhaus die typische Wohnform, Abbild eines einheitlichen, noch wenig differenzierten Selbst. Neben dieser Zeitversetztheit differenziert sich der Innenraum in zwei Richtungen aus: im römischen Haus in die Horizontale – die Räume lagern sich um den offenen Innenhof –, im mittelalterlichen Turmhaus in die Vertikale. Die horizontale und vertikale Ausrichtung nimmt vorweg, was sich im eingeschossigen Bungalow und im mehrstöckigen Stadthaus fortsetzt. Entscheidend ist jedoch nicht die Richtung der Ausdehnung, sondern der Differenzierungsprozess selbst. Die täglichen Lebensvollzüge wie Kochen, Essen, Arbeiten, Schlafen, soziales Zusammensein fanden zunächst in einem Raum statt, zum Teil gemeinsam mit den Tieren. Mit Ausgang des Mittelalters und dem Beginn der frühen Neuzeit differenzierten sich diese Tätigkeiten und damit das Wohnen in mehrere Funktionsräume: Die Küche wurde zum Ort des Kochens und Essens, geschlafen wurde in den Kammern, und die Stube diente dem Feiern und dem Zusammensein (vgl. Schmidt/Dirlmeier 1998, S. 309–317). Dieser Prozess der Privatisierung und Funktionsdifferenzierung des Hauses spiegelt den Differenzierungsprozess des Selbsts und den Geburtsprozess des neuzeitlichen differenzierten Individuums wider. Die erwachende Ich-Identität schafft sich Ausdruck in verteilten Räumen für die differenzierten Wohnfunktionen.

Mit der Aufteilung der einzelnen Funktionen auf mehrere Räume wird sich das Individuum seiner selbst bewusster. Indem abgegrenzte Räume für bestimmte Lebensvollzüge zur Verfügung stehen, werden aus praktischen Vollzügen soziale und psychische Bedürfnisse, die dann weiter kultiviert und intimisiert werden. Es sind aber nicht nur körperliche und soziale Bedürfnisse, wie Essen, Trinken, Schlafen, Sexualität und Kontakt, die durch die Binnendifferenzierung des Innenraumes Form und Fassung bekommen und eine Intimisierung erfahren, sondern auch die entstehenden geistigen Bedürfnisse. Diese finden mit Beginn der frühen Neuzeit in einem eigenen Raum statt: Das *cabinet* oder *studiolo* bildet ein separates kleines Arbeitszimmer oder auch ein so bezeichnetes Möbelstück, welches einen »Raum im Raum« bezeichnet und in Dürers Stich von 1514 eine besonders ausgereifte Form erfährt.

Abb. 13: Antonella da Messina, Hieronymus im Gehäuse, 1474

Diese kleinen Privatbüros, Vorläufer des heutigen PC-Arbeitsplatzes, die ein eigenes Cabinet im Raum darstellen, spiegeln das Bedürfnis nach zurückgezogener, von der Öffentlichkeit getrennter geistiger Arbeit wider (vgl. Selle 1993, S. 147ff.). Die Abgeschlossenheit des Heimbüros im Wandschrank (Abb. 14) kontrastiert mit der Unbegrenztheit virtueller Welten, zu denen dieser abgegrenzte Raum den Kontakt ermöglicht.

Abb. 14:
Heimbüro mit Computer im Schrank, aus: Flagge Ingeborg; Wüstenrot Stiftung (Hg.) (1999): Geschichte des Wohnens, Bd. 3. Stuttgart, S. 765

Die Kulturtätigkeiten des Lesens und Schreibens bilden eigene Räume aus, in denen individuelle, innerliche Tätigkeiten stattfinden. Insofern sind diese Raumtypen nicht nur Ausdruck des Bedürfnisses nach ungestörtem Arbeiten, sondern eben auch kulturelle Manifestationen eines neuen Bewusstseins, nämlich des sich seiner selbst bewusst werdenden Individuums. Das entstehende private Studierzimmer ist Ausdruck jenes epochalen »Fortschritts in der Geistigkeit«, wie Freud diesen Prozess der Sublimierung des Triebes in seiner Spätschrift *Der Mann Moses und die monotheistische Revolution* (1939, S. 219) bezeichnet.

Die Anfänge der Entstehung dieses geistigen Raumes liegen in der klösterlichen Tradition. Die Mönchszelle als Ort der asketischen Selbstsammlung deutet auf eine Lebensform hin, in der sich der Einzelne seiner selbst bewusst wird und in kontemplativer Betrachtung und geistiger Erforschung die Geheimnisse des Lebens erkundet. In der Singleexistenz begegnet sie in ihrer postmodernen Gestalt, wobei sie lediglich ihrer asketischen und religiösen Einkleidung beraubt ist. Diese dynamische Bewegung des zurückgezogenen Mönches, die als Selbstisolierung *und* Selbstentgrenzung den Konflikt des späteren modernen Individuums vorprägt, wird besonders anschaulich an der Klosteranlage von Camaldoli im Casentin in der Toskana (Abb. 15): Die Mönchszellen erfahren hier eine Erweiterung und Differenzierung in Form von kleinen Häusern, wie sie beim Übergang vom Mittelalter in die frühe Neuzeit aufkamen. Innerhalb einer ummauerten Gesamtklosteranlage befinden sich einzelne Eremiten-Häuser, jedes mit Kammer, Studierstube, Betraum und einem kleinen Garten ausgestattet. Jeder Mönch bildet mit seinem eigenen Häuschen mit Garten ein sich selbst versorgendes System, welches aber eingebettet ist in ein größeres Ganzes: Der Einsiedler trifft sich mit den anderen zum gemeinsamen Gebet in der Kirche und im angrenzenden Kloster, das für diejenigen bereitsteht, die in Gemeinschaft leben. Hier inszeniert sich das erwachende Individuum mit seinem Bewusstsein von sich selbst und seinem Drang nach Selbstsein, ohne in Kontaktlosigkeit zu verfallen.

Abb. 15: Klosteranlage Camaldoli im Casentin/ Italien

Diese Verbindung zu Anderen, dieser Schutz vor Vereinsamung wird in der modernen Appartmentkultur durch Fernseh-, Telefon- und Internetanschluss besorgt. Mönchszelle und Appartment sind die symbolischen Orte, an denen die Symbiose mit Familienmitgliedern oder Ordensbrüdern aufgehoben wird zu Gunsten eines mit sich selbst und einem imaginären Begleiter lebenden Individuums. Sloterdijk spricht im dritten Band seiner *Sphären*-Trilogie von »Selbstpaarung« (Sloterdijk 2004, S. 584) des Individuums, die sich im Appartment vollzieht und zu deren Verwirklichung die Medien als »Egotechniken« die Vorrausetzung bilden. Der Einzelne kann mit ihrer Hilfe selbst die Funktion seines eigenen Begleiters übernehmen. Dies geschieht vor allem über die Audio-Medien, die das Sich-aufgehoben-Fühlen in einer unsichtbaren Klangblase garantieren. So ausgerüstet wird die Appartmentexistenz ähnlich wie das Mönchsleben in einer eigenen Zelle in der Regel als Vereinzelung, nicht aber als Vereinsamung erfahren.

Auch im bürgerlichen Bereich setzte sich mit Beginn der Neuzeit die Tendenz zu zurückgezogener geistiger Arbeit durch. Aus dem *studiolo* der Renaissance entwickelt sich die *camera* als Arbeitszimmer des Gelehrten. Die Gelehrtenstube mit ihren zum Lesen und Schreiben gehörigen Möbeln wie Sessel, Tisch und Regale, bildet bis heute das Erkennungsmerkmal des geistig arbeitenden Menschen. Sie wurden zum Ort von Kreativität und Erfindergeist.

Die Wohnung als Ort der Selbstinszenierung

Mit der Entstehung des Innenraumes und seiner Binnendifferenzierung, wie er in der frühen Neuzeit einsetzt, tritt neben die räumliche Orientierung (Wand, rechter Winkel, Öffnungen) die soziale. Das erwachende Individuum wird sich seiner Selbstabgrenzungswünsche ebenso bewusst wie seiner Lust an der Selbstdarstellung im sozialen Kontakt. Der im gegliederten Innenraum eines Hauses lebende Mensch, der sich seiner eigenen Innenräumlichkeit bewusst geworden ist, beginnt auch seine Wünsche nach Kontakt und Öffentlichkeit ebenso wahrzunehmen wie das Bedürfnis, die Außenwelt ins Innere des abgegrenzten Wohnraums hereinzuholen. Letzteres geschieht auf vielfältige Weise. Die traditionelle Form in vormodernen, durch religiöse Kommunikation geprägten Gesellschaften, ist die, dass der Wohninnenraum über religiöse Symbole wie das Kreuz, das Heiligenbild oder das Hausaltärchen als sakraler »Raum im Raum« einen Anschluss findet an eine andere, metaphysische Welt, die den Innenraum transzendiert. Heute geschieht dies durch den Zugang zu virtuellen Welten über die Vernetzung des Internet mit anderen Welten.

Abb. 16: Herrgottswinkel in einem Bauernhaus

Die großen Zeiten der Selbstdarstellung des herangereiften Individuums sind das feudale und das bürgerliche Zeitalter. Hier tritt nun die auf Inszenierung des sozialen Status und des eigenen Selbst abzielende Form des Wohnens als eine Art sozialer Elementarcharakter des Wohnens auf den Plan.

Der *Saal* eines Herrensitzes im Feudalzeitalter wird nicht mehr durch die architektonischen Koordinaten von oben-unten, vorn-hinten, rechts-links wahrgenommen, sondern durch das soziale Miteinander in diesen Räumen, welches aus einem Beziehungsgeflecht von Herrschenden, Dienenden und Besuchern und deren Tätigkeiten besteht. Diese soziale Ausrichtung des Wohnens wird besonders deutlich an der Einrichtung des Salons im großbürgerlichen Heim des 19. Jahrhunderts. Die Wand grenzt nicht mehr ab, sondern wird zur Projektionsfläche des eigenen Selbst, indem sie vollgehängt wurde mit Bildern, die weniger dem Bedürfnis nach Schönheit entsprangen, sondern als

Mittel dienten, um die Zugehörigkeit zu einer bestimmten Schicht zu demonstrieren. Die Motive der Bilder wurden oft nur mit höherer Schulbildung verstanden und bezogen sich auf Moral, Religion und Mythologie. Sie transportierten darüber hinaus bestimmte Wertvorstellungen wie Fleiß, Treue, Familienleben, Patriotismus (vgl. Flade 1987, S. 83–85). Die Bilder sollten weniger Schmuck als vielmehr Selbstausdruck sein: In ihrer »Fülle« wurde Reichtum demonstriert und vor allem das »Einverständnis mit den bestehenden gesellschaftlichen Normen und Wertvorstellungen« (ebd., S. 84).

Abb. 17: »Zimmer in Burg Grafeneck« L. Burger, 1887, Rom, Sammlung Malfatti

Was für die Feudalzeit der *Saal* und für die großbürgerliche Familie der *Salon* war, war für das kleinbürgerliche Heim die *gute Stube*, die oft bis heute museumsartig und unbewohnt wirkt. Die teueren Möbel wurden die Woche über mit Tüchern bedeckt; es herrschte unbedingte Sauberkeit. Ein paar Bücher und das geerbte Tafelsilber wurden in Vitrinenschränken aufbewahrt. Ungemütlichkeit und Kälte zeichneten diese Räume aus. Der Besuch wurde hier empfangen und Familienfeste gefeiert, ansonsten blieb er unbenutzt. Vor allem Kinder hatten hier nichts verloren. Die gute Stube war unter praktischen Gesichtspunkten Raumverschwendung. Diese relative Funktionslosigkeit erklärt sich damit, dass diese Räumlichkeiten der Selbstrepräsentation dienten. Sie waren in gewisser Weise ein Bindeglied zwischen Innen und Außen, Privatheit und Öffentlichkeit und erfüllten damit in ritueller Weise eine wichtiges Selbstbedürfnis: sich zu zeigen bei gleichzeitiger Wahrung der übrigen Privat- und Intimsphäre. Dieser dem Blick der Öffentlichkeit entzogene Privatraum entwickelt sich in Folge der sich im 19. Jahrhundert vollziehenden Trennung von Beruf und Familienleben rapide zur »Biedermeier-Intimität« (Selle 1993, S. 74) mit seiner bürgerlichen Ich-Abschließung, von der nicht nur Menschen, sondern auch Sachen betroffen sind. Es ist die Zeit der Hüllen und Etuis, der Schatullen und Kästchen, der Futterale und Verkleidungen für Gebrauchsgegenstände, wie sie Walter Benjamin in seiner *Berliner Kindheit um Neunzehnhundert* minutiös beschreibt. Neben dem Salon ist es die Gelehrtenstube, in der eine Fülle von erinnerungsträchtigen Gegenständen aufbewahrt und zur Schau gestellt wird. Im Biedermeier gibt es sogar das besondere Genre des Zimmerbildes, auf dem alles mit größter Genauigkeit abgebildet ist (vgl. Guderian 2004, S. 105). Für unseren Zusammenhang ist es nicht uninteressant, dass die Entstehung der Psychoanalyse in die Blütezeit dieser dunklen, oft überfüllten und museumsartigen Innenräume fällt. In Freuds Wohnung in der Berggasse 19 in Wien war sein Behandlungs- und Arbeitsraum vollgestellt mit Büchern, antiken Skulpturen, einer ägyptischen Mumienmaske und Steinzeitwerkzeug, von denen man im Freud-Museum in London (Abb. 18) einen anschaulichen Eindruck bekommen kann.

Abb. 18: Freud-Museum, London

Solche Räume zeigen, dass Wohnen mit Erinnern zu tun hat und dass sich in ihnen das kollektive Gedächtnis greifbar manifestiert. In der frühen Neuzeit wurde der Beichtstuhl das Möbel, welches die Intimität des sich selbstreflektierenden Subjekts symbolisiert (Abb. 19).

Abb. 19: Gotischer Beichtstuhl im Kölner Dom, aus: Guderian, Claudia (2004): Die Couch in der Psychoanalyse. Geschichte und Gegenwart von Setting und Raum. Stuttgart, S. 97

Der psychoanalytische Behandlungsraum (Abb. 20) trat in der Moderne seine Nachfolge an. In einem solchen Raum und nicht im sterilen medizinischen Behandlungszimmer eines herkömmlichen Neurologen, beginnt die von religiösen Normen freigesetzte Erkundung des Seelenraumes des modernen Subjekts. Umgeben von Zeugnissen früherer Kulturen und archaischer Zeiten, beginnt der Kampf um die Erinnerung, das Aufsuchen längst verlassener Seelenräume in dem Bewusstsein, dass diese im Jetzt lebendig und wirksam sind. In solch einem Raum, der die Erinnerung an den seelischen Urraum wach hält, soll der Analysand einwilligen, dass die Räume der Kindheit endgültig verlassen sind und dass ein Festhalten an ihnen in die Neurose führt.

Abb. 20: Freud-Museum, London

Aus der *guten Stube* wurde im 20. Jahrhundert das *Wohnzimmer*, das in seiner Ausstattung in vielen Schichten eher von der Idee der Repräsentation als dem der Gemütlichkeit und Bequemlichkeit bestimmt ist. Vor allem liegt dem klassischen Wohnzimmer die Idee fern, dass sich die Wohnbedürfnisse wandeln und nicht zu jeder Tages- und Jahreszeit die gleichen sind.

Abb. 21: Mustereinrichtung 1962, aus: Flagge, Ingeborg; Wüstenrot Stiftung (Hg.) (1999): Geschichte des Wohnens, Bd. 3. Stuttgart, S. 776

Das Wohnzimmer, wie in Abb. 21 dargestellt, verbreitet gewöhnlich eine gewisse Starrheit, weil alles immer seinen festen Platz haben soll.

Der Gedanke der Flexibilität und Veränderbarkeit der Möbelaufstellung hat wenig Raum, wo es doch eher auf die Selbstdarstellung des hier Wohnenden ankommt, wie man im Blick auf das eigene Wohnen unschwer erkennen kann:

> »Gastgeberin oder Hausherr treten dem Hereinkommenden entgegen, andere Gäste versperren das Blickfeld in den Raum, der Gast wird von der Raumfolge ›geleitet‹ (von der Tür über die Garderobe, den Flur, die Schwelle in das Wohnzimmer, das einmal Salon hieß). Kerzen brennen wie einst, unauffällig von indirektem Kunstlicht unterstützt; im Kamin flackert ein echtes Feuer. Der Willkommenstrunk wird gereicht, noch bevor der Gast auf einen bequemen Sitzplatz komplimentiert ist, während er unauffällig die Augen schweifen lässt, um festzustellen, wer sonst noch anwesend ist, und dabei auch taxiert, was der Raum sozial zu sagen hat. Die Orientierung erfolgt nach archaischen Gesichts- (genauer Sinnes-)Punkten der Sicherung und Prüfung, zugleich nach gegenwärtigen Kriterien der ästhetischen Entschlüsselung des sozialen Feldes vor Augen. Räumliche und gesellschaftliche Orientierung fallen zusammen« (Selle 1993, S. 63).

Wandel elementarer Wohnformen

Mit der modernen Architektur des 20. Jahrhunderts ist jedoch die Idee des Individuums, das in einem durch Wände, Türen, Fenster, Innenräume und Mobiliar strukturierten Haus wohnt, in Auflösung begriffen. Als programmatischer Vertreter des modernen neuen Denkens formuliert Le Corbusier im 20. Jahrhundert das Ziel des Bauens folgendermaßen: »Erste Pflicht der Architektur in einer Zeit der Erneuerung (...) ist (...) die Revision der wesentlichen Elemente des Hauses« (Le Corbusier [1963]: Ausblick auf eine neue Architektur. Berlin, Frankfurt/M., Wien, S. 166, zit. n. Sloterdijk 2004, S. 545).

Als »Wohnmaschine« (Le Corbusier) soll eine Behausung jetzt eine ähnliche Mobilität aufweisen wie ein Auto, wodurch die Verbindung von Wohnen, Haus und Sesshaftigkeit aufgelöst wird. Die von Le Corbusier selbst immer wieder benutzte Analogie von Wohnung und Fahrzeug erzeugt ein »mobilisiertes Raumselbst« (Sloterdijk 2004, S. 545), welchem die Ausdehnung in andere Räume wie Keller oder Dachboden genommen ist. Durch die Serienproduktion von Wohnmodulen, die, wie im Bau von Kurakawo in Tokio (Abb. 22), zu einem Hochhaus zusammengefügt sind, entsteht ein serielles Selbst, welches die komplexe seelische Struktur zu Gunsten eines kalkulierbaren Einheitsmaßes zurückbildet.

Abb. 22: Kisho Kurakawa, Nakagin Casule Tower, Tokyo 1972, aus: Nerdinger, Winfried (Hg.) (2002): Konstruktion und Raum in der Architektur des 20. Jahrhunderts – exemplarisch. Beispiele aus der Sammlung des Architekturmuseums der Technischen Universität München. München, S. 28

Als dritte Haut hüllt sich das moderne Selbst vorzugsweise in Glas. Die abgrenzende Wand wird durchsichtig: Transparenz zur Umwelt verschleiert das narzisstische Bedürfnis der Erlebnisgesellschaft, Wohnen und Aufenthalt in Räumen zur Wohnprostitution verkommen zu lassen, zur öffentlichen Zurschaustellung dessen, was bisher dem Blick der anderen entzogen war. Der Transparenz des Glases entspricht ihre kalte Undurchdringlichkeit, ihre Abschottungstendenz und erzeugte Isolation. Gegenüber dieser modernen Auflösung des Wohnortes zu Gunsten von Durchsichtigkeit und Mobilität schleichen sich in den postmodernen Wohnformen auf Grund der technisch-medialen Möglichkeiten vergessene aristokratische Tradition wieder ein: Der alte Residenzwert des Wohnens hat sich freilich gewandelt. Eine feste Adresse zu besitzen, bedeutet jetzt nicht mehr, ein bestimmtes Residenzprivileg zu haben, sondern für die verschiedensten Dienste und Netzangebote zur Verfügung zu stehen. Eine Adresse haben bedeutet, für Werbung, Post, Fax oder Netzanbieter zur Verfügung zu stehen und insofern als »erste Adresse« interessant zu sein. Ebenfalls tritt die in der Moderne propagierte Mobilität in den Hintergrund. Die Reise in die Welt wird jetzt ersetzt durch das Surfen im Netz: Die Welt findet zu Hause statt! Auf diese Weise wird die Wohnung zur Erlebnisgesellschaft im Mikrokosmos, die die Wünsche ihrer Bewohner in magischer Weise bedient und gleichzeitig zersetzt. Als Prototyp gilt Bill Gates Wohnprojekt »Cyberhome«:

> »Errichtet aus Glas, Holz und Silizium, soll es seiner Frau und ihm in erster Linie als Entspannungsmaschine dienen und ihr gemeinsames Ambiente mit einem Maximum an ›Unterhaltungsmöglichkeiten‹ ausstatten. *Intelligent toys* formen das Haus zu einem Erlebnis-Environment. Wer durch Gates' Villa geht, soll sich in einem elektronischen Mantel bewegen, der ihn jederzeit positioniert und in eine personalisierte Aura aus Licht, Musik und operativen Optionen bettet. Das Haus weiß ständig alles, was es über den Besucher wissen muss, um für ihn disponibel zu sein. Wie ein digitales Tauchboot ist es Tag und Nacht bereit, auf Wunsch des Bewohners sämtliche Songs zu spielen, in denen das Wort *yellow* vorkommt. In die Wände sind Monitore eingelassen, die dem Betrachter auf Wunsch jedes Bild aus dem Archiv der Weltkunstgeschichte präsentieren« (Sloterdijk 2004, S. 562).

Die Wand, die ehedem in ihrer Undurchlässigkeit als Abgrenzungselement fungierte und in der Moderne durch Glas aufgelöst und gleichzeitig zementiert wurde, wird jetzt zur transparenten Benutzeroberfläche. Die Grenze zwischen innen und außen verschwindet zu Gunsten eines permanenten Austauschs zwischen innen und außen. Wohnbedürfnisse werden in beinah magischer Weise bedient und gleichzeitig aufgelöst, weil keine neuen Wünsche entstehen können. Paradoxerweise lebt das Cyberhome von den Wünschen, die es selbst liquidiert, indem es sie permanent erfüllt. Nach Selle ermöglichen diese utopischen, aber technisch machbaren Wohnformen ein Ende des traditionellen Wohnens:

> »Statt uns in den Schluchten rückwärts gewandter Träume zu verlieren, würden wir das Panorama einer souveränen Befreiung genießen. Wenn da nicht dieses Verlangen nach Nestwärme und Höhlengrund wäre. Es wird uns weiter an etwas binden, das lange zurückliegt. Und wenn wir es uns im Cyberspace simulieren müssten« (Selle 1993, S. 216).

4. Wohnen in philosophischer Perspektive

Martin Heidegger, Gaston Bachelard, Otto Friedrich Bollnow und Peter Sloterdijk haben sich als moderne Philosophen mit dem Wohnen und der Raumerfahrung beschäftigt und damit philosophische Traditionen von Aristoteles und Kant weitergeführt. Mit ihnen sollen die Zusammenhänge von Wohnen, Raum, Bewusstsein in ihrer Verbindung zur Körpererfahrung als dem ersten Raum, in dem wir leben, erschlossen werden.

Die Philosophen weisen uns darauf hin, dass das konkrete Wohnen in einem Haus, einer Wohnung, einem Kloster, einer Zelle, unter einer Brücke, in einer Hütte nur die sichtbare Seite eines tieferen Bedürfnisses nach Wohnen in dieser Welt ist. Sich in der Welt heimisch zu machen und die Fremde zu bewohnen ist eine Urerfahrung, die alle Erdenbewohner zu allen Zeiten machen und gemacht haben – vom Hütten- und Höhlenbewohner der Altsteinzeit bis zum Besitzer einer durchgestylten Designer-Wohnung heute. Zugleich gesellt sich zu diesem Urbedürfnis nach Heimat und Bleibe die gegenpolige Erfahrung des Unbehaustseins und des Aufbruchs. Dies drücken heutzutage vor allem der Wohnungslose und – in abgeschwächter Form – auch der Reisende und Abenteurer sowie seine touristischen Nachfolger aus. Auch ohne Wohnung im Sinne der eigenen vier Wände »wohnen« der Obdachlose und Abenteurer in einem Raum, denn Wohnen hat etwas mit Lebensraum zu tun, und der ist nicht nur physikalisch bestimmt, sondern auch sozial, kulturell, psychologisch.

Heidegger: Wohnen als Aufenthalt im »Geviert«

Heidegger hat im Jahr 1952 in seinem berühmten Aufsatz *Wohnen Bauen Denken* das Wohnen unter zwei Aspekten beschrieben: als menschliche Tätigkeit und als Sein. Wohnen ist für ihn zuallererst Sein, eine bestimmte Art von Sein: »Die Art, wie du bist und ich bin, die Weise, nach der wir Menschen auf der Erde *sind*, ist (...) das Wohnen. Mensch sein heißt: als Sterblicher auf der Erde sein, heißt: wohnen« (ebd., S. 33).

Wenn Menschen ihre Sterblichkeit anerkennen, sind sie schutzlos und bedürftig. Deshalb hat wohnen etwas mit schonen und kultivieren zu tun.

Wohnen qualifiziert Heidegger weiter als ein Sich-Aufhalten im Geviert, eingespannt zwischen Himmel und Erde, Göttlichem und Sterblichem: »Die Sterblichen sind im Geviert, indem sie wohnen« (ebd., S. 36). Das Geviert ist somit die raum-zeitliche Grundstruktur der Welt, an der wir durch Wohnen teilhaben. Schauen wir die vier Dimensionen und ihre Verwobenheit unter dem Gesichtspunkt der seelischen Bedeutung an, in die wir eingespannt sind.

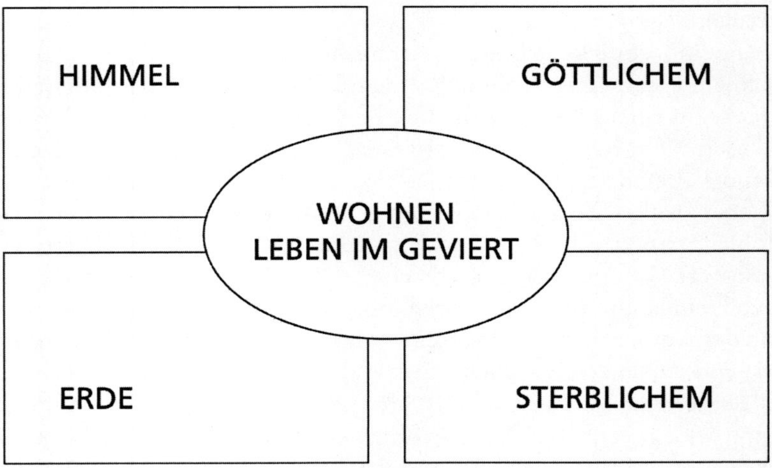

Abb. 23: Eigene Grafik

Zwischen Himmel und Erde

Himmel und Erde beschreiben als Metaphern die raum-seelischen Aspekte unserer Existenz. Als seelisches Urbild steht die Erde für den mütterlichen Ort, aus dem wir hervorgegangen sind und zu dem wir zurückkehren. Sie steht aber auch für das Objekt jener Triebkraft, die uns zurückführt zur Verbindung mit dem weiblich-nährenden Prinzip und die in uns die Hoffnung von Glück und Erfüllung durch Erinnerung an die frühe Befriedigung im Kontakt mit der Mutter aufrechterhält. Der Himmel steht hingegen für jene Seelenbewegung, durch die wir uns von den irdischen Bindungen befreien, durch Trennung und Separation zu uns selber kommen und jene Differenz zur Erde, zum Ort unserer Herkunft, die unsere Ich-Identität begründet, aufrechterhalten.

Zwischen Sterblichem und Göttlichem

Das Begriffspaar »Sterbliches und Göttliches« beschreibt den zweiten Spannungsbogen und steht für die Polarität des Menschen und für die Notwendigkeit, den Abstand zwischen Sterblichen und Göttlichen aufrechtzuerhalten, was den Menschen erst zum Menschen macht. In der Welt der Religionen ist es vor allem das Judentum, welches für diese Differenz steht und für die Einhaltung dieser Grenze zu Gott. Sie ist sozusagen die Voraussetzung, dass der Mensch wohnen kann, was im Gründungsmythos Israel durch die Landnahme nach dem Auszug aus Ägypten möglich wurde. Als Religion der mosaischen Unterscheidung von Gott und Welt, Gott und Mensch ist diese Grenze im Judentum deshalb zentral, weil die Versuchungen, sie zu überschreiten, so mächtig sind. Denn göttlich zu werden heißt, die Kränkung der Sterblichkeit und Begrenztheit überwinden zu können. Würde sich diese Hoffnung erfüllen, hätten wir jedoch das Menschsein verfehlt. Die Bestimmung des Menschen ist es, seine Sterblichkeit zu akzeptieren. Mythologisch findet sich dieser Akt der Anerkennung der eigenen Begrenztheit und Akzeptanz der Nicht-Göttlichkeit in der biblischen Geschichte von der Vertreibung aus dem Paradies: Indem der Mensch das Verbot Gottes, vom Baum der Erkenntnis von Gut und Böse zu essen, ignoriert, wird er sehend und erkennt sich als nackt. Die Folge ist der Verlust der Gottgemeinschaft und der Unsterblichkeit, die Kündigung aus der ersten und glückseligen Wohnung im Paradiesgarten. Diese Vertreibung macht ihn paradoxerweise aber erst zum Menschen, der die Differenz zu Gott erträgt und bejaht und damit seine eigene Sterblichkeit akzeptiert (vgl. Funke 2000, S. 134–139).

Wohnen im Geviert heißt also, in der Spannung dieser beiden zentralen Grundkonflikte des Menschen zu stehen: zwischen dem Wunsch nach Abhängigkeit und Aufgehobensein auf der einen und dem Bedürfnis nach Freiheit und Ungebundenheit auf der anderen Seite. Wohnen im Geviert heißt Leben in seiner konflikthaften Bezogenheit zwischen dem »himmlischen« Entgrenzungswunsch und dem erdenschweren Sog nach unten, zwischen Transzendenz und Bodenhaftung. Es heißt aber auch, den Zustand, der dem Wohnen vorausgeht und auf den hin das Wohnen eine gewisse Bewältigungsform darstellt, nämlich den Zustand des Vertrieben- und Unbehaustseins, im Wohnen mit zu bedenken und zu erinnern.

Aufenthalt an zwei Orten

Wenn wir Menschen wohnen, heißt das nach dem vorher Gesagten immer auch, dass zwei innere Orte bewohnt werden: der Ort des Paradieses und der Ort der Vertreibung, der Ort des Rückzugs und der Geborgenheit und gleichzeitig der Ort des Aufbruchs und Entsicherung. Diese Orte sind seelische Strukturen, die sich im Laufe der Menschwerdung unserer Gattung herausgebildet haben. Diese psychische Doppelstruktur des Wohnens, von der der biblische Mythos von Paradies und Vertreibung und dem anschließenden Wohnen in der Welt der Konflikte und Spannungen erzählt, lässt sich auch anhand der gattungsgeschichtlichen Entwicklung sichtbar machen. Ein Teil von jenen prozesshaften Erfahrungen, in denen Menschen das Wohnen lernten, ist noch als archaisches Erbe in uns enthalten. Er zeigt sich sowohl in unseren Wohn- und Heimatbedürfnissen als auch in unserem Fernweh und der Reiselust.

Sesshaftwerden als Beginn des Wohnens

Wir haben den menschheitsgeschichtlichen Prozess, in dem sich unsere heutigen Wohnformen herausgebildet haben, bereits erwähnt. Er vollzog sich von der mittleren Altsteinzeit bis zur sog. neolithischen Revolution. Mit der Sesshaftwerdung und dem Beginn der städtischen Siedlungen war dieser umwälzende Prozess abgeschlossen. Das Wohnen an einem Ort beginnt in dem Moment, in dem sich der herumziehende Nomade von den Herden der wilden Tiere löst und im wahrsten Sinne des Wortes stehen bleibt. Indem er vielleicht einen Kreis von Steinen um sich zieht oder eine Grube in die Erde gräbt, schafft der sesshaft werdende Mensch eine Grenze zwischen sich und der ihn umgebenden Natur. Es entsteht ein Innen und ein Außen; der Mensch bringt sich in ein Gegenüber zur umgebenden Natur, ja durch dieses Heraustreten aus dem zyklischen Naturrhythmus entsteht in der Kultur als einem

Gegenüber zur Natur eine zweite große Sphäre, in der sich der Mensch künftig aufhalten und verwirklichen wird.

Aber hat der frühe Mensch vor Beginn der Sesshaftwerdung nicht auch gewohnt? Wenn wir diese Frage mit Ja beantworten, relativieren wir zugleich unsere geläufigen Vorstellungen vom Wohnen an einem sicheren und stabilen Ort, dem Aufenthalt in einer Immobilie. Der Mensch, der mit den Tieren umherzog auf der Suche nach Nahrung wohnte freilich auch: Seine Wohnung bestand im Aufgehobensein im zyklischen Kreislauf der Natur und der Zeit, wie es im Bild der Uroborosschlange dargestellt ist, die sich selbst in den Schwanz beißt und so – als Vereinigung von Kreis und Schlange – einen eingeschlossenen Innenraum beschreibt, aus dem es kein Entrinnen gibt.

Abb. 24: Uroboros-Schlange

Der Frühmensch war aufgehoben im Prozess der Wiederkehr der Jahreszeiten und hat sich im Laufe seiner weiteren Entwicklung dadurch eine Gewissheit über die Rückkehr von Sonne, Wärme, Nahrungsquellen verschafft, dass er die Gestirne beobachtete und seine Hoffnung darauf setzte, dass am nächsten Morgen die Sonne wieder aufgeht. In rituellen Handlungen und Opfern, die Riten der Welterhaltung waren, hat er seiner Hoffnung auf den Fortbestand der Erde Ausdruck verliehen, von dem er auf Grund seines Wissens noch nicht überzeugt sein konnte. Wohnen bedeutete also Aufenthalt im Zyklus der Jahreszeiten und eine Verwurzelung in kosmischen Zusammenhängen, die das Leben unserer Vorfahren sicherte.

Die Entstehung des Wohn-Ichs

Durch das Heraustreten aus dieser zyklischen Ordnung im Augenblick des Wohnens an einem Ort strukturiert sich auch die Psyche des Menschen. Es entsteht ein zweipoliges Wohn-Ich, das sich von der Umwelt unterscheidet und gleichzeitig etwas von dieser Umwelt in sich trägt. Außen und Innen sind in diesem Ich vereint: Das Innen wird jetzt erlebt als Kontrast zum Außen. Der Prozess der Sesshaftwerdung ist als Beginn des Wohnens im engeren Sinne auch die Geburtsstunde eines neuen Selbstbewusstseins. Ein Ich im zweipoligen psychologischen Sinne entsteht ja erst durch den Akt der Differenzierung und Abgrenzung von einer umgebenden und haltenden Umwelt.

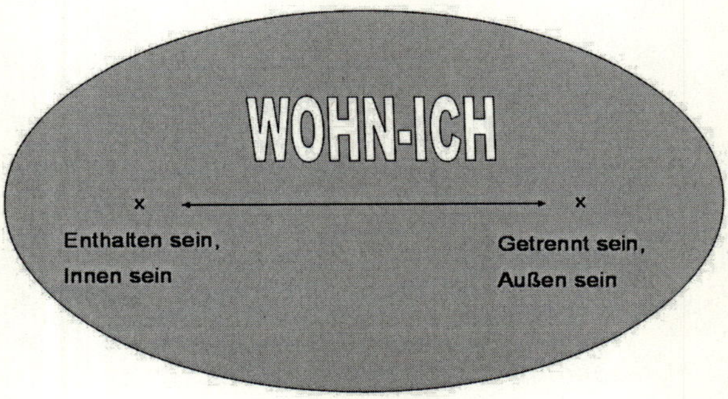

Abb. 25: Eigene Grafik

Ein Indikator für dieses entstehende Wohn-Ich im Zuge der Sesshaftwerdung ist eine neue Fähigkeit des Menschen, die ihn in gewisser Weise zum Menschen macht: nämlich die Fähigkeit zur symbolischen Welterfahrung, was bedeutet, dass der Mensch Innen und Außen zugleich erleben und diese Zustände symbolisch darstellen kann. Diese Fähigkeit zur symbolischen Welterfahrung (»animal symbolicum«) wurde biologisch durch eine evolutive Veränderung unseres Gehirns möglich. Durch das Zusammenwachsen der beiden Gehirnhälften, der sog. »Entriegelung der Stirn« (Leroi-Gourhan 1988, S. 170), ist der Mensch davon befreit, alle ihn bedrängenden Affekte wie Angst oder

Ekstase unmittelbar in neue Handlungen zu überführen. Die Angst etwa, die bei der Jagd auf ein Großwild aufkam, musste jetzt nicht mehr durch einen neuen Tötungsimpuls bewältigt werden, sondern die Angst konnte als Affekt wahrgenommen und symbolisch dargestellt werden. Auf diese Weise wurde der Kreislauf der Gewalt aufgebrochen. Die sich verändernde Hirnstruktur erlaubt ihm jetzt die symbolische und rituelle Bewältigung seiner Affekte: Er zeichnet jetzt ein wildes Tier an die Höhlenwand anstatt es zu töten und bewältigt durch diese symbolische Handlung seine rohen Tötungsimpulse (vgl. dazu Teil III, Kap. 9).

Sesshaftwerden und Gewalt

Das Wohnen an zwei Orten wird bereits im ersten Buch der Bibel als ein konflikthaftes Geschehen dargestellt. Im Buch Genesis wohnen die Menschen entweder in Zelten bei ihren Herden (Gen. 4,20) oder in Häusern und Städten (Gen. 4,17). Zwischen den Nomaden oder Halbnomaden, die an den Steppenrändern leben und mit den Tieren von Weide zu Weide ziehen, und den sesshaften Bewohnern des Kulturlandes, die in Häusern und Siedlungen wohnen, kommt es zum Konflikt. Dieser wird erzählt in der Kain-Abel-Geschichte als erstem Mordbericht in der Menschheitsgeschichte: Der Nomade und Schäfer Abel wird von Kain, dem sesshaften Ackerbauern, erschlagen. Die Lebensform des Nomaden konkurriert mit der des Landbewohners. Als Grund für den Mord an Abel gibt die Bibel Neid an: Neid darüber, dass Gott das Opfer Abels, der ein Tier schlachtet, annimmt, das Opfer Kains, der die Früchte der Erde darbringt, aber nicht. Es ist viel darüber spekuliert worden, ob man daraus eine Bevorzugung einer Lebensform ableiten könnte: So wurde beispielsweise der Fluch, den Gott über Kain ausspricht, nämlich vom Ackerland vertrieben zu werden, als Gegenstück zum Segen gesehen, der demnach auf dem Bebauen des Ackerlandes, also der sesshaften Lebensform, ruht. Möglicherweise thematisiert diese Geschichte aber auch jenen Konflikt unter den Menschen, der mit dem Erwerb des Selbstbewusstseins infolge der Sesshaftwerdung gegeben ist: die Fähigkeit zum Erleben von Ungerechtigkeit und ungleicher Verteilung der Güter und der Lebenschancen überhaupt, eine Kränkung für das erwachende und sich seiner selbst bewusst werdende Selbst. Vielleicht steht Abel aber auch für die Figur des Fremden, gegen den sich die in Häusern und Städten lebenden Menschen zunehmend abschotten. Je stärker sich die Differenzierung zwischen innen und außen, Eigenem und Fremden ausbildet und zu einer gespaltenen Struktur verdichtet, umso heftiger neigen die Menschen dazu, die ihnen fremd und bedrohlich erscheinenden Aspekte des Lebens nach außen, auf den Anderen und Fremden zu projizieren und dort zu bekämpfen. Abel wird somit zum Vertreter des bedrohlichen Fremden, auf den nach der Logik der Sündenbockprojektion der Hass übertragen und an dem die Gewalt ausgetragen wird (vgl. Girard 1988).

Im Hinblick auf unsere Erkundungen über das Wohnen scheint mir hierbei entscheidend zu sein, dass dem Wohnen in Häusern und Städten eine verborgene Gewaltbereitschaft innewohnt, die sich gegen den richtet, der außen ist und somit die Sicherheit und Dauerhaftigkeit des Wohnens gefährdet. Interessanterweise folgt nämlich die Kain-Abel-Geschichte unmittelbar dem Bericht von der Vertreibung aus dem Paradies. Die Erfahrung der Vertreibung konstituiert unter den Menschen die Sehnsucht nach Rückkehr, den Wunsch nach Geborgenheit und Harmonie, das heftige Bedürfnis, in einer schützenden Hülle enthalten zu sein. In der Kulturarbeit sucht der Mensch diese Sicherheitswünsche zu verwirklichen und sich jene verloren gegangene Heimat zu schaffen, die als Erinnerungsspur an das Paradies in ihm lebendig ist. Diese Paradiessehnsucht hat jedoch ein janusköpfiges Gesicht: Auf der einen Seite begründet sie die Hoffnung auf Glück und Erfüllung, auf der anderen Seite gebiert sie Hass und Gewaltbereitschaft gegen alles, was sich diesen heftigen Wünschen entgegenstellt. Vor allem der Fremde und Andersartige wird als feindlicher Eindringling in die Paradieswelt erlebt und muss somit verfolgt, bekämpft und schließlich vernichtet werden. Immer wieder zeigt sich diese gruppendynamische Gesetzesmäßigkeit an den Konfliktpunkten in den Geschichtsabläufen. Diese Ambivalenz des Wohnens in Sicherheit wird gelebt, wenn man sich seiner gattungsgeschichtlichen Herkunft als Nomade bewusst bleibt und die Relativität von Grenzen bedenkt. In Teil III, Kap. 11 wird der Gewaltaspekt, der dem Wohnen historisch innewohnt, noch einmal unter psychodynamischen Gesichtspunkten aufgegriffen

Im Mittelalter war das Wallfahren eine Form, sich der Ungesichertheit seiner irdischen Existenz und seiner Verankerung in einer metaphysischen Welt bewusst zu bleiben. Kann das moderne Reisen heute dieses Bedürfnis nach Entsicherung und Relativierung unseres Wohnens leisten?

Wohnen und Heimatlosigkeit

Wenn wir vom Wohnen sprechen, müssen wir also von der zweiten großen Lebensform reden, die dem Wohnen polar zugeordnet ist: dem Unterwegssein, früher Wallfahren genannt, heute Reisen. Wer hält es schon länger als ein paar Tage in der eigenen Wohnung aus, und wen drängt es nicht hinaus in die Welt, falls er nicht durch Krankheit oder Behinderung davon abgehalten würde? Einerseits suchen wir das Fremde, Neue und Angsteinflößende, das Abenteuer und das Wagnis und anderseits möchten wir in unseren Sicherheitsbedürfnissen nicht allzu sehr frustriert werden, so dass wir schnell geneigt sind, dasjenige zu verteufeln und zu verfolgen, was uns zu sehr zu bedrohen scheint.

Es ist kein Zufall, dass im Volk Israel, für welches das Leben in »sicheren Wohnungen« (Jes. 32,18; 33,20) die zentrale Hoffnung und Verheißung darstellte, das Motiv des Umherirrens ein konstitutives Glaubensmerkmal ist. Im sog. geschichtlichen Credo wird die Erinnerung an den Zustand des unsicheren Umherziehens so festgehalten:

> »Ein umherirrender Aramäer war mein Vater; der zog hinab mit wenigen Leuten nach Ägypten und blieb dort als Fremdling und ward dort zu einem großen, starken und zahlreichen Volk. Aber die Ägypter misshandelten uns und bedrückten uns und legten uns harte Arbeit auf. Da schrieen wir zu dem Herrn, dem Gott unserer Väter, und der Herr erhörte uns und sah unser Elend, unsere Mühsal und Bedrückung; und der Herr führte uns heraus aus Ägypten mit starker Hand und ausgestrecktem Arm, unter großen Schrecknissen, unter Zeichen und Wundern, und brachte uns an diesen Ort und gab uns dieses Land, ein Land, das von Milch und Honig fließt« (Dtn. 26,5–9).

Die Hoffnung und die Verheißung eines Wohnens an sicherer Stätte, einem Ort höchsten Glücks, an dem Milch und Honig fließen, werden hier verbunden mit der Erinnerung an den Zustand der Heimatlosigkeit und des Umherirrens. Auf diese Weise soll das sichere Wohnen nicht in Destruktion und Gewalt umschlagen. Die Erinnerung scheint eine zu sein, dass das Wohnen in sicherem Land nicht zum Nährboden wird für nach außen gerichtete Feinseligkeit und Gewalt. Die Erinnerung an die Gefahren der früheren mobilen Lebensform bewahrt das Wohnen davor, das Angst machende Fremde und Verunsichernde zu verfolgen.

Wohnen und Reisen

Im Reisen wird etwas von dieser Angst machenden Heimat- und Ortlosigkeit erinnert. Gereist wird von dem Augenblick an, in dem der Mensch sesshaft geworden ist und Wände, Mauern, Türen, Städte und Tore errichtet hat. Reisen vollzieht sich von Beginn an als variable Abfolge der Elemente von Aufbruch, Unterwegssein, Ankommen und Rückkehr, die je nach Tradition andere Schwerpunkte bildet. Unsere Reisetradition speist sich von zwei Strömungen her: Das jüdische Modell kennt nicht die Rückkehr, sondern nur das Ankommen an einem neuen, unbekannten Ort, der zur Heimat wird. Das Volk Israel bricht in Ägypten auf und findet im neuen Land Kanaan seine Heimat. Abraham bricht in Ur in Chaldäa auf in ein unbekanntes Land. Demgegenüber berichtet das griechische Modell in der Gestalt des Odysseus von der Rück- und Heimkehr des Helden ins vertraute Zuhause. Im Reisenden, der als Auswanderer oder Aussteiger unterwegs ist, realisiert sich eher die jüdische Tradition, während die moderne Form des Tourismus von der Gewissheit der Rückkehr ins eigene Haus lebt.

Gemeinsam ist den beiden Reisetraditionen, dass in ihnen die Grundbedürfnisse von Abschied, Unterwegssein und Ankommen gelebt werden können und damit der Übergangscharakter menschlicher Existenz überhaupt ritualisiert begangen und so in Erinnerung gebracht wird. Offenbar brauchen wird solche »rites de passage« (Macho 2004, S. 42f.), um uns einzuüben in Trennungen, Übergänge und Neuanfänge. Das war auch schon so am Beginn der abendländisch-christlichen Kultur. Bereits in neutestamentlicher Zeit verließen einige Gemeindemitglieder den sicheren Wohnraum und zogen in die Wüste. Jesus selbst war ja ein umherziehender Wanderprediger ohne festen Wohnsitz. Später galt die Lebensform des Wandermönchs neben der des sesshaften Christenmenschen als die bevorzugte Form der wahren Nachfolge Jesu. Daraus hat sich das Pilgerwesen als christliche Einübung in die Tugend der mobilen Übergangslebensform herauskristallisiert, die im Wallfahrtsbetrieb des Mittelalters ihren Höhepunkt fand. Der Pilger genoss eine Sonderstellung; er war gleichsam sakrosankt und vor Verfolgung geschützt.

Der Massentourismus unserer Tage ist die weltliche Nachfolgeinstanz zum christlichen Wallfahrtswesen, wenngleich er die rituelle Ordnung von Trennung, Übergang, Ankunft und Rückkehr relativiert. Der heutige Reisende muss sich ja nicht wirklich trennen, er bleibt über Handy und Internet mit seiner Basis verbunden. Diese Reisebewegung ist sicher der zum festen Wohnen notwendige Gegenpol. Die christliche Deutung des Reisens und Wallfahrens bringt ein menschliches Grundbedürfnis zur Sprache, das ebenso fundamental ist wie das nach Sicherheit und Beständigkeit: Da der Mensch auf Erden keine bleibende Stätte hat, sondern unterwegs ist zur himmlischen Heimat, hat er im Wallfahren eine Möglichkeit, sich dieser Wahrheit seines Lebens sehr erfahrungsnah bewusst zu werden. Es entspringt dem menschlichen Symbolisierungsbedürfnis, die durch den Tod gesetzte diesseitige Heimatlosigkeit auch äußerlich sichtbar zu machen und nachvollziehbar darzustellen. Das Reisen erzählt also vom »Jenseits des Wohnens« und bewahrt davor, die andere Seite der Sehnsucht nach Heimat nicht zu vergessen.

Dies gilt auch für den modernen Ersatz des Reisens: dem Surfen im Netz. Wer wissen will, was in der Welt los ist, bleibt am besten zu Hause und holt sich die Welt über Medien und Netz ins Wohnzimmer. Vielleicht wird dabei noch mehr als beim traditionellen Reisen die eigene Wohnung transzendiert, indem sie mittels Netz an virtuelle, quasi metaphysische Räume angeschlossen wird.

Wohnen und Transzendenz

Dieser jenseitigen Dimension des Wohnens begegnet man traditionell vor allem in der religiösen Sprache. Der Tod etwa wird als Abbrechen des Wohnhauses geschildert und das Leben im Jenseits als Rückkehr ins Vaterhaus, in dem uns viele Wohnungen bereitet sind (vgl. Joh. 14,3).

In den Wohnformen der Vergangenheit war die Anbindung der Wohnung an einen übergeordneten Raum mitgegeben. Religiöse Symbolik, Kreuze, Heiligenbilder, Weihwasserbecken und Hausaltärchen machten diese Verbindung des Wohnraumes mit einem metaphysischen Raum sichtbar. Dieses Jenseits des eigenen Hauses bildet, etwa in der mittelalterlichen Welt, der metaphysische Kosmos, das religiöse Weltgebäude, das sich nicht nur in Vorstellungen über das Universum niederschlägt, sondern auch in den konkreten Orten, Räumen, Riten und Symbolen, in denen es diesseitig sichtbar wird.

Durch die religiöse Symbolik wie Kreuz, Heiligenbild und Weihwasserkessel im Wohnhaus wird auch das Verständnis des Menschen von sich selbst anschaulich: Die eigenen vier Wände, also die Genügsamkeit des Subjekts mit sich selbst, wird erweitert durch den Bezug zu einer den Einzelnen übersteigenden Welt, symbolisiert durch die Verbindung zwischen Wohnraum der Menschen und Wohnstatt Gottes. So kennzeichnet das Haus bis in die Neuzeit die Anbindung an einen anderen, metaphysischen Raum. Vor allem der Sakralraum, von der kleinsten Kapelle bis zur Kathedrale, repräsentiert diese andere Welt, die hauptsächlich räumlich vorgestellt wird. Die öffentlichen Sakralbauten, die unsere Wohnorte noch weitgehend strukturieren, wirken wie ein kollektives Gedächtnis, in dem die Erinnerung an ein Enthaltensein in einem größeren Ganzen festgehalten wird. Sie richten sich gegen das Vergessen der anderen Dimension des Menschseins.

Diese Verbindung zum »anderen« Raum ist heute keineswegs verloren gegangen, wenn sie auch in einem völlig säkularen und kaum wiederzuerkennenden Gewand daherkommt. An die Stelle eines religiösen Jenseits ist der Cyberspace getreten, der virtuelle Raum der Vernetzung, an den inzwischen jede dritte Wohnung angeschlossen ist. Dieser neue Raum ist ohne Grenzen und in gewisser Weise ohne Realität. Der Welt der Fantasie sind alle Grenzen geöffnet.

Bollnow: Wohnen und Raumerleben

Wohnen findet in Räumen statt. Unsere Vorstellung vom Raum und die Art, wie wir ihn erleben, ist sozusagen die Basis unseres Wohngefühls. Raumempfinden aber ist nicht etwas, was Menschen zu allen Zeiten und an allen Orten als unveränderliche und gleich bleibende Erfahrungen besitzen. Die Art und Weise, wie wir einen Raum erleben, ist Ausdruck einer bestimmten Entwicklungsstufe unseres Bewusstseins. Ob man z. B. den Raum als Gegenüber empfindet oder sich als Teil von ihm erlebt, hängt vom Grad der jeweils erreichten kollektiven Individuation ab, welche das Selbstgefühl des Menschen in bestimmten Epochen prägt. Umgekehrt kann man anhand der unterschiedlichen Raumkonzeptionen in Kunst, Architektur und Wissenschaft den jeweiligen Stand der Bewusstseinsentwicklung ablesen. Auch der vielfältige metaphorische Gebrauch des Begriffs »Raum« (Lebensraum, Wohnraum, Weltraum) wirft die Frage auf: Welches Selbstverständnis des Menschen verbirgt sich hinter seiner jeweiligen Raumkonzeption und Raumerfahrung?

Im Rahmen seiner systematischen Darstellung der räumlichen Verfassung menschlichen Daseins hat Otto Friedrich Bollnow 1963 eine systematische Darstellung des Verhältnisses von Mensch und Raum vorgelegt. Wohnen in einem Haus versteht er als die dem Menschen angemessene Weise, im Raum zu sein. Dabei grenzt Bollnow im Gegensatz zu Heidegger den Begriff des Wohnens deutlich ein: Wohnen heißt nicht mehr, ein Bewohner dieser Welt zu sein, sondern an einer bestimmten Stelle auf dieser Welt verwurzelt zu sein, wobei diese Stelle einen abgeschlossenen Bereich der Geborgenheit, den Eigenraum des Hauses, meint (Bollnow 1963, S. 277).

Die räumliche Verfassung des Menschen

Diesem Eigenraum begegnet der Mensch in drei Weisen, die aufeinander aufbauen:

- im Raum des eigenen Körpers,
- im Raum des eigenen Hauses,
- im umschließenden Raum (ebd., S. 286).

Ausgangspunkt ist die Körpererfahrung. Der Körper wird in dem Moment zum Leib, in dem er beseelt wird. Beseelung heißt, dass das Ich in ihm wohnt. Insofern steht der Leib für die räumliche Verfassung des Ich. Bollnow benutzt für diesen Vorgang der Bewohnung des Ichs im Körper den theologischen Begriff der Inkarnation. Wenn sich das Ich im Körper inkarniert, dann kann es sich mit dem Körper identifizieren und Leib »sein« im Gegensatz zu »einen Leib haben«. Und doch ist damit nicht die vollständige Identität von Körper und Ich gemeint. Bollnow drückt diesen Sachverhalt in einem Paradoxon aus: »Ich bin mein Leib und bin es doch wieder nicht, weil er mir äußerlich bleibt; ich habe meinen Leib und habe ihn doch wieder nicht, weil er innerlicher zu mir gehört« (Bollnow 1963, S. 291).

Das Raumerleben hat seinen Ursprung im Körper. So wie der

Körper die Voraussetzung für ein Ichgefühl ist, bildet der Raum die Voraussetzung für die Existenz des Körpers. Und umgekehrt existiert der Raum nur, weil es ein den Raum erlebendes Subjekt gibt (vgl. auch Meisenheim 2004).

Dies hat Immanuel Kant, der Philosoph der Aufklärung, entdeckt, als er feststellte, dass wir Menschen nur in Raum und Zeit existieren können. Beides sind sog. Transzendentalien, also Voraussetzungen menschlichen Erkenntnisvermögens. Wegen unserer Körperlichkeit können wir nur räumlich existieren. Das heißt auch, dass wir nicht vom Raum reden können, ohne vom Menschen in seiner körperlichen Verfasstheit zu reden. Raum und Mensch sind nicht zwei getrennte Sachverhalte, die unabhängig voneinander existieren. Räumlich (und zeitlich) zu existieren macht die eine unteilbare Grundbefindlichkeit des Menschseins aus.

Die leibliche Verfassung des Raumes

Der Mensch trägt also den Raum in sich, damit er ihn gleichzeitig als solchen wahrnehmen kann. Der Raum hat somit seinen Ursprung im Körper. In gewisser Weise trägt der Mensch seinen Raum mit sich herum, als sein inneres Koordinatensystem, mit dem er sich im Raum orientiert (vgl. Guderian 2004, S. 43).

Das Verhältnis vom Körper, Ich und Raum überträgt Bollnow auf das Verhältnis von Mensch und Haus:

> »Wenn man die Analogie auch nicht künstlich übersteigern soll, so kann man das Haus doch in einer gewissen Hinsicht als einen erweiterten Leib betrachten, mit dem sich der Mensch in einer ähnlichen Weise identifiziert und durch den er sich entsprechend in eine größeren Umraum einordnet« (Bollnow 1963, S. 292).

Wie sehr das Haus als erweiterter Leib verstanden wird, macht auch der Sprachgebrauch deutlich. Man bezeichnet jemand als *altes Haus*, man spricht von Beziehungen zwischen Familien als Kontakt *von Haus zu Haus* und meint mit *Haushalt* die Menschen, die unter einem Dach leben.

Diese Sicht vom Haus als erweitertem Leib lässt sich bei der Aneignung eines Raumes erfahren: Man kann z.B. einen Raum am besten erleben, wenn man die distanzierende Wahrnehmung durch den Blick aufgibt und sich als Teil des Raumes fühlt. Dies wird z. B. dadurch möglich, dass man einen Ton von sich gibt und spürt, wie sein Echo den eigenen Körper umfängt. Dann wird der ganze Raum und der Körper in ihm zu einer schwingenden Membran und die distanzierte Raumwahrnehmung ist überwunden: Wir umfangen den Raum und der Raum umfängt uns. Der Raum ist das Ganze, von dem wir Teil sind, und der Raum ist Teil von uns als Ganzes.

Symbolischer »Mehrwert«

Da alle Raumerfahrung vom eigenen Körper ausgeht und diese Körpererfahrung auf physikalische, äußere Räume übertragen wird, kann jeder Raum, sei er eigener Besitz, sei er gemietet oder nur für einen Augenblick betreten, zum eigenen Raum werden, in dem wir vorkommen und der, wenn wir uns mit ihm identifizieren, zur dritten Haut werden kann. Wenn auf diese Weise ein Raum, eine Wohnung, ein Haus zum Eigenraum wird, heißt das nicht, dass er wie mein Leib »Ich« ist, sondern dass die Differenz von leiblichem Eigenraum und Außenraum erhalten bleibt, auch wenn diese Grenze vorübergehend durchlässig ist. Ja, diese Grenze von Innenraum und Außenraum ist die Voraussetzung, dass wir mit ihr unseren körperlichen, emotionalen und sozialen Bedürfnissen und Wünschen eine Form geben können. Dies geschieht im alltäglichen Ritual von Öffnen und Schließen von Türen und Fenstern, das sich analog auf die Öffnungen unserer dritten Haut bezieht. Diese sind zu Vertretern unserer Körperöffnungen wie Mund, Nase, Augen, Ohren und unserer Haut geworden, mit denen wir unsere Nähe und Distanz zu anderen Menschen regulieren: Die Lippen zusammenkneifen oder jemanden mit Worten überschwemmen, Augen und Ohren verschließen oder mit den Augen trinken und ganz Ohr sein. Unsere Kontaktbedürfnisse regulieren wir wesentlich über die Körperöffnungen und deren bauliche Vertreter. Auch unsere Sprache bedient sich der architektonischen Metaphern, um einen seelischen Vorgang oder ein Beziehungsgeschehen auszudrücken. Beispiele für solche Metaphern sind Redensarten wie »jemanden vor die Tür setzen«, »offene Türen einrennen«, »ein Hintertürchen offen halten« oder »mit der Tür ins Haus fallen«.

Der räumlich ausgedehnte Körper mit seiner äußeren Hautgrenze hilft uns zu unterscheiden zwischen Eigenem und Fremdem. Mit der Körpergrenze erfassen wir, wo unser Ich aufhört und ein anderes Ich anfängt. Über räumliche Bewegungen des Körpers können wir auch unser Selbstgefühl regulieren: Wenn sich jemand in einen Raum zurückzieht und die Türe hinter sich schließt, gibt er seinem Wunsch nach Bei-sich-sein-Wollen und nach Rückzug von anderen Menschen Ausdruck. Umgekehrt ist das Hinausgehen und Verlassen des Hauses die Form, in der sich unser Kontaktbedürfnis mit anderen widerspiegelt. Guderian bezeichnet in ihrer Studie zum Raumerleben die Bewegung des Hin und Zurück im Raum als die »grundlegende Dynamik beim Verhalten des Menschen im Raum« (ebd., S. 64). Im Wohnen vollziehen wir also eine dreifache dynamische Bewegung: *nach* Hause kommen, *zu* Hause sein und von zu Hause *weg*gehen. Wohnen ist also symbolischer Ausdruck dieser drei seelischen Grundbedürfnisse:

- Rückkehr an einen sicheren Ort,
- Verweilen im Schutz von Grenzen und
- Verlassen von vertrauter Sicherheit.

Das räumliche Leben, seine Wurzeln im menschlichen Körper und dessen Abbild in seiner Psyche (»Körperrepräsentanz«) erscheint überall in Kultur und Religion. Während unsere zweite Haut, die uns wenige Augenblicke nach der Geburt von außen als textile Umhüllung angeboten wird, etwas Notwendiges ist, um unseren Körper vor Unterkühlung, Verletzungen und Gefahren zu schützen, verweist die dritte Haut noch deutlicher in den Bereich der Kultur. Deren Beginn haben wir in der stammesgeschichtlichen Entwicklung in dem Moment ausgemacht, in dem die Menschen den Kreislauf der Natur verließen, sich von ihr abgrenzten und den Status des Nomadendaseins aufgaben. Jetzt wird die dritte Haut zu etwas anderem als zu einer Funktion, die schützt und birgt. Ihr kommt als Zelt, Hütte, Haus oder Palast nunmehr eine hohe symbolische Qualität zu, und sie wird zu einer Brücke zu jener Welt, die »jenseits« der Natur und »jenseits« der biologischen Funktionen liegt. In verschiedenen Umkreisungen geht es im zweiten und dritten Teil darum, die unbewusst-emotionalen Wurzeln zu erkunden, aus denen sich die symbolischen Bedeutungen der dritten Haut speisen.

Eine der Grundthesen, die diesem Versuch zu Grunde liegt, ist die

Annahme, dass es neben den späteren entwicklungspsychologischen Stadien, die ein Mensch durchläuft, auch geburtliche und vor allem vorgeburtliche Erlebnisse von Wohlbefinden, aber auch Erfahrungen der Störung dieses Zustandes sind, die in sozialen, künstlerischen, religiösen und alltagsweltlichen Raumkonstruktionen ihren Ausdruck und ihre Gestaltung finden (vgl. ausführlich dazu Teil III). Der Philosoph Peter Sloterdijk hat die vorgeburtlichen Urerfahrungen in gewisser Weise zur psychischen Grundlage seiner Sphären-Philosophie gemacht, die von der Urgeschichte des Seelischen als einer Blasenexistenz ausgeht. Die verlorene Blasenexistenz liegt ihm zufolge unseren alltagsweltlichen Raumerfahrungen zu Grunde. In unserer vorgeburtlichen Existenz treffen wir auf jenen Zustand des Eingehülltseins, der ein tiefes und lebenslanges Bedürfnis nach Umhülltwerden, nach Aufgehobensein und Enthaltensein im Menschen bewirkt. Nach der Geburt suchen wir durch Orte des Behaustseins nach Spuren dieser frühen »Lebensform«. Das Wohnen und die Art und Weise, wie wir einzelne Wohnungen individuell und Ansammlungen von Wohnungen kollektiv – etwa in Form unserer Städte – gestalten, ist der für alle Menschen sinnlich erfahrbare Aspekt unserer vorgeburtlichen Lebensform der Umhüllung.

Dass Wohnen mehr ist, als vier Wände um sich zu haben, dass es eine symbolische Dimension aufweist, wurde schon von dem römischen Philosophen und Architekturtheoretiker Vitruv in seinen *Zehn Büchern zur Architektur* bemerkt. In der metaphorischen Sprache, wie sie vor allem in der Religion zum Ausdruck kommt, wird der »Mehrwert« des Wohnens sichtbar: Der Tod etwa wird als Abbrechen des Wohnhauses geschildert und das Leben im Jenseits als Rückkehr ins Vaterhaus, in dem uns – einem biblischen Bild zufolge – viele Wohnungen bereitet sind. Christus vergleicht sich im Johannesevangelium mit einem Baumeister, der uns diese Wohnungen errichtet hat (Joh. 14,2). Im Ersten Testament der Bibel wird der Vorgang der Sesshaftwerdung des Volkes Israel nach dem Auszug aus Ägypten als »Wohnen im Land« bezeichnet. Auch die Gotteserfahrung wird als »Wohnen Gottes« unter den Menschen bildlich und sprachlich abgebildet. Im Johannesevangelium wird die Menschwerdung Gottes in der zweiten und dritten Haut durch die Geburt des Jesus aus Nazareth ebenfalls mit dem Bild des Wohnens ausgedrückt: »Und das Wort ist Fleisch geworden, und hat unter uns gewohnt« (Joh. 1,14).

Die Trennung der Raumwahrnehmung von der Körpererfahrung

Die Verbindung von Körper und Raum, die Einheit von physikalischem, metaphysischem und psychischem Raum differenzierte sich mit der Aufklärung der Vorsokratiker. Hier ist vor allem der Philosoph und Mathematiker Euklid zu nennen. Wenn heute das Wort »Raum« genannt wird, fallen einem in der Regel zuerst Eigenschaften ein, die den physikalischen Raum kennzeichnen. Dessen Definition ist Länge mal Breite mal Höhe und geht auf Euklid zurück. Mit dieser Definition unterscheidet sich der physikalische Raum vom psychischen und metaphysischen Raum. Weil sich die Raumauffassung des Euklid im Abendland durchsetzte, kam es zum Verlust der Verbindung von Raum und Körper. Der Raum wurde in gewisser Weise entsinnlicht und zu einer abstrakten Größe.

Die Dreidimensionalität des euklidischen Raumes setzt die Gerade und den rechten Winkel voraus und ist deshalb bereits eine Abstraktion, eine geistige Größe. Damit stellt sie eine Entfremdung vom menschlichen Körper dar, denn dieser kennt keine geraden Linien. Von der Projektion des geometrischen Raumes auf die menschliche Welt sagt der Kunsttheoretiker Franz Xaver Baier: »Das erzeugt Menschen als Puppen und Tiere als Spielzeuge, – als berechenbare, messbare Vorkommnisse in einem ausgelegten Raum. Im geometrischen Raum werden Gebilde als getrennte Körper durch Beziehungen eines übergeordneten Koordinatensystems verbunden« (Baier 2000, S. 13).

Die auf physikalischen Vorstellungen beruhende Raumkonzeption des Euklid beinhaltet die Annahme einer dreidimensionalen Leere, einer uns heute geläufigen Anschauung. Diese hatte sich jedoch erst in der Renaissance durchgesetzt, und zwar durch die Entdeckung der Zentralperspektive. Die ganze darstellende Kunst des Mittelalters hingegen war geprägt von einem räumlichen Nebeneinander. Die Figuren aus der Heilsgeschichte auf einem mittelalterlichen Bild sind wenig real, sie bewegen sich nicht in einem Raum mit Tiefe, sondern sind nebeneinander dargestellt. Giotto, der große italienische Maler zwischen Gotik und Renaissance, ist der erste, der seinen Figuren die Illusion anheftet, sie seien physikalische Größen, empirisch real zu fassen, und sie bewegten sich im dreidimensionalen Raum, der sich mittels Linearperspektive auf einer zweidimensionalen Fläche auftut. Diese Maltechnik fand bei den Künstlern der Renaissance durch die immer perfektere Handhabung der Zentralperspektive ihre Vollendung. Damit war am Beginn der Neuzeit eine neue Raumkonzeption geschaffen: der physikalisch leere Raum (vgl. Wertheim 2000, S. 75–125).

Aristoteles und die Angst vor dem leeren Raum

Über Jahrhunderte hinweg – während des gesamten Mittelalters – prägte jedoch die Vorstellung des Aristoteles die Raumkonzeption. Im vierten Buch seiner *Physik* beschreibt er den Raum als eine dynamische Bewegung, da alle Dinge im Raum ihren Platz haben, an den sie immer wieder streben (Bollnow 1963, S. 26f.). Der Raum des Aristoteles ist immer gefüllter und umgebender Raum, eine Vorstellung, die gekennzeichnet ist durch den bekannten »horror vacui« – den Schrecken, den die Leere erzeugt. Nach Aristoteles verabscheue die Natur das Vakuum. Er glaubte, dass die Natur ein Volumen aus Leere nicht zulassen würde, denn da, wo ein stoffliches Ding ende, fange immer ein Neues an: Wo der Fisch endet, beginnt das Wasser (vgl. Wertheim 2000, S. 103). So kam er zu der logischen Schlussfolgerung, dass der Raum an sich keine Ausdehnung haben könne. Stattdessen definierte er den Raum als die Begrenzung der Dinge. Der Raum stellt sich für Aristoteles also als eine Art Behältnis dar, welches die Dinge enthält. Nach dieser Auffassung gibt es im gesamten Universum keine ausgedehnte Leere; die Materie füllt jede Spalte und Lücke.

Erst durch die Denkbewegung der scholastischen Philosophen im Mittelalter wurde die Vorstellung von der Unmöglichkeit des leeren Raumes – trotz der allgemeinen Autorität des Aristoteles – allmählich aufgegeben. Dies hing damit zusammen, dass infolge der Vorstellung vom gefüllten Raum im Universum nichts beweglich sei, ja nicht einmal Gott im Universum etwas verschieben könne. Dies war jedoch mit der theologischen Vorstellung vom allmächtigen Gott unvereinbar und musste aufgegeben werden. Die aristotelische Raumkonzeption vom Behältnis spielt in der psychoanalytischen Auffassung von der Psyche bis heute eine wichtige Rolle, worauf später noch zurückzukommen sein wird.

Die bipolare mittelalterliche Raumkonzeption

Die Raumkonzeption des Mittelalters ist von einer bestimmten Sicht der gesamten Wirklichkeit geprägt. Während der neuzeitliche Raum monopolar gesehen wird – es gibt nur den physikalisch-materiellen Raum –, stellt sich der spätantike und mittelalterliche Mensch den Raum bipolar vor. Diese Auffassung geht auf die duale Weltsicht in Platon's Denken zurück, wie sie sich markant im so genannten Höhlengleichnis entfaltet: In einer Höhle befinden sich angekettete Gefangene, die durch ihre Sitzposition mit dem Rücken zum Höhlenausgang gezwungen sind, immer nur die Schatten der wirklichen und wahren Welt zu sehen. Der sichtbaren Welt steht also eine unsichtbare Welt gegenüber, wobei die sichtbare Welt nur das Abbild der eigentlich unsichtbaren jenseitigen wirklichen Welt ist. Der Dualismus von Natur und Übernatur, Physik und Metaphysik strukturiert künftig die abendländische Welterfahrung. Für die Raumvorstellung bedeutet dies, dass die sichtbaren physikalischen Räume einbezogen sind in einen übergeordneten metaphysischen Raum. Dem immateriellen, jenseitigen Raum ist die unsterbliche Seele zugeordnet; der Ort des sterblichen Körpers bleibt der physikalische Raum. Diese Zwei-Räume-Lehre begünstigte einerseits einen gespaltenen Dualismus in der Auffassung vom Menschen, der als aus einem sterblichen Körper und einer unsterblichen Seele bestehend gedacht wird. Erst im Tod werden beide Teile voneinander getrennt. Diese Sichtweise förderte zwar einerseits eine dualistische Sicht vom Menschen, verhinderte aber andererseits seine Reduzierung auf ein rein materielles Lebewesen unter Auslassung seiner spirituell-geistigen Verfasstheit.

Galilei: Die Eroberung des entleerten Raumes

Der platonische Dualismus von Diesseits und Jenseits, von sterblichem Körper und unsterblicher Seele, den das junge Christentum während der Spätantike in sich aufnahm, wurde im Übergang zur frühen Neuzeit Schritt für Schritt aufgegeben und durch einen materiellen Monismus ersetzt. Nicht mehr die Beheimatung in einem metaphysischen Universum prägte das Selbstbild des Menschen, sondern das ziellose Kreisen in einem leeren Universum.

Die (Wieder-)Entdeckung des leeren, materiellen Raumes, wie ihn die Maler der Renaissance auf die Bildfläche brachten, wurde von Galileo Galilei zur Grundlage neuzeitlicher Physik gemacht. Der leere Raum wurde begriffen als ein dunkler Kontinent, den der Mensch wie ein Kolonialherr zu erobern hatte. Gegenüber einem als weiblich assoziierten leeren Raum konnte sich das männliche, lineare Denken den Raum nur im Akt der Füllung dieser Leere vorstellen. Die Beziehung zu diesem leeren Raum stellt sich als Form der Beherrschung dar. Die aristotelische Angst vor dem leeren Raum konnte auf diese Weise scheinbar gebannt werden. Mit dieser männlich geprägten Raumkonzeption korreliert der oben skizzierte neuzeitliche Vernunfttypus, der linear und von einem Außen-Denken bestimmt ist. Der Mensch erlebt sich nun nicht mehr räumlich, er erfährt den Raum nicht mehr als Teil von sich und sich nicht mehr als Teil des Raumes, sondern er erlebt ihn als ein Gegenüber, als ein ihm vorgegebenes und von ihm unterschiedenes Außen, dessen er sich bemächtigt.

Abb. 26: Paolo Uccello, Der Hostienverkauf, um 1465–1469

Abb. 27: Die perspektivische Konstruktion des Uccello-Bildes

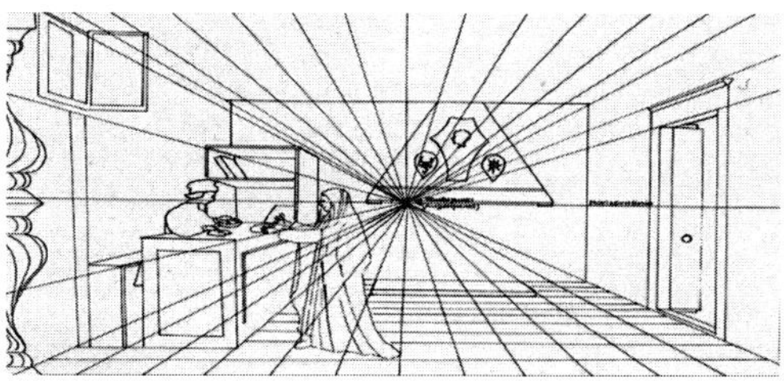

Dieser neuzeitlichen distanzierten Raumwahrnehmung liegt die typisch abendländische Wahrnehmungsweise von Wirklichkeit zu Grunde. Danach heißt wahrnehmen und erkennen in erster Linie

Distanz halten, heißt, unterscheiden zwischen einem wahrnehmenden und erkennenden Subjekt und einem wahrzunehmenden und zu erkennenden Objekt, wie es in der perspektivischen Rekonstruktion des Uccello-Bildes (Abb. 26/27) zum Ausdruck kommt. Diese geläufige Trennung zwischen innen und außen, zwischen Subjekt und Objekt reduziert unsere Raumerfahrung und beschneidet sie um eine wesentliche Dimension. Denn die Räume, in denen wir uns bewegen, sind kein Gegenüber, dass außerhalb unserer selbst existiert, sondern wir sind immer im Raum, auch wenn uns der Raum als etwas Objektives außerhalb unserer selbst erscheinen mag. Dies gilt auch für soziale Lebensräume und noch mehr für kulturelle und religiöse Sinnwelten, die uns als von einer anderen Wirklichkeit geoffenbart erscheinen.

Raum und Bewusstsein

Durch die Entdeckung der Zentralperspektive, die den Menschen als ein Gegenüber zum Raum »erschafft«, wurden aber auch die Versuche gefördert, Räume dem menschlichen Maß anzupassen bzw. in Beziehung zu setzen und so das Postulat des griechischen Philosophen Protagoras, der Mensch sei das Maß aller Dinge, in Architektur umzusetzen. Seit dem 15. Jahrhundert gilt diese Maßeinheit als Ideal der anthropomorphen Raumgestaltung, die Leonardo da Vinci in seiner berühmten Illustration zu *De divina proportione* von Luc Paciolis schuf: der Mensch im Kreis und Quadrat.

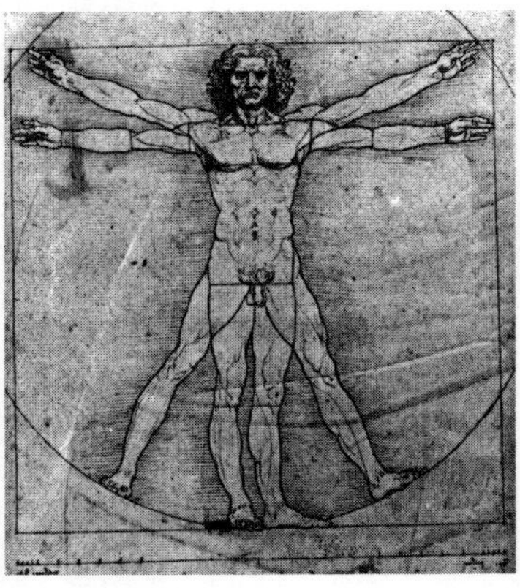

Abb. 28:
Leonardo da Vinci,
De divina proportione

In der Moderne hat Le Corbusier den goldenen Schnitt für die menschliche Wohnumwelt gleichsam operationalisiert. Ausgangspunkt ist das Maß 2,26, das ein 1,83 großer Mensch mit ausgestreckten Armen erreicht. Es geht Le Corbusier darum, »mit der Abstimmung der Architektur auf menschliche Maßverhältnisse eine harmonische Wohnumwelt zu schaffen. Darin sind u.a. folgende Höhen zugrunde gelegt: Sitzhöhe: 43 cm; Schreibtischhöhe: 70 cm, Höhe einer Arbeitsplatte bei stehender Tätigkeit: 86 cm, Türzargenhöhe: 2,26 m« (Guderian 2004, S. 81).

Von den Proportionen eines Raumes hängt es entscheidend ab, wie ein Mensch den Raum erlebt und wie er sich dabei fühlt. Beim Betreten einer gotischen Kathedrale erlebt er sich als klein und unbedeutend angesichts der Endlosigkeit des Raumes, in einer dunklen romanischen Dorfkirche fühlt er sich behütet und aufgehoben, vor einem bombastischen Repräsentationsgebäude eines totalitären Regimes empfindet er Ohnmacht und Angst davor, beherrscht zu werden. Wie der Mensch Räume erlebt und welche Wirkungen diese auf ihn ausüben, wird von der Wirkungsästhetikforschung erkundet, weitgehend jedoch unter dem Gesichtspunkt, welche Räume zu besseren und schnelleren Leistungen führen.

Fazit dieser Gedanken zur Wirkung des Raumes ist, dass die Entwicklung des Raumerlebens gleichzeitig die Bewusstseinsentwicklung widerspiegelt. In seinen Arbeiten zur Bewusstseinsevolution geht Jean Gebser (1986) von drei Stufen der Welterfahrung aus, denen drei Formen der Raumwahrnehmung zu Grunde liegen: der unperspektivischen, der perspektivischen und der aperspektivischen.

Die unperspektivische oder aspektivische Raumerfahrung umfasst die archaische Zeit ebenso wie die Hochkulturen. Die ägyptischen aspektivischen Darstellungen wie der See mit Wasserträgern in Abb. 29 sind die bekanntesten, aber auch die gotischen Bilder bis hin zu Giotto sind Beispiele dieser sich im Bild ausdrückenden Bewusstseinsstufe.

Abb. 29: See mit Wasserträgern, aspektivische Darstellung, aus: Brunner-Traut, Emma (1978): Ägypten. Kunst und Reiseführer mit Landeskunde. Stuttgart, Berlin, Köln, Mainz, S. 186

Kennzeichnend für dieses Bewusstsein ist die Gewissheit, noch weitgehend von einem umgebenden Raum gehalten und in ihm aufgehoben zu sein. Der Mensch erlebt sich als Teil dieses Raumes. Das Teilbewusstsein wird endgültig durch die Entdeckung der Zentralperspektive abgelöst. Der Mensch erlebt sich jetzt als die zentrale Figur, als Mittelpunkt des Raumes, der auf ihn hin zentriert ist, sei es der Raum eines Bildes oder der umfassende Weltraum. Das Fehlen von Raumbewusstsein in der archaischen Zeit deutet nach Gebser auf das Fehlen eines ausgeprägten Ich-Bewusstseins hin. Erst ein abgegrenztes Ich vermag sich dem Raum gegenüberzustellen und ihn zu objektivieren. In den archaischen und antiken Baumformen sind Räume Begrenzungen, die etwa dem Schutz dienen, aber es besteht noch Gefühl für eine Rauminnerlichkeit. Figuren auf antiken Darstellungen stehen unverbunden nebeneinander, ohne räumliches Bewusstsein.

Die Entstehung der Rauminnerlichkeit, wie sie sich bis in die Neuzeit entwickelt hat, ist ein Teil jener Bewusstseinsentwicklung, die das Christentum besorgt hat, als es sich mit der platonischen Philosophie verband und die Götter der Antike von außen nach innen holte. Auf das Innere des Menschen kommt es jetzt an, auf seine Innenerfahrung, seine Gesinnung, seine Gotteserfahrung. Dieser Prozess der Verinnerlichung bringt ein Subjekt hervor, welches sich zunehmend ganz fühlt und sich mit einer eindeutigen und sicheren Identität ausgestattet erlebt. Dieses stabile neuzeitliche Identitätsgefühl bezieht andererseits seine Gewissheit aus der Sicherheit des außerhalb seiner selbst existierenden objektiven Raumes, der sich bis in Vorstellungen vom Kosmos als Raum ausweitet.

Diese »absolutistische Raumvorstellung« (Löw 2001, S. 24) prägt die traditionelle Vorstellung der Physik und der Philosophie: Raum wird als ein vorgegebenes Absolutes gedacht, als ein Apriori, das nach Kant aller Erkenntnis voraus liegt. Mit der Relativitätstheorie Einsteins kommt diese Vorstellung an ihr Ende. Raum ist keine absolute, sondern eine relative, dynamische Größe wie die Zeit. Die Epoche, in der Einstein den absoluten Raum auflöst, ist die gleiche Zeit, in der Freud das sich seiner selbst sichere Ich-Bewusstsein auflöst und durch die Entdeckung des Unbewussten relativiert. Raum ist jetzt Kontext, ersonnene Fantasie, eine »Lagerungsqualität der Körperwelt« (Einstein 1915, zit. n. Löw 2001, S. 31) und verhält sich relativ zum Bezugssystem der Beobachter. Damit verliert der Raum das Merkmal absoluten Vorhandenseins und wird nicht mehr als starrer Behälter begriffen, sondern als Beziehungsqualität zwischen Körpern, die ständig in Bewegung sind. Diese Relativierung des Raumes durch Einstein geht einher mit der Relativierung des menschlichen Ich-Bewusstseins durch Freud. Beide zeigen einen neuen Bewusstseinszustand an, der sich im Zerfall einer starren und sicheren Ich-Identität im postmodernen Individuum zeigt.

Sloterdijk: Wohnen als Blasenexistenz

Den Raum als »Lagerungsqualität von Körperwelten« zu verstehen, dabei hilft der Ansatz des Philosophen Peter Sloterdijk, der die erste Lagerung des Körpers in der »Blasenexistenz« entdeckt, die der Mensch in vorgeburtlicher Zeit geführt hat. In seiner Trilogie *Sphären* greift er den oben entwickelten Gedanken von Bollnow auf, der das Raumerleben in der Leiblichkeit des Menschen verwurzelt sieht. Die Leiblichkeit hat für ihn seinen Ursprung in vorgeburtlicher Zeit. Von Beginn an ist der Mensch umhüllt von etwas, das er als Fruchtblase, Plazenta und Nabelschnur als sein Doppel erlebt. Die Urblase, aus der das Leben hervorgeht, sieht er als eine bipolare Größe an: »Das Elementare, Anfängliche, Einfache erscheint (...) als Resonanz zwischen polaren Instanzen; das Ursprüngliche bekundet sich von Anfang an als korrelative Zweiheit« (Sloterdijk 1998, S. 42).

So wertet Sloterdijk die Idee des Menschen vom Individuum als Verlust des ursprünglichen Zustandes des Paar-Seins. In der alteuropäisch-jüdischen Tradition etwa wird der Mensch und seine Erschaffung als Koexistenz von Zweien gedacht: Gott und sein Adam bilden ein primäres Dual, »eine gemeinsame innenraumhafte S p h ä r e«, einen Intimraum, in dem Gott durch Adam und Adam durch Gott ergänzt wird (ebd., S. 45). Das Zerbrechen dieser Zweieinheit – die sphärische Urkatastrophe – ermöglicht das Entstehen dessen, was später Psyche heißen wird. Im Zerplatzen der Blase, beim Verlassen des symbiotischen Raumes tritt das Dritte, die Welt als ein »Außen«, auf den Plan. Sloterdijk stimmt nun keineswegs das Loblied auf die Fruchtbarkeit des Dritten als Garanten der Individuation an, sondern hält es für die »Basisneurose der okzidentalen Kultur, von einem Subjekt träumen zu müssen, das alles beobachtet, benennt, besitzt, ohne sich von etwas enthalten, ernennen, besitzen zu lassen« (ebd., S. 85).

Abb. 30:
Der im Tierkreiszeichen enthaltene zweifache menschliche Körper, franz. Handschrift aus dem 15. Jahrhundert

Die Kulturarbeit des modernen Menschen zielt darauf ab, Ersatz für diesen frühen und verlorenen Zustand des Umhülltseins zu finden. Im dritten Teil seiner Trilogie *Schäume*, qualifiziert er Wohnungen als räumliche Immunsysteme, die das verlorene Wohlsein verteidigen: »Wohnen ist aus immunologischer Sicht eine Verteidigungsmaßnahme, durch die ein Bereich des Wohlseins gegen Invasoren und andere Bringer von Unwohlsein abgegrenzt wird. Alle Immunsysteme nehmen ein Recht auf Abwehr von Störungen in Anspruch, das der Begründung nicht bedarf« (Sloterdijk 2004, S. 535). Da diese Störungen des Wohlseins in der Moderne zugenommen haben, dient nach Sloterdijks Einschätzung die Wohnung als Körperausdehnung heute vor allem dazu, die Abwehr und die Abschließung vor dem Außen zur Darstellung zu bringen. In der Wohnung als dritter Haut materialisiert sich die Tatsache, dass der »menschlichen Weltoffenheit immer eine komplementäre Weltabwendung entspricht« (ebd., S. 540).

Die oben beschriebene Entwicklung von der Mönchszelle über das studiolo und die Gelehrtenstube zum modernen Ein-Personen-Appartment spiegelt die Vereinzelung und Selbstabschottung des Menschen wider, die in der modernen Wohnung ihren Höhepunkt findet: Soziale Wohnverhältnisse werden aufgelöst zu Gunsten einer Autosymbiose des Individuums mit sich selbst. Diese »Selbstpaarung« ermöglichen die »Egotechniken« (ebd., S. 584) der medialen Ausstattung einer Wohnung, die es erlauben, dass ein Single nie mit sich allein ist, sondern als sein eigener Begleiter auftreten kann. Freilich haben in vormodernen Zeiten andere imaginären Begleiter wie Schutzengel, religiöse Symbole und Glaubensvorstellungen diese Funktion des Begleiters übernommen, Nachfahren jener mit der Geburt verlorenen schützenden Urblase.

Bemerkenswert ist, dass Sloterdijk, auf den im dritten Teil im Rahmen der Erkundungen zum pränatalen Seelenleben noch einmal zurückzukommen sein wird, die Wohnung als Umhüllung und Blase versteht, die als eine Art Ersatz für den verlorenen schützenden mütterlichen Urraum fungiert. Diese Funktion nimmt in der Neuzeit unter dem Einfluss von Industrialisierung, Bürokratisierung und Kontrolle zu. Die modernen Medien erlauben es dem Einzelnen, die Wohnung als Immunraum zu erleben, der das Wohlsein schützt und in dem das Individuum mit sich alleine sein kann, ohne an der Einsamkeit zu ersticken.

Die Verwurzelung des Hauses und der Wohnung in körperlichen Erfahrungen, die sich dann zu psychischen Bedürfnissen weiterentwickeln, wird in den nächsten beiden Teilen ausführlich erörtert. Ausgangspunkt wird dabei Freud sein, dessen Psychoanalyse beim Körper beginnt (»Das Ich ist zuerst ein körperliches«) und der aufzeigt, wie sich ursprünglich körperliche Bedürfnisse zu Trieben und seelischen Bedürfnissen differenzieren.

II. Das Haus und die Architektonik des Wohn-Ichs

Der Begriff »Wohn-Ich« ist grammatikalisch ein Substantiv und legt als solches die Vermutung nahe, als sei damit so etwas wie eine real-empirische Größe gemeint. Das freilich ist nicht der Fall, denn eigentlich »gibt« es ein »Wohn-Ich« so wenig wie es ein »Ich« gibt. Vielmehr meinen »Wohn-Ich« und »Ich« eine Funktion des psychischen Apparates, die vor allem in Regulationsprozessen besteht. Diese wiederum dienen der Aufrechterhaltung oder Wiederherstellung eines optimalen Selbstgefühls. Um diese Regulationsprozesse besser verstehen zu können, führte Freud die Konstruktion des »Ichs« ein. Dieses wird hier insofern erweitert, als das Ich auf die Regulationsprozesse bezogen wird, die sich aus dem Wohnen ergeben. Der Begriff des Wohn-Ichs basiert also zunächst auf der Vorstellung vom Ich, wie sie Freud in seiner metapsychologischen Bedeutung entwickelt hat[3]. Bereits im *Entwurf einer Psychologie* von 1885 führt er das Ich als eine Instanz ein, der vor allem die Funktion des Zusammenhaltens der Gesamtperson zukommt, und zwar durch Zügeln psychischer Erregung und durch Verdrängung (Freud 1885, S. 416f.). Dadurch bewirkt das Ich einen Schutz der Psyche durch Überflutung von externen Reizen. Freud beschreibt das Ich in einer Weise, die dem ähnlich ist, was später Paul Federn (1956) mit dem Hüllenkonzept der Psyche und Bion (1962) als »Container«-Funktion der Psyche beschrieben. Ausführlich hat der französische Psychoanalytiker Didier Anzieu mit seiner Arbeit *Das Haut-Ich* (1985) die Hüllenfunktion des Ich herausgearbeitet. Diesem kommt eine eingrenzende, vereinheitlichende und vor Reizen schützende Funktion zu. Dadurch ermöglicht die psychische Hülle dem Einzelnen Wachstum und Individuation, aber auch das Identitätsgefühl, eine unverwechselbare Person zu sein.

Die Funktionen des Wohn-Ichs sind denen des Haut-Ichs von Anzieu (1985) sehr verwandt, wenngleich die Hüllenfunktion hier von der ersten auf die dritte Haut verlagert wird. Die einzelnen Regulationsfunktionen des Wohn-Ichs werden in diesem Kapitel entlang dreier Aspekte zusammengestellt, die sich aus unterschiedlichen psychoanalytischen Konzepten ergeben. Dabei stehen solche Ansätze Pate, die sich mit der grenzsetzenden und grenzöffnenden Funktion des Ichs als dessen zentraler Hüllenfunktion beschäftigen:

---

3 Metapsychologisch meint eine über die alltägliche oder auch philosophische Vorstellung vom Ich als Subjekt und Person, das sich seiner selbst bewusst ist, hinausgehende Vorstellung, die die psychischen Funktionen im Hinblick auf die Gesamtperson präzise zu erfassen sucht.

1. aus dem Freudschen Strukturmodell ergibt sich der Aspekt der *intersystemischen Regulation*, wie sie das Ich vornimmt angesichts der Ansprüche aus den Systemen *Es* und *Über-Ich* bzw. *Ichideal*. Das Haus wird dabei in seiner vertikalen hierarchischen Binnenstrukturierung als Chiffre für jene Systeme verstanden, wie Freud sie im Strukturmodell metapsychologisch gefasst hat. Die Grenze wird verstanden als der Ort, auf den sich die Aktivität des Wohn-Ichs vorrangig bezieht;
2. aus beziehungspsychologischen Konzepten wird sowohl die *Innen-Außen-Regulation* als auch die *grenzregulierende* Funktion des Wohn-Ichs untersucht, wie sie sich in Wänden, Decken, Türen und Fenstern symbolisiert;
3. die *subjektive Erlebnis- und Darstellungsseite* des Wohn-Ichs wird durch den selbstpsychologischen Ansatz beschrieben. Dieser Erlebnisaspekt kommt in der horizontalen Gliederung des Hauses zum Ausdruck.

Die Regulationsfunktionen des Wohn-Ichs setzen voraus, dass es jeweils zwei Pole gibt, auf die sich die Regulation bezieht. Deshalb lässt sich das Wohn-Ich am treffendsten mit dem Bild der Ellipse darstellen, die durch zwei Brennpunkte definiert ist.

Abb. 31: Eigene Grafik

Die hier darzustellenden Regulationsaufgaben des Wohn-Ichs leiten sich ab aus der Parallelität zwischen dem seelischen Apparat und dem Haus als architektonischer Form, deren Erhellung das folgende Kapitel dienen soll.

1. Das Haus als Abbild der seelischen Struktur

Im Bau von Wohnstätten, für die der Begriff »Haus« gleichsam als überzeitliche Metapher steht, drückt sich der geschichtliche Prozess der Entstehung von Bewusstsein und Unbewusstem aus, also der Vorgang der Bildung unseres Seelenhauses. Wohnhäuser und öffentliche Gebäude spiegeln die nach außen gewendete und in materielle Form gebrachte Erfahrung des Ichs wider. Das Wohn-Ich lässt sich zunächst mit drei räumlichen Orientierungslinien beschreiben, die in der Regel als erste Orientierung zu Hilfe genommen werden, wenn man einen Raum oder ein Haus betritt. Es sind dies:

- die Orientierung auf der vertikalen Achse: *oben und unten*;
- die Orientierung auf der horizontalen Achse: *rechts und links bzw. vorne und hinten;*
- die *Innen-Außen*-Orientierung.

Die Abgegrenztheit des Hauses und seine vertikale und horizontale Ausrichtung, die durch Decken und Wände erreicht wird, weist eine jeweils eigene Dimension der seelischen Struktur auf. Diese Ausrichtung ermöglicht die genannte dreifache Orientierung, welche die körperliche Positionierung im Raum voraussetzt. Dadurch eignen wir uns die Festigkeit und Berechenbarkeit eines Raumes an, ohne uns in ihm zu verlieren.

Die vertikale Oben-Unten-Orientierung

Schon der alltägliche Sprachgebrauch deutet auf die innere Bedeutung von oben und unten hin und macht die psychische Verfasstheit eines Menschen deutlich: *Oben sein* steht für gut gehen, *unten sein* meint down sein und weist auf eine niedergedrückte Stimmungslage hin. *Nach oben kommen* meint, den Weg zum Erfolg und zum Besseren angetreten zu sein, und wenn es *abwärts* geht, könnte jemand in den Abgrund stürzen und den Halt im Leben verlieren. Seelische Zustände sind mit physischen Orten verbunden: Oben auf dem Berg, von einem erhöhten Standpunkt aus, sieht das Leben leichter aus als unten im engen Tal. Oben markiert den Bereich des Geistigen, des höheren Bewusstseins, warum die Götter im Laufe der Bewusstseinsentwicklung allmählich auf die Gipfel der Berge wanderten (Olymp) und wichtige Gottesoffenbarungen oben stattfanden (Sinai, Tabor). Dieses Emporrücken des Himmels markiert einen bedeutsamen Schub in der Bewusstseinsentwicklung, es steht für den »Fortschritt in der Geistigkeit« (Freud 1939, S. 219).

Oben sein heißt auch, die Schwerkraft zu überwinden, sich aufzurichten und sich dem Himmel entgegenzustrecken. Die Errichtung einer Hütte mit einem Dach über der Erde haben wir bereits als eine erste selbstschöpferische bauliche Tätigkeit des Menschen beschrieben. Ein Haus betreten wir in der Regel in dieser aufrechten Position und werden dann im Inneren einen Platz finden, um der Schwerkraft wieder nachzugeben und uns der Horizontalen teilweise (sitzen) oder ganz (liegen) anzunähern (vgl. Guderian 2004, S. 46). Oben steht aber auch für Normen, Regeln und Werte des Menschen, wie sie das Über-Ich und das Ichideal der Psychoanalyse beschreiben, während das Unten für den Bereich des Es steht, dem triebhaft-animalischen Untergrund unseres Lebens.

Die Innen-Außen-Orientierung

Durch die Fähigkeit, innen und außen unterscheiden zu können, bildet sich in der Entwicklung des Individuums die Basisschicht des Wohn-Ichs. Sie ermöglicht es, zwischen Ich und Nicht-Ich bzw. zwischen Ich und Anderen zu unterscheiden. Die Wand, die das Haus von der Außenwelt trennt und so einen Innenraum erschafft, dient dem Wohn-Ich wie die nach außen verlagerte erste Grenze, welche die Haut bildet. Bereits der Fötus bekommt im Mutterleib ein erstes rudimentäres Gefühl für sich selbst, wenn er die Innenseite der Fruchtblase durch Bewegungen wie Treten spürt, mit dieser Grenze in Kontakt kommt und so eine erstes Raumgefühl entwickelt. Nachgeburtlich setzt sich diese Erfahrung durch den Kontakt mit einer begrenzenden Außenwelt fort. Parallel dazu verläuft die Entwicklung der psychischen und sozialen Ich-Grenze, die sich im Prozess der Differenzierung von Mutter und Kind in den ersten drei Lebensjahren aufbaut. Dieses Grenzgefühl ist die Voraussetzung, Innenräumlichkeit zu erleben, auf die weiter unten noch einzugehen sein wird.

Interessanterweise können den drei Koordinaten der Orientierung im Haus, denen drei Dimensionen des seelischen Erlebens entsprechen, drei wichtige Konzepte der Psychoanalyse zugeordnet werden:

- Die *vertikale Oben-Unten-Ausrichtung* spiegelt den erwähnten »Fortschritt in der Geistigkeit« (Freud), die Entwicklung zum Ich-Bewusstsein und die damit verbundenen Konflikte zwischen Trieb, Verbot und Abwehr wider. Es ist die ödipale Formgebung des Individuums, welches sich durch den Trieb-Abwehr-Konflikt konstituiert und die sich in der Aufrichtung von unten nach oben widerspiegelt, wie es Freud mit seinem Strukturmodell von 1923 (Ich – Es – Über-Ich) erfasst hat.
- Die *Innen-Außen-Dimension* wird von einer beziehungsorientierten Psychoanalyse der Ich-Grenze entfaltet, wie sie Paul Federn, Wolfgang Trauth und Thea Bauriedl mit unterschiedlichen Akzenten entwickelt haben. Diese zielt darauf ab, das Individuum in einer abgegrenzten Position zu verorten. Für ein Verständnis der Innenräumlichkeit werden die objektbeziehungspsychologischen Ansätze von Melanie Klein und Janine Chasseguet-Smirgel herangezogen, bevor im dritten Teil die pränatale Psychologie dazu befragt wird.
- Der *horizontalen Rechts-Links- bzw. Vorne-Hinten-Ausrichtung* entspricht das Konzept der Selbstpsychologie (Heinz Kohut, Heribert Wahl), da sie verständlich macht, wie Räume und Dinge wie z.B. Möbel als Selbstobjekte fungieren können.

Die horizontale Rechts-Links- und Vorne-Hinten-Orientierung

Wer sich horizontal im Raum orientiert, tut dies in vier Richtungen: Der Blick nach vorne wird gelegentlich durch die Vergewisserung über das, was hinten liegt, unterbrochen, parallel dazu verläuft die Rechts-Links-Orientierung. Da keine Körperseite von Natur aus der anderen überlegen ist, ist die Bedeutung von rechts und links relativ willkürlich und kulturabhängig (vgl. Bollnow 1963, S. 15; Guderian 2004, S. 49). Rechts gilt bei uns als das Richtige, als ge-recht und rechtens, während links als falsch und linkisch gilt. Rechts gilt als Ort des Denkens, links als Seite des Fühlens.

Die Rechts-Links-Koordinaten des Hauses entsprechen auch der Vorstellung der Psyche als horizontales Nebeneinander von Inhalten, Wünschen und Fantasien. Die Psychoanalyse beschreibt diese Fähigkeit zum Nebeneinander als Ambivalenztoleranz. Das Gegenteil bzw. die Abwehr von Ambivalenz ist die Spaltung, durch die die vielfältige innere Welt der Gefühle und Wünsche in einen Gegensatz gebracht wird nach Art des Entweder-oder wie z.B. Zuneigung *oder* Wut, Freude *oder* Traurigkeit anstelle von polarer Bezogenheit wie Zuneigung *und* Wut, Freude *und* Traurigkeit. Wenn die Spaltung überwunden wird, kommt es zu einem Nebeneinander von Wünschen, Erlebnisweisen und Gefühlen, die sich im Sinne eines Sowohl-als-auch nicht ausschließen, sondern ergänzen. In unserem Kulturkreis wird durch die Bewertung von rechts gleich positiv und links gleich negativ eine Spaltungstendenz begünstigt. Das Nebeneinander von Räumen in einem Haus oder einer Wohnung, die unterschiedliche Stimmungen und Empfindungen auslösen, ermöglicht dem Bewohner ein breites Erlebnisspektrum seiner inneren Welt. In Träumen spielt das Haus mit seiner Innen- und Mehrräumlichkeit eine große Rolle und steht für die Gesamtheit und Differenziertheit der Person.

Die Vorne-Hinten-Orientierung ist vor allem mit der Bewegung verknüpft. Nach vorne geht man, peilt ein Ziel an, ergreift etwas, das vor einem liegt. Vorne bedeutet aktiv, konstruktiv-aggressiv, zielorientiert. Der Raum, den wir betreten, liegt vor uns, wie das Leben, das ergriffen werden will. Der Blick nach hinten wird meistens dann notwendig, wenn das Nach-vorne-Gehen blockiert oder eine Rückkehr unausweichlich ist. Die Rückkehr kann aber auch das Ziel sein, wie bei Odysseus, der sein Ziel erreicht hat, als er von seinen Irrfahrten nach Hause zurückkehrt.

Die abendliche Rückkehr in die eigenen vier Wände ist in der Regel auch das Ziel des Weggehens am Morgen. Die Raumorientierung vorne-hinten ist eng mit der Zeitorientierung verknüpft (vgl. Guderian 2004, S. 48): vorne liegt die Zukunft des eigenen Lebens, hinten die Vergangenheit. Für die Kartografie der Psyche bedeutet vorne die helle, lichte und bewusstseinsfähige Seite, während hinten das Dunkle, Verborgene, Schattenhafte liegt, was die Psychoanalyse als das Unbewusste bezeichnet.

2. Das Haus in der Vertikalen: Das Wohn-Ich in der Freudschen Perspektive

In der Perspektive der vertikalen Ausrichtung des Hauses geht es um das Wohn-Ich in Auseinandersetzung mit dem Über-Ich bzw. Ichideal und dem Es, wie es Freud im Strukturmodell von 1923 konzeptualisiert hat. Wir sagten bereits im ersten Teil, dass sich dieses Ich nur in triadischen Prozessen konstituiert, welche durch die drei Instanzen ermöglicht werden. Das Ich bildet sich in Auseinandersetzung mit den Triebwünschen (Es) und den elterlichen Ge- und Verboten (Über-Ich und Ichideal).

Der vertikalen Oben-Unten-Orientierung im Haus entspricht die Vorstellung Freuds von der Entstehung der psychischen Struktur durch den Konflikt, der durch die triebhaften Wünsche und Bedürfnisse aus dem Es und deren Abwehr durch die Normen, Verbote und Tabus des Über-Ichs. Dass es überhaupt eine solche Instanz wie das Über-Ich gibt, ist das Ergebnis der Formung des Ichs durch die ödipal-triadische Erfahrung, d.h. durch die Auseinandersetzung mit den Eltern.

Freud, der Körper, die Triebe und das Haus

Unser Raumerleben als seelische Basisschicht des Wohnens ist in den Körper-Seele-Zusammenhang hinein verwoben. Im Prozess der abendländischen Geistes- und Kulturgeschichte hat der Körper im Gegensatz zum Geistigen des Menschen eine immense Abwertung erfahren. Das Descartes'sche »cogito ergo sum« – ich denke, also bin ich – kennzeichnet das Selbstverständnis des modernen Menschen. Es markiert die Monopolstellung des rationalen Zugangs zur Welt und begründet die Vorherrschaft des denkenden – und seinen eigenen Zweifel denkenden – Geistes vor der körperlich-sinnlichen Welterfahrung. Der Körper erfährt eine Abtrennung vom Geist: Als »res extensa«, als ausgedehntes Ding, wird ihm die »res cogitans« als geistiger Vollzug gegenübergestellt. Die Folge ist der objektivierende Zugriff des Geistes auf die Welt, dem auch der Körper anheim fällt. Der neuzeitliche Siegeszug der gesetzesbildenden und objektivierenden (Natur-)Wissenschaften beginnt. Die Entfernung des Geistes vom Körper, der von Descartes als Maschine gedacht wird, geht einher mit der Verwerfung der Triebe und

Leidenschaften als etwas Irrationalem, dem das Denken als das Höhere entgegengestellt wird. Die Wissenschaft bemächtigt sich des fremden und des eigenen Körpers. Dieser wird entseelt, und es gibt keine Verbindung mehr zwischen Seele, Geist und Materie. Heutige Körper- und Gesundheitskulte wie Piercing, Tatooing, Diätkuren, Fitness- und Wellnessprogramme lassen sich als eine »Wiederkehr des Verdrängten« verstehen, als eine Wiederentdeckung des Körpers nach einer langen Phase der Vergessenheit.

Freuds Psychoanalyse nimmt ihren Ausgang bei diesem großen Schisma der abendländischen Geistesgeschichte, der Abspaltung des Körpers vom Geistig-Seelischen. Für unsere Fragestellung begegnet dieses Schisma in der im ersten Teil aufgezeigten Abspaltung des Raumerlebens von der körperlichen Erfahrung: Der uns umgebende Raum wird als ein Außen und Gegenüber wahrgenommen, von dem wir durch Grenzen getrennt sind.

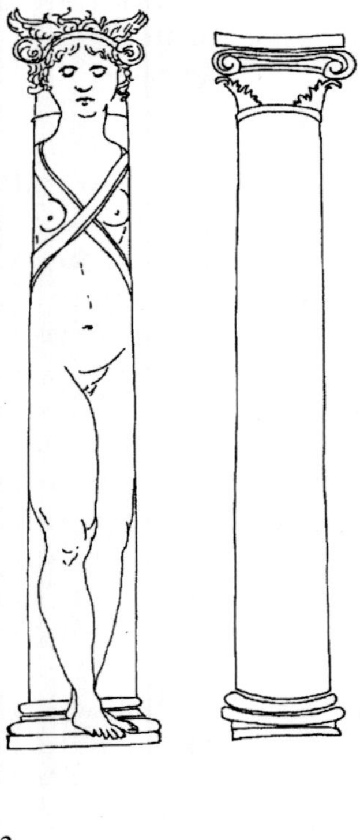

Abb. 32:
Nachzeichnung von Francesco di Giorgio Martini, Proportionsstudie für eine Säule, 2. Hälfte des 15. Jahrhunderts

Um die Entfremdung vom Raum und den Beitrag Freuds für eine Zurückgewinnung des Raumes ins eigene Erleben besser zu verstehen, soll die (Neu-)Entdeckung des Körpers und die Überwindung der trennenden Grenze von Ich und Körper, die exemplarisch für die Aufklärung das Denken René Descartes besorgt hat, durch die Freudsche Psychoanalyse in einigen Strichen skizziert werden. Die einseitige Vernunft der Aufklärung mit ihrer Körpervergessenheit in Bezug auf Geistig-Seelisches hat in der Freudschen Psychoanalyse ihre Überwindung gefunden. Auch wenn heute Psychoanalyse und Körpertherapie oft in Gegensatz gebracht werden, so ist das Freudsche Therapiekonzept von seinem Grundansatz her ein durch und durch körperliches, auch wenn in der Therapie nicht direkt mit dem Körper, z.B. durch Berührung, gearbeitet wird. Es ist wichtig zu sehen, dass Freuds psychoanalytischer Entwurf als Theorie und Praxis eine Rückbindung (re-ligio) des seelischen Lebens an den Körper herzustellen versucht. In der deutschen Sprache verfügen wir neben dem Begriff Körper über den des Leibes, mit dem sich die Verbindung von Seele und Körper gut ausdrücken lässt. Mit »Leib« ist der beseelte Körper gemeint, wie wir bereits bei Bollnow gesehen haben. Als Leib ist er rückgebunden an jenen Bereich unseres Seelenlebens, der dem Bewusstsein und dem Denken vorgelagert ist. Freud spricht hier recht unromantisch vom Un-Bewussten und meint damit die dunkle Seite der menschlichen Natur, durch die der Mensch mit den Triebregungen seines Körpers verbunden ist. Diese Triebnatur wurde im Laufe der stammesgeschichtlichen Entwicklung gezähmt und ist dem heutigen Kulturmenschen als animalische Eigenschaft so fremd geworden. Er hat sie so gründlich von sich abgespalten, dass sie sich als »Wiederkehr des Verdrängten« oft nur in unverständlichen Symptomen oder irrationalen Gewaltexzessen Durchbruch verschaffen können.

Die im Unbewussten gespeicherten Triebregungen, Fantasien und Wünsche verbinden die Person mit seiner Vergangenheit, die bis in die vormenschliche Zeit zurückreicht. Mit der Konzeption des Unbewussten hat Freud also ein Verbindungsglied zwischen Körper, Seele und Geist gefunden, welches zugleich die Vergangenheit mit der Gegenwart verknüpft. Mit dem Unbewussten ist somit eine Dimension in das Menschenbild eingeführt, die das mächtig gewordene neuzeitliche Ich-Bewusstsein übersteigt. Die psychoanalytische Sicht besteht auf der

Rückbindung an dieses »Jenseits« unseres Bewusstseins und führt damit eine Perspektive ein, die dem auf Logik und Denken fixierten einseitigen Denken der Aufklärung verborgen bleibt. Gleichzeitig bietet die Psychoanalyse in aufklärerischer Absicht in der Vorstellung des Unbewussten jenes Mittel an, welches die Fixierung des Menschen auf Denken und Vernunft zu durchschauen und zu überschreiten im Stande ist.

Exkurs: Die »Triebe« der Psychoanalyse als Widerstand gegen die körperlose Kultivierung des Menschen

Freud setzte neben Denken und Bewusstsein einen anderen, das Handeln und Verhalten bestimmenden Logos an die Stelle des bewusstseinsbezogenen Ichs: die sich als Libido und Aggression entfaltenden Triebe. Der Trieb ist die den Organismus treibende Kraft; durch sie ist das Subjekt an- und rückgebunden an die archaischen Naturkräfte. Der »Logos« Freuds ist im wahrsten Sinn des Wortes »fleischgewordenes Wort« (Pohlen/Bautz-Holzherr 1991, S. 158). Außerhalb des Fleisches ist kein Ich möglich. Dieser Logos stellt eine erhebliche Irritation für das moderne Subjekt dar, behauptet er doch, dass dieses nicht Herr im eigenen Hause sei. Die Triebe sind der große Gegenspieler der Kulturmenschen; sie bringen ihn in Widersprüche zu und in Konflikte mit seinen Lebensformen und Werten. Die Triebnatur des Menschen, die Freud postuliert, verursacht die tragische Verstricktheit des Menschen in die Konflikte zwischen seinem Begehren und den kulturellen Normen und bildet als Nachtseite des Lebens eine Gegenkraft zu den Idealen von Selbstreflexion, Emanzipation und herrschaftsfreier Kommunikation.

Die Macht der Natur verbindet Freud in seinem Triebbegriff mit der Kultur. Im Triebkonzept wird die biologische Existenzform des Körpers mit dessen kultureller Formgebung verknüpft, und es entsteht das Konzept einer leibseelischen Existenzform. Der Leib wird zum beseelten Körper[4], der bereits ein kulturelles Produkt ist. Damit ist jeder Biologismus, den man Freud bisweilen unterstellt, überwunden und in gewisser Weise

4 Diese Beseelung ist jetzt nicht mehr metaphysisch, sondern gesellschaftlich zu verstehen: Die Besiedlung der Psyche des Kindes durch bestimmte Interaktionsformen, von der »Mutter« besorgt, ist die beseelende Verbindung von Natur und Kultur.

das Leib-Seele-Problem neu gelöst. Es ist die Rückbindung des Ichs an den Mutterboden der Materie, die sich als Unbewusstes in die seelische Struktur der Person einnistet. Psychoanalyse vollzieht sich in ihrer Anwendung (auch als Psychotherapie) in der Vermittlung zwischen den elementaren, materiell-weiblichen Naturgewalten und deren Verwandlung, Sublimierung in Denken und Geist, durchaus ähnlich dem, was die Funktion der attischen Tragödie und des religiösen Rituals war. Freud verbindet nach Art eines Priesters die beiden Welten, deren Spaltung auch ein Ergebnis der abendländischen Geistesgeschichte ist.

Den Trieben kommt dabei der Status von etwas Letztem, nicht Ersetzbarem zu. Das bedeutet, dass die Triebe in ihrer Bindung an konkrete Objekte – Menschen oder Dinge – nicht zu befriedigen sind. Hinter allem Hunger, hinter allem Suchen und Streben vermutet die Psychoanalyse als letztes Motiv die Hoffnung, das eine verloren gegangene Objekt des mütterlichen Lebensgrundes wieder zu finden (ebd., S. 109). Im Todestriebkonzept Freuds wird die Wiederholungstendenz und der konservative Charakter allen Begehrens sichtbar (Freud 1920, S. 40)[5]: Im Todestrieb, welcher einer Todesvermählung mit der Mutter gleichkommt, wird jener ursprüngliche Zustand wiederherzustellen versucht, der allein die gelungene Heimkehr zum Grund des Lebens zu versprechen scheint – und doch eine Illusion bleibt.

Eine Psychoanalyse des Wohnens sucht diese Verbindung von kulturellen Errungenschaften wie Bauen und Einrichten von Häusern und Wohnungen mit körperlich-seelischen Erfahrungen wiederherzustellen, die durch einen allzu pragmatischen und zweckorientierten Blick verloren gehen kann.

Das Haus als Abbild des Körpers

Wie wir bereits gesehen haben, sah Freud im Wohnhaus einen »Ersatz für den Mutterleib, die erste, wahrscheinlich noch immer ersehnte Behausung, in der man sich sicher war und sich wohl fühlte« (Freud 1930, S. 450).

Für ihn ist Bauen und Wohnen als Beginn der Kulturarbeit des Menschen ein Vorgang der Ersetzung: Die verloren gegangene Behausung

5 Dieser todestriebhafte Drang wohnt dem belebten Organischen inne und führt es zurück in den früheren Zustand des unbelebten Anorganischen.

findet als Wunsch nach Ersetzung ihr Haus im Bauen und Wohnen (vgl. Härtel 2004, S. 12). Von den uns umgebenden Räumen, Wänden, Ecken und Vernetzungen aller Art als von der »dritten Haut« zu sprechen, ist somit Ausdruck dieses Wunsches und Bild seiner ersten Behausung in der mütterlichen und plazentalen Hauthülle. Ins psychische gewandelt wird sie zu einer Metapher, die aus dem Bereich unserer körperlichen Erfahrung stammt und die Verbindung des Raumerlebens und des Behaustseins wieder an die Ursprünge in körperlichen Erfahrungen bindet. Auf das Wohn-Ich trifft zu, was Freud von der körperlichen Ableitung des Ichs sagt: »Das Ich ist vor allem ein körperliches, es ist nicht nur ein Oberflächenwesen, sondern selbst die Projektion einer Oberfläche« (Freud 1923, S. 253).

Unser Körper ist der erste und intensivste Vergleichspunkt, um außerkörperliche Erfahrungen zu benennen. Weil wir keinen Körper haben, sondern Körper sind, stellten sich die Menschen die Welt schon immer nach Maßgabe ihres Körpers vor.

Durch »Übertragen« (Metapher kommt von meta-phorein = hinübertragen) wird das Entfernte durch Ähnlichmachen mit dem Naheliegenden, dem Körper, verknüpft. Diese ähnlich machende Tätigkeit von Unähnlichem ist der Kern jeder Metapher, die auch dem Raumerleben zu Grunde liegt. Ihren Ursprung hat sie im Körper (vgl. Pohlen/Bautz-Holzherr 1991, S. 311–319).

Die Übertragungspraxis lässt sich gut in Kinderzeichnungen ablesen. Folgende beiden von Kindern gemalte Bilder (Abb. 33) sind dem Buch von Erika Urner *Häuser erzählen Geschichten* (1993, S. 26) entnommen. Die Autorin beschäftigt sich mit der Bedeutung des Hauses in Kinderzeichnungen, die zeigen, wie Fenster, Türen und sogar das Dach als Gesichts- und Körpermerkmale dargestellt werden. Die Häuser erhalten Gesichter, und so wird das Kind selbst zum Haus.

Abb. 33: Kinderzeichnung, aus: Urner, Erika (1993): Häuser erzählen Geschichten. Die Bedeutung des Hauses in der Kinderzeichnung. Zürich, S. 26

Was das Kind unmittelbar ausdrückt, erlebt der moderne Erwachsene eher in versteckter Form. In der »Kindheitsphase« der Menschheit jedoch »dachten« die Menschen mit ihren Körpern und fassten die Welt nach dem Modell ihres Körpers auf. Bereits im 17. Jahrhundert hat der in Neapel lebende Gelehrte Giambattista Vico (1965) diesen Körperbezug unserer Vorstellungswelt erkannt. Darin stand er der heute oft banal erscheinenden Freudschen Auffassung nahe, dass alle Erhebungen Übertragungen des männlichen Phallus und alle Öffnungen und Rundungen Metaphern der weiblichen Genitalien darstellen.

Körpermetaphern

Als gutes Beispiel für diese körperbestimmte Metaphorik kann unsere sprachliche Bezeichnung für Landschaften angesehen werden: Flüsse haben Mündungen, das Land besitzt Zungen und Hälse, das Meer hat Busen, Mineralien Adern, die Erde Spalten und der Boden Furchen. Dadurch wird die Natur in gewisser Weise beseelt und zur menschlichen Umwelt. Auch die kulturelle Errungenschaft des Hauses ist nach der Architektonik des Körpers gebaut. Deshalb bezeichnen wir einen Menschen als »altes Haus«, sprechen bei Verwirrungen vom »Dachschaden« oder behaupten, jemand habe nicht »alle Tassen im Schrank«.

Freud hat in der »Traumdeutung« die »architektonische Symbolik des Körpers und der Genitalien« beschrieben (Freud 1900/01, S. 352f.). Im Traum stehen Pfeiler, Säulen und deren Basis für Beine und Füße, Löcher und Rundungen für Körperöffnungen und Wasserleitungen für den Harnapparat. Die Architektur gilt in Freuds metaphorischem Denken als bevorzugte Projektionsfläche körperlicher Erfahrungen in die Welt des Sozialen und Kulturellen. Der Grund dieser Metaphorisierung liegt nach Freud im Begehren der sexuellen Triebnatur, die nach Vereinigung strebt. Analogisierend Übereinstimmung zwischen sich und der Welt oder dem Anderen herzustellen, ist somit eine Form erotischen Verlangens, welches auf Vereinigung mit dem Objekt ausgerichtet ist.

Diese erotische Spur verfolgt Freud in seinem Versuch, die Sprache des Unbewussten im Traum zu entziffern. Diese Spur führt ihn zur Symbolik des Hauses, in dem der menschliche Leib seine Entsprechung findet:

»In der Fortführung dieser Darstellung sind dann Fenster, Türen und Tore, die Eingänge in die Körperhöhlen, die Fassaden glatt oder mit Balkonen und Vorsprüngen zum Anhalten versehen. Dieselbe Symbolik findet sich aber in unserem Sprachgebrauch, wenn wir einen guten Bekannten vertraulich als *›altes Haus‹* begrüßen, wenn wir davon sprechen, einem eins *aufs Dachl* zu geben, oder von einem anderen behaupten, es sei bei ihm nicht richtig im *Oberstübchen*. In der Anatomie heißen Körperöffnungen direkt *Leibespforten*« (Freud 1916/17, S. 161).

In seinen Ausführungen zur Traumsymbolik ordnet Freud die räumlichen Gebilde in Natur und Architektur, also Höhle und Haus, dem weiblichen Genitale zu, während alle aufgerichteten, nicht-innenräumlichen Baukörper den männlichen Phallus als Ursymbol repräsentieren. Am deutlichsten wird das in der sakralen Architektur: Der Kirchenraum, den man durch ein kunstvoll gestaltetes Portal und den Vorraum, das sog. Paradies, betritt, bezieht seine schützende, bergende und nährende Wirkung durch die Verbindung mit der unbewussten Fantasie des Mutterleibes (Abb. 34).

Abb. 34:
Das Innere der Kathedrale von Ely, Gemälde von Turner 1796, National Gallery London

Der Kirchturm oder das Minarett, weist als Symbolisierung des Phallus eher auf die Dimension des Sich-Erhebens, der schöpferischen Tätigkeit und der Aktivität hin (vgl. Abb. 35). Er bildet als aufgerichteter, nach oben strebender Baukörper mit dem schützenden Innenraum eine polare Ganzheit.

Abb. 35: Kaiser-Wilhelm-Gedächtniskirche, Berlin

Der Leser mag sich an dieser Stelle fragen, ob die Verbindung von Architektur und Sexualsymbolik nicht zu weit hergeholt sei und die typische »Sexualbesessenheit« der Freudschen Psychoanalyse widerspiegele. Freud selbst stellt sich diesem Einwand und verweist auf das reiche Material aus Märchen und Mythen, Sitten und Gebräuchen, Riten und kulturellen Formen, in denen sich überall eine gleiche Symbolik wiederfindet (ebd., S. 160). Es wäre jedoch reiner Psychologismus, wollte man all die kulturellen Manifestationen einzig und allein zurückführen auf sexuell-körperliche Quellen im Sinne eines »nichts anderes als«. Aber dass sie eben auch als Ausdruck unbewusster Fantasien gelesen werden können, hat insofern seine Berechtigung, als die überall auftauchende ähnliche Symbolik nicht anders zu erklären ist als durch die Zuhilfenahme des Konzepts der unbewussten Fantasien.

Freuds großes Verdienst besteht u.a. darin, dass er die körperlichen Erfahrungen des Kindes zum Ausgangspunkt nahm, um nachzuzeichnen, wie sich daraus seelische Strukturen entwickeln. Sein leibbezogenes Entwicklungsschema oral, anal, genital beschreibt ja, wie seelische Strukturen durch die Art des Umgangs der Mutter mit den körperlichen Bedürfnissen und Spannungen des Kindes in der jeweiligen Phase entstehen. Der Trieb formt sich durch die Art und Weise, wie eine Mutter beispielsweise ihr Kind füttert und mit seinen Bedürfnissen nach Nahrungsaufnahme umgeht. Wenn dieser Umgang kontaktvoll und den Körper stimulierend ist, wird aus dem biologischen Körper der Leib als körperlich-seelische Einheit. Es bilden sich seelische Grundstrukturen heraus und mit ihnen eine Bedürfnispalette, die zum Aufbau einer seelisch bedeutsamen Umwelt führen. Aus diesem Grund können wir jetzt die Symbolik des Hauses erweitern: Im Haus spiegelt sich nicht nur die Körpererfahrung wider (siehe die Kinderzeichnungen), sondern auch die seelische Struktur des Menschen, die entlang körperlicher Erfahrungen entstanden ist.

Das Wortpaar *oben und unten* enthält diese typisch Freudsche doppelte Bedeutung: Es meint sowohl körperlich-räumliche Orientierungspunkte als auch das psychische Konfliktfeld von Verbot und Wunsch. Die vertikale Gliederung des Hauses spiegelt die ödipale Struktur des Freudschen Subjekts wider: Zwischen kulturell bedingten Über-Ich-Forderungen *von oben* und den Triebwünschen *von unten* ist das Individuum hin- und hergerissen und verstrickt sich in Konflikte und mühsam erkämpfte Kompromisse zwischen den Ge- und Verboten des Über-Ichs und dem Begehren des Triebes. Symbolische Orte dieses dynamischen Geschehens sind Keller und Dachboden, Küche und Schlafraum.

Die Orientierung nach oben und unten, die sich aus der vertikalen Ausrichtung des Hauses ergibt, steht für die Strukturierung der Psyche, wie Freud sie modellhaft entworfen hat: Die Orientierung am Oben steht für das Über-Ich, welches die Triebimpulse des Es, die unten angesiedelt sind, zähmen und sozialverträglich gestalten soll. Das klassische Freudsche Modell der Psyche des Menschen ist hierarchisch gegliedert und weist drei Stockwerke auf: *Es*, *Ich* und *Über-Ich* bzw. *Ichideal*. Mit diesem Modell entwirft Freud (1923) die Funktionen des Seelenlebens nach Art eines geordneten Hauswesens, in dem es über- und untergeordnete Instanzen gibt. Man wird jedoch der Freudschen Vorstellung nicht gerecht, wenn man die Haus-Metapher verdinglicht: Freuds Strukturen bilden keine räumlichen »Orte« in der Persönlichkeit. Um dieses Missverständnis zu vermeiden, hat Freud selbst seine erste »topische« Auffassung von der Psyche »Bewusstsein, Vorbewusstes und Unbewusstes« umgewandelt in das sog. Strukturmodell *Es*, *Ich* und *Über-Ich*. Wenn das Haus in seiner räumlichen Gliederung dennoch als Symbol dieser Struktur gelten kann, dann sind darin deren Ursprünge in der körperlichen Erfahrung leicht wiederzuerkennen. Dem

Es entspricht Keller bzw. Untergeschoss des Hauses; es befindet sich in der entgegengesetzten Position zu Kopf und Ratio, die sich oben befinden. Das Dach symbolisiert das *Über-Ich*, die Wohnräume dazwischen stehen für das *Ich* bzw. das *Ichideal*.

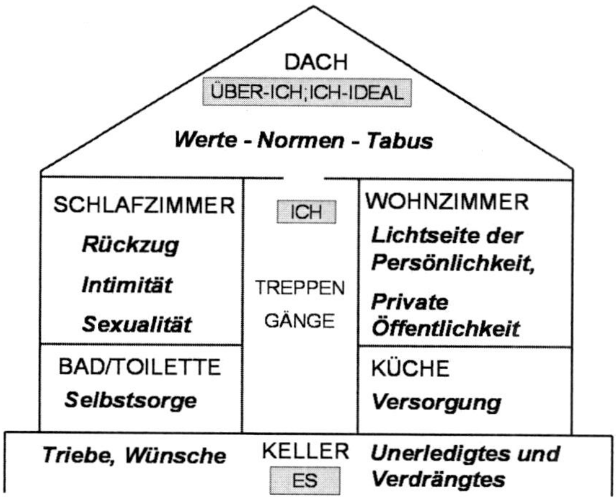

Abb. 36: Eigene Grafik

Die Oben- und Unten-Orientierung: Keller und Dachboden

Keller und Dachboden bilden in der Vertikalrichtung des Hauses die Polarität von oben und unten, wie sie für die psychische Doppelpoligkeit deutlicher nicht sein könnte. Bachelard spricht in seiner »Topo-Analyse« von der »Rationalität des Daches«, der er die »Irrationalität des Kellers« entgegensetzt (Bachelard 1960, S. 43). Während der Boden und der Keller das Gefühl des Geerdet- und Getragenseins vermitteln und für den dunklen, geheimnisvollen Bereich unserer Herkunft und unseres Unbewussten stehen, symbolisieren Dach und Decke die »höheren« Instanzen, die unser Seelenleben prägen. Die Dachkonstruktion spiegelt das Konstrukt von Idealen und Werte, Normen und Tabus wider, welche den Handlungsspielraum unseres Ichs bestimmen. Solche Konstruktionen im Kopf können uns bewusst sein, also etwa

Werte, mit denen wir uns identifizieren, oder auch unbewusst, wie etwa geheime Tabus und Lebensverbote, die wir irgendwann übernommen haben und die unsere Leben einschränken und seine Entfaltung behindern können. Ein Analysand, der sich lange mit seinen ihn behindernden Lebensverboten auseinander gesetzt hat, träumt Folgendes: »Ich bin in einem Haus. Ein Blitz schlägt in das Dach ein. Das Haus steht in Flammen und stürzt bald in sich zusammen. Mir passiert nichts dabei. Ich habe keine Angst.«

Dieses Dach, welches im Traum für ein strenges und rigides steht, und als solches das Elternhaus in seinen verbietenden Aspekten symbolisiert, muss abbrennen und einstürzen, damit ein Mensch zu sich selbst findet. Wenn sich dann Ideale und Normen der Kindheit und Jugend zu persönlichen Überzeugungen, Werten und einem reifen Gewissen entwickelt haben, beschirmen sie als Dach unser Leben, geben Orientierung und bieten Schutz vor Gefahren.

Der Keller steht als gegenpoliger Ort zum Dachboden für den Bereich, der uns dunkel erscheint und Angst machen kann. Im Traum steht der Gang in den Keller regelmäßig für die Begegnung mit den dunklen Seiten der Persönlichkeit und mit den Aspekten, die mit Angst oder Scham besetzt sind. Oft wird vom Keller am Beginn einer Psychotherapie geträumt, durch die ein Weg beschritten wird, auf dem sich ein Mensch mit den bisher unbekannten und fremd erscheinenden Seiten auseinander setzt. Im Keller liegen aber nicht nur Leichen, wie ein Sprichwort sagt, sondern hier verbergen sich auch kostbare Schätze. Wer mit den bisher unbewussten Aspekten der eigenen Person Kontakt aufnimmt, findet hier auch ein reiches Reservoir an Energien, die zu einer Steigerung der Erlebnisfähigkeit und der Erweiterung der bisher oft sehr eng gezogenen Grenzen im Leben eines Menschen führen. Es sind die ungenutzten Chancen und verborgenen Potentiale, die im Keller des Seelenhauses bereit liegen.

Ohne Dach und Keller

Von daher ist es nicht ohne seelische Folgen, in Mietcontainern und stapelbaren Bungalows zu leben, denen die Verwurzelung im Erdreich genommen ist, wie im Entwurf eines Wohnhauses (Abb. 37) des Architekten Schulitz in Beverly Hills in Kalifornien. Sloterdijk vermutet diese Folgen, die der Verlust von Krypten für das Seelenleben bedeutet, wenn er schreibt: »Es wird für die künftigen Schicksale der Psychoanalyse vielleicht nicht ohne Interesse sein, wie Menschen mit dem Konzept des Unbewussten zurecht kommen, wenn ihnen die Erfahrung eines Hauses mit Keller und Speicher nicht mehr gegenwärtig ist« (Sloterdijk 2004, S. 552).

Abb. 37: Wohnhaus T. E. S. T. System, Beverly Hills, Kalifornien, Architekt: Helmut C. Schulitz 1976, aus: Nerdinger, Winfried (Hg.) (2002): Konstruktion und Raum in der Architektur des 20. Jahrhunderts – exemplarisch. Beispiele aus der Sammlung des Architekturmuseums der Technischen Universität München. München, S. 125

Küche

Küche und Keller gehören zusammen. »Küche und Keller« galten schon immer als Chiffren für ein wohlbestalltes Haus: Was auf den Tisch kommt und was getrunken wird, hat den Weg vom Keller in die Küche hinter sich. Wenn der Keller für die triebhaften Wünsche des Menschen steht, dann steht ihm die Küche als Ort oraler Befriedigung am nächsten. Was in der Küche geschieht, nämlich die Zubereitung von Speisen und das Essen am Küchentisch, bildeten schon immer das wichtigste Epizentrum des Hauses. Dem Sich-Versammeln um die Feuerstelle im Ein-Raum-Haus folgte die dunkle Schlotküche, ein Verschlag mit trichterförmigem Dach, durch den der Rauch abziehen konnte. Heutige Nachfolger dieser Feuerorte als Mittelpunkt sind von allen Seiten begehbare Kochinseln in der Raummitte, die Feuer und Kochstelle aus dem isolierten Randdasein einer rein funktionalen Küche befreit haben (vgl. Selle 1993, S. 98f.). Wohnküchen mit einem

Tisch als Ort, an dem sich die wichtigsten sozialen Handlungen abspielen, sind längst wieder zum Standard heutigen Wohnens geworden. Diese Rückverwandlung der Küche in einen Raum der Kreativität, oralen Sinnlichkeit und sozialen Wärme holt einerseits die mit dem Kochen Beschäftigen aus ihrem Randdasein zurück in die Mitte und kultiviert andererseits eine mit durchaus ambivalenten Gefühlen beargwöhnte mütterliche Tätigkeit wie das Kochen. Auch wenn das offene Feuer längst aus der Küche in den Kamin im Wohnzimmer verbannt ist und nur noch als Elektroherd und Mikrowelle vorkommt, bildet sie den Raum, der Wärme und Kontaktbehagen schenkt. Er ist zum Repräsentanten jenes Urraumes schlechthin geworden, der einst als Uterus Wärme und Nahrungszufuhr garantierte. Die Küche als Bauch des Hauses oder der Wohnung symbolisiert am ehesten dieses basale mütterlich-orale Versorgtwerden.

Zubereitung und Verzehr der Speisen sind die vielleicht unmittelbarsten Sinnesgenüsse des Wohnens, die in ein soziales Miteinander eingewoben sind. Einsame nächtliche Kühlschrankorgien gelten eher als deviantes Verhalten. Bewohner und Besuch essen gemeinsam und vergewissern sich auf diese Weise der geteilten Oralität ihres gemeinsamen Ursprungs an der ersten Feuerstelle und plazentalen Nahrungsquelle, die Wärme und Wohlbehagen spendeten. Insofern vollzieht sich in jedem Essen eine Erinnerung an diese ersten Speisungen, die mit Wohlsein und Spannungslosigkeit assoziiert werden. Dies zeigt sich auch an der oft nostalgischen Einrichtung der Küche und ihrer Accessoires: »Neuauflagen alter Kochbücher haben Konjunktur, man schreibt wieder Rezepte auf und isst sich in eine warme Vergangenheit des handwerklichen Kochens mit Zutaten im ›Naturzustand‹ zurück. Mehr als die Liebe geht die Zeitgeschichte durch Küche und Magen« (Selle 1993, S. 104).

Einerseits ist Kochen und Essen »Erinnerung« und verbindet mit jenem ursprünglichen Lebensgefühl, in dieser Welt genährt und versorgt zu werden, nicht nur mit Nahrung, sondern mit Zuwendung, Beziehung, Anerkennung, Wertschätzung und Befriedigung in jeder Hinsicht. Mit Kochen und Essen halten wir die Hoffnung aufrecht, dass es diese Erfüllung immer wieder geben wird. Miteinander essen schafft Intimität und wird oft als Vorgenuss des Miteinanderschlafens erlebt. Ander erseits lässt sich die durch die wiederentdeckte Zentralität der Küche erfolgte Kultivierung des Essens und der Zubereitung als eine Form der Selbstsorge verstehen. Je schöpferischer und genussvoller sich die Arbeit und der Aufenthalt in der Küche vollziehen, desto mehr wird die passive Abhängigkeit von einer Instanz, die versorgt und nährt, ohne eigenes Zutun, überwunden. Als Ort selbstschöpferischer Tätigkeit avanciert die Küche zu einem Raum der Selbstentfaltung und der aktiven Sorge für sich selbst. Nicht mehr Mutters Herd ist der alleinige Ort des Genusses, sondern das Rühren in eigenen Töpfen, verbunden mit jenen modernen Ritualen von Kochen und Würzen, Ausprobieren und Probieren, Kosten und Kommentieren, wie sie heute in Fernsehküchen vorgeführt werden.

Schlafräume – Das Wohn-Ich im Kontakt mit seinen Wurzeln

Das Schlafzimmer – die ehemalige *camera* – verweist auf die andere Seite der Ausdifferenzierung der Wohnung. Sich zum Schlafen in einen eigenen Raum zurückzuziehen, diese Tendenz setzt sich erst im Spätmittelalter beim Übergang in die Neuzeit durch: In Kammern, die wohl eher die Form von Kästen hatte, wurde meist mit Mehreren zusammen geschlafen. Aber das Schlafen interessiert hier weniger als faktischer Vollzug und als vitaler Grundvorgang des Lebens, sondern als Weise des existentiellen Wohnens. Besonders für die Menschen, die außerhalb der Wohnung arbeiten, verbindet sich mit der Wohnung der Wunsch, gut zu schlafen. Wohnen heißt für sie in erster Linie, einen Ort haben, wo man schlafen kann. Im Schlaf »erinnern« wir uns an einen sicheren Ort und kehren in gewisser Weise dorthin zurück. Einen großen Teil der Lebenszeit verbringen Menschen schlafend. Die verschlafene Zeit ihrerseits ist für die meisten Menschen der größte Teil der Zeit, die sie in ihrer Wohnung verbringen.

Schlafen hat eine unübersehbare symbolisch-rituelle Bedeutung. Schlafen ist ja eine Rückkehr in einen Zustand, in dem das Bewusstsein ausgeschaltet ist und in dem wir uns dem Unbewussten überlassen. Symbolisch wechseln wir die Position von der Vertikalen in die Horizontale. Wenn die Träume die inneren Hüter des Schlafes sind, ist der Schlafraum der äußere Hüter. Die Zeit des Schlafes ist die Zeit der Träume, der Schatten und der Gespenster. Wenn das lichte Tagesbewusstsein ausgeschaltet ist und wir uns schlafend der Nacht hingeben, ist das nicht nur entspannend, sondern auch aufregend, denn der Schlaf ist wie eine Reise in unbekannte Gefilde. Das »Unbewusste« nennt die Psychoanalyse dieses unbekannte Land, in dem Ängste, Wünsche, Traumatisierungen und verborgene Konflikte auftauchen können. Der Traum gilt spätestens seit Freud als »via regia« (Freud 1900/01, G.W. II/III, S. 613), als Königsweg zu diesem unbekannten Land des Unbewussten. Träume in der Nacht sind ein Hinweis, dass diese Welt des Unbewussten keineswegs ein leerer Ort ist, sondern dass sie angefüllt ist mit Wünschen, Ängsten und Begierden. Aber das Unbewusste hat auch noch eine andere Bedeutung: Es steht für jenen Bereich, der unserem Denken und Wollen gleichsam vorgelagert ist und uns mit jener Kraft und Energie verbindet, die uns aus der Begegnung mit dieser Seite unserer Persönlichkeit erwächst. Lebensgeschichtlich handelt es sich dabei um jene frühen Prozesse, aus denen wir entstanden sind: Zeugung, Verschmelzung von Ei und Samenzelle, Einnistung, embryonale und fötale pränatale Lebenszeit, Geburt und nachgeburtliche Erfahrungen. Weil diese frühen Erfahrungen dem ichzentrierten und lichten Bewusstseinsmenschen nicht ganz geheuer sind, werden sie als dunkle und mystische Bereiche eher gemieden. Es ist sicher kein Zufall, das Otto Rank, jener Freund und Schüler Freuds, von ihm mit dem Bannstrahl geächtet wurde, als er mit seiner Schrift *Das Trauma der Geburt* (1924) Licht in diese weiblich-dunklen Schichten unseres Seelenlebens brachte.

Schon die äußere Gestalt, die die meisten Menschen beim Schlafen einnehmen, die in sich gebogene embryonale Haltung, macht deutlich, dass das Schlafen eine Art »Rückfall« in diese früheste Zeit unseres Lebens ist. Daraus erklärt sich auch die ambivalente Einstellung, die die Menschen dem Schlaf gegenüber entwickelt haben: einerseits gilt er als Ort der Erneuerung und Entspannung, des Auftankens, des Gesundwerdens und der Wiedergeburt, andererseits wird er mit dem Tod assoziiert: Das Bett als Grab, welches wiederum mit einer mütterlichen Symbolik in Verbindung steht. Deshalb kann schlafen belebend und erfrischend sein, aber man kann sich darin auch verlieren. Deshalb gilt zu lange zu schlafen oft als eine negativ bewertete Eigenschaft. Tatsächlich besteht ein Zusammenhang zwischen Schlafen und Depression. Der Schlaf kann zu Abwehrzwecken missbraucht werden, wenn er als unbewusste Rückkehr in den Zustand des Enthaltenseins in der Mutter erlebt wird und nicht mit seinem Gegenpol, dem progressiven Aufbruch, verknüpft bleibt. Schlafentzug gilt deshalb als ein Mittel gegen depressive Verstimmungen.

Aufenthalt in der Nacht

Die von allen Menschen geteilte Form des Kontaktes mit diesem Ort unserer Herkunft ist der Schlaf, für den das Schlafzimmer der äußere Ort ist. Dieser hat über seine Vitalfunktion eine unübersehbare symbolisch-rituelle Bedeutung. Schlafen ist ja eine Rückkehr in einen Zustand, in dem das Ich-Bewusstsein ausgeschaltet ist zu Gunsten eines Bewusstseinszustandes, der in die Zeit vor die Entstehung des Ichs zurückverweist und gleichzeitig über diese Zeit hinausführt. Nachts vollzieht der einzelne Mensch einen basalen Dreischritt, der allen Vorgängen des seelischen Lebens – individuell und kollektiv – zu Grunde liegt und der sich auch als mythologisches Grundmuster der »Nachtmeerfahrt des Helden« (s.u.) in den Mythen erkennen lässt:

1. Einschlafen = Loslassen;
2. Aufenthalt im Schlaf = Begegnung mit dem Unbewussten;
3. Aufwachen = Rückkehr ins Ich-Bewusstsein.

Damit ist der Grundakkord von Geburt und Wiedergeburt angeschlagen, der sich jede Nacht und jeden Morgen wiederholt. Loslassen ist ein Grundvorgang des Lebens, der bereits in Grundfunktionen des Körpers wie dem Atmen eine vitale Aufgabe erfüllt. Wer die Luft, die er einatmet, nicht wieder loslässt, droht zu ersticken. Atemnot – wie etwa beim Asthma bronchiale – ist das Ergebnis von nicht losgelassener und festgehaltener Luft. Loslassen als Grundvorgang des Zu-Bett-Gehens und Einschlafens will gelernt, eingeübt und kultiviert werden, weil dieser Übergang jeden Abend eine kleine Krise darstellt und deshalb mit zahlreichen (unbewussten) Ängsten begleitet ist, die sich in Schlafstörungen ausdrücken können. Dieses Loslassen beim Einschlafen ist eine Einübung ins Loslassen vom Ich und damit eine Einübung in das letzte Loslassen, das Sterben. Das Aufwachen und Zurückkehren ins Leben stellt die Wiederholung der prägenden Urerfahrung schlechthin dar: Im Aufwachen wiederholt sich die erneuernde Selbstschöpfung des Menschen, wenn er diesen Durch- und Übergang, die symbolische

Wiederholung des »fötalen Dramas« (deMause 2000, S. 326) und der Geburt, erlebt. Nach einem erholsamen Schlaf fühlt man sich oft wie neugeboren.

Die Nacht symbolisiert somit einen Zustand, der uns in den ersten Entstehungszeiten unseres individuellen Lebens umgeben hat: Im Mutterleib ist es dunkel, und die Dunkelheit umgibt Embryo und Fötus wie ein schützender Schleier. Bereits Ende des dritten Monats ist das Sehvermögen so weit entwickelt, dass sich der Puls erhöht, wenn dem Bauch der Mutter helles Licht näher gebracht wird (vgl. ebd., S. 335). Der Mensch kommt wortwörtlich aus dieser schützenden Dunkelheit und kehrt jede Nacht dorthin zurück. Die Geburt in der dunklen Nacht, wie sie etwa von Jesus wie auch in anderen Heldenmythen berichtet wird, ist eine Metapher für diesen Zustand und den Übergang in eine neue Seinsweise.

Die pränatale Lebenszeit, auf die hier im Vorgriff auf den III. Teil Bezug genommen wird, kann als ein Zustand aufgefasst werden, der als die Grundfigur von Bewusstseinszuständen zu verstehen ist, wie sie in Religion, Mystik, Meditation und anderen spirituellen Wegen erreicht werden: Der Fötus – so die traditionelle Annahme pränataler Psychologen – befinde sich wie im Nirwana, in einem Zustand der Leere und Ganzheit, in dem es noch keine entfaltete Dualität von Innen und Außen, von Selbst und Nicht-Selbst gebe. Die Erkenntnisse heutiger pränataler Psychologie modifizieren diese Annahme dahingehend, dass Embryo und Fötus von Anfang an gegenüber der Mutter eigenständige Größen sind, es mithin ein polares Beziehungsverhältnis von Ungeborenem und Mutter gibt (vgl. Janus 1997; Gross 2003). Dazu kommt die Erkenntnis, dass sich das pränatale Leben keineswegs harmonisch nach dem Bild des Paradieses abspielt, sondern der »Mutterleib in Wirklichkeit ein gefährlicher und häufig schmerzhafter Aufenthaltsort ist« (deMause 2000, S. 339f.).

Die postulierte Alleinheitserfahrung des Fötus ist vermutlich eine nach vorne verlängerte Fantasie, jedenfalls ist sie kein primärer Zustand, der dann durch die Geburt beendet wird. Wenn man diese Ambivalenz des vorgeburtlichen Lebens in Rechnung stellt, dann wird auch die zwiespältige Einstellung zum Schlaf als Wiederholung des intrauterinen Zustandes verständlich, der Sicherheit und Gefährdung zugleich bedeutet.

Die rituelle nächtliche Inszenierung der Geburt als Wiedergeburt in den Riten der Liturgie (Heilige Nacht, Osternacht usw.) ist also weniger von der Sehnsucht nach Rückkehr ins paradiesische Leben gespeist, als vielmehr von der Hoffnung auf Überwindung der bedrängenden und traumatischen Erfahrungen des intrauterinen Lebens und des Dramas der Geburt. Für diese symbolische Neuschöpfung steht die Faszination der Nacht. Loslassen als Voraussetzung dieser Neuschöpfung vollzieht sich beim Zu-Bett-Gehen und Einschlafen. Es will gelernt, eingeübt und kultiviert werden. Deshalb wird der Übergang in den nächtlichen Schlaf auch mit Riten umgeben wie Gebeten, Musik, Literatur oder anderen persönlichen Zu-Bett-Geh- und Einschlaf-Ritualen.

3. Das Haus als Grenze und Innenraum: Das Wohn-Ich als Grenzregulator

Die Innen-Außen-Orientierung: Wände und Mauern

Das Haus stellt einen von der Umwelt abgegrenzten Ort dar. Als ein solches Gegenüber stellt es sich auch dem Betrachter dar. Die Wände ermöglichen eine Begrenzung nach außen, nach oben und unten. Durch die Grenze wird ein Raum ebenso wie unser Körper unterscheidbar von anderen. Für den, der das Haus betritt, bieten die Mauern und Wände sowohl in der Vertikalen als Boden und Decken als auch in der Horizontalen als Wand eine erste Grundorientierung im Haus. Sie ermöglichen die Ausrichtung nach oben und unten und nach innen und außen und bilden eine Verlängerung der Grenze, die unseren Körper umschließt: der Haut. Sie sind das architektonische Immunsystem unseres Wohn-Ichs und wehren feindliche Eindringlinge, die das Wohnbehagen stören könnten, ab. Der Ausdruck »dritte Haut« unterstellt als körperliche Metapher die Vermutung, dass wir in den Räumen, die wir um uns errichten, einen körperlich bedeutsamen Zustand herzustellen versuchen und dass wir die Welt, in die wir hineingeboren werden, als »symbolische Urheimat« (Janus 2000, S. 22) umdeuten. Also ist der mütterliche Körper, aus dem wir kommen, jener Urraum, von dessen Verlust sich alle kulturellen Versuche des Raum-Schaffens herleiten?

»Raum ist Sehnsucht«, sagt der Architekt Dominikus Böhm und der Philosoph Gaston Bachelard verbindet den Ursprung der individuellen Existenz mit dem Haus: »Das Leben beginnt gut, es beginnt umschlossen, umhegt, ganz warm im Schoß des Hauses (Bachelard 1960, S. 33).

Freud hat sich mit dem »guten« weiblich-mütterlichen Ursprung des Hauses schwer getan und sich ihm nur aus der Distanz genähert. Seine Psychoanalyse bleibt männlich geprägt; ihr entspricht die vertikale Ausrichtung des Hauses (vgl. G.W. II, S. 2). Melanie Klein, eine Schülerin Freuds, hat die Bedeutung des mütterlichen Innenraumes und die Fantasien des Kindes darüber genauer untersucht.

Die Innen-Außen-Differenzierung ist die Voraussetzung des Erlebens von Innenräumlichkeit. Die Fantasie über das Innen setzt die Erfahrung der Getrenntheit voraus. In der Bewusstseinsentwicklung konnte das Bild vom Paradies als eines harmonischen Innenraumes erst in dem

Moment in den Mythen und religiösen Erzählungen entstehen, in dem die Trennung aus ihm vollzogen war und der Menschheit als Verlust ins Bewusstsein trat. Deshalb bezeichnet Norbert Bischof die Paradiesmythen als »nostalgische Trennungsmythen« (Bischof 1996, S. 277). In der Entwicklung des Menschengeschlechts war dies die bereits beschriebene Zeit der Sesshaftwerdung, die als Trennung aus dem natürlichen Naturzyklus das Gefühl der Individualität ermöglicht und die Sehnsucht nach einem Zurück in den glückselig imaginierten Urzustand hervorruft.

Melanie Klein hat als erste Psychoanalytikerin die Fantasien des Kindes vom mütterlichen Innenraum untersucht. Janine Chasseguet-Smirgel hat in dem primären Wunsch, diesen Innenraum ohne Hindernisse wiederzufinden, den Ursprung aller ödipalen Fantasien entdeckt. In ihnen sind die Bilder enthalten, die der Erwachsene auf das Innere des Hauses bzw. der Wohnung projiziert.

Das Wohn-Ich und die Fantasien vom Körperinneren (Melanie Klein)

Von den vier unbewussten Fantasien, die Freud kennt, beziehen sich die ersten drei auf den mütterlichen Innenraum: auf das intrauterine Leben, auf die Urszene und auf die Verführung[6]. Melanie Klein hat das Konzept der unbewussten Fantasie dahingehend erweitert, dass sich ihrer Ansicht nach die frühen Fantasien auf den Körper der Mutter beziehen und diesen als das erste Triebziel repräsentieren:

> »Die Psychoanalyse kleiner Kinder, die mir auch Rückschlüsse auf die seelischen Vorgänge eines früheren Stadiums erlaubt, hat mich davon überzeugt, dass solche Phantasien schon in Säuglingen aktiv sind. Die Erwachsenenanalyse hat mir gezeigt, dass dieses frühe Phantasieleben bleibende Wirkungen ausübt und das Unbewusste des Erwachsenen tief greifend beeinflusst« (Klein 1995/1996, Bd. I, 2, S. 110, Anm. 2).

Die unbewussten Fantasien entstehen dadurch, dass durch die bei den Pflegevorgängen ausgelöste Stimulierung erogener Zonen Vorstellungen von Körpervorgängen wachgerufen werden (vgl. Mätzler 2005, 161–186).

6 Die vierte Fantasie bezieht sich auf die Kastration.

Abb. 38:
Die Figur Hon (=sie)
Niki de Saint Phalle, 1966,
Stockholm, Moderna Museet
(© VG Bild-Kunst, Bonn)

Die unbewusste Fantasie vom Inneren des Körpers der Mutter wird in der monumentalen liegenden Frauenfigur »Hon« von Niki de Saint Phalle (Abb. 38) durch die Begehbarkeit des Innenraumes in eine symbolische Handlung umgesetzt. Dieses wunschbestimmte Bild vom Innenraum ist jedoch keineswegs nur positiv, sondern höchst ambivalent. Das Innere des Körpers der Mutter ist einerseits ein Bild höchster Befriedigung und absoluten Wohlbehagens, andererseits aber auch der Ort, der Ängste von Eingeschlossensein und Zerstörtwerden mobilisiert. Im frühen Bild vom mütterlichen Körper wurzeln sowohl die spätere Liebesfähigkeit des Erwachsenen als auch das Verfolgungsgefühl und der Hass. Melanie Klein bezeichnet den Körper der Mutter als »die Schatzkammer, die alles Wünschenswerte in sich birgt, das nur dort zu bekommen ist« (Klein 1995/1996, Bd. I, 1, S. 386).

Deshalb muss dieses erste »Fleisch-Haus« (ebd., S. 386) auch von allem Störenden befreit und vor jeder Zerstörung bewahrt werden. Die beiden großen Gefahren in der unbewussten Fantasie des Säuglings sind der Penis des Vaters und andere Geschwister, gegen die sich die sadistische Zerstörungswut des Kleinkindes richtet. Auch Exkremente werden verfolgt, da sie den idealen Wunschort und seine Reinheit gefährden können. Melanie Klein sieht die Zerstörungslust des Kleinkindes in diesen frühen Ängsten wurzeln, die der Drang, in das »reine« Innere des mütterlichen Körpers zu gelangen, mobilisiert. Zerschlagen,

Zerreißen, Herausholen und Zerfetzen sind Fantasien, die dieser Angst entspringen und später im Erwachsenenleben regressiv wiederbelebt und in Handlung umgesetzt werden können. Unverständliche, perverse Gewaltakte Erwachsener – man denke etwa an die Grausamkeiten in den Balkankriegen, im Irak, in Afrika oder an den Terror vom 11. September 2001 gegen die USA – wurzeln in diesen unbewussten Fantasien. Das Herausreißen des Fötus aus dem Leib schwangerer Frauen ist ein immer wiederkehrendes Gewaltszenario unter extreme Angst auslösenden Situationen.

Der primäre Wunsch nach einem reinen Innenraum (Janine Chasseguet-Smirgel)

Hinter der Theorie Melanie Kleins, wonach der Säugling alle störenden Inhalte des Mutterleibes in der Fantasie zerstört oder sich aneignet, postuliert Janine Chasseguet-Smirgel einen noch früheren, primären Wunsch, »eine Welt ohne Hindernisse, ohne Unebenheiten und ohne Unterschiede wiederzuentdecken, eine völlig glatte Welt, die mit einem seines Inhalts entleerten Mutterleib identifiziert wird, einem Innenraum, zu dem man freien Zugang hat« (Chasseguet-Smirgel 1988, S. 91).

Die Repräsentanz dieses primären Wunsches ist der Mutterleib und seine Substitute in der Kultur und in den Träumen. In diesem primären Begehren erblickt Chasseguet-Smirgel die »archaische Matrix des Ödipuskomplexes« (ebd., S. 88). Dadurch, dass sie die Mutterleibfantasie mit dem Ödipalen in Verbindung bringt, führt sie die Bedeutung des Vaters ein, wodurch ihre Theorie ein psychodynamisches Gewicht bekommt. Der Vater und sein Penis stehen für die Realität, denn nur der Vater hat einen Zugang zu diesem vom Kleinkind fantasierten reinen Innenraum der Mutter. Da das Kind aber unter der Vorherrschaft des Lustprinzips steht, will es die störende Realität des Vaters beseitigen, das heißt, das Innere der Mutter zu reinigen und von allem Fremden zu befreien. Der leere Behälter des Mutterleibes repräsentiert die ungehemmte Lust, die sich u. a. darin ausdrückt, sich im glatten Raum ohne Widerstand bewegen zu können. In Flug- und Schwebeträumen sieht die Autorin diese lustvollen Wünsche symbolisiert. Die Zerstörung der Inhalte des Mutterleibs zielt also ab auf eine Zerstörung der Realität und des Denkens, wodurch Realität entsteht. Diese wird von Chasseguet-

Smirgel triadisch gedacht: Die Realität im Hinblick auf die Fantasien des Kindes besteht darin, dass nur der Vater Zugang zum Mutterleib hat und nur er der Mutter Befriedigung verschafft. Insofern steht der Vater als Dritter im Bunde für die vom Kind anzuerkennende Realität. Den Vater zu zerstören, heißt demnach, die Realität zu zerstören – ein regressiver Vorgang, der sich in der Psychodynamik der Perversion gut klinisch darlegen lässt (vgl. ebd., S. 104–111). Die Anerkenntnis der Realität des Vaters und seiner Rechte im Hinblick auf die Mutter – die adäquate Lösung des ödipalen Konflikts – hat zur Folge, dass die Realität als eine aus Unterschieden bestehende gedacht werden kann, weil der Unterschied zwischen der Position des Vaters und der des Kindes vollzogen werden konnte. Es ist der erste, auf ein Drittes, nämlich den Mutterleib, bezogene Unterschied, der sich durch die Konstituierung des triadischen Geflechts entwickelt und das vom Lustprinzip bestimmte Einheitsdenken überwindet.

Abb. 39: Bronzezeitliche Felsritzung ca. 900–500 v. Chr., Pontevedra/Spanien, aus: Kern, Hermann (1982): Labyrinthe. Erscheinungsformen und Deutungen; 5.000 Jahre Gegenwart eines Urbildes. München, S. 39

Dieser primäre Wunsch nach Rückkehr in den Mutterleib, die archaische Matrix des Ödipuskomplexes, wie sie sich in der bronzezeitlichen Felsritzung von Pontevedra in Spanien (Abb. 39) in bereits ritualisierter Form eines Labyrinthes ausrückt, taucht nach Einschätzung der Autorin vor allem in den philosophischen und gesellschaftlichen Utopien vom goldenen Zeitalter und vom Paradies auf Erden auf, wie sie sich in den Fantasien von der Insel der Glücklichen (Plutarch), der utopischen Stadt Atlantis (Platon) oder dem biblischen Motiv des himmlischen

Jerusalems finden. Insel und Stadt sind die topografischen Symbolisierungen des Wunsches nach dem reinen Innenraum:

> »Wie wir wissen, ist die Stadt meist von Mauern umgeben, was wir als ein Äquivalent der natürlichen Grenze der Insel, die vom Meer umgeben ist, und folglich auch als Bild der geheimen und geschlossenen Welt des Mutterleibes betrachten können. Die Stadt ist außerdem nach einem geometrischen architektonischen Plan erbaut, symmetrisch und gleichförmig« (ebd., S. 119).

Wie wir oben aufgezeigt haben, dient die Architektur mit symmetrischen und orthogonalen Raumstrukturen der Orientierung im fremden Raum. Solchen Formelementen kommt demnach u. a. auch die Aufgabe der Abwehr des Fremden und Bedrohlichen zu. Damit stehen sie im Dienste der Erhaltung des Lustprinzips, welches sich einen Innenraum wünscht, in dem Sicherheit, Klarheit und reine Räumlichkeit herrschen. Zum anderen kann man in diesen Formen auch eine Repräsentanz des Väterlichen entdecken, die dem Sog nach Verschmelzung mit dem mutterleiblichen Innenraum eine strukturierende Grenze entgegensetzt.

Abb. 40: Entwurf Sobek-Haus, 1997, aus: Nerdinger, Winfried (Hg.) (2002): Konstruktion und Raum in der Architektur des 20. Jahrhunderts – exemplarisch. Beispiele aus der Sammlung des Architekturmuseums der Technischen Universität München. München, S. 101

Architektonische Formelemente wie die Gerade, der rechte Winkel, die Symmetrie, die Transparenz, wie sie sich beinahe archetypisch im Entwurf des bekannten Sobek-Hauses von 1977 (Abb. 40) vereint finden, haben also in der Perspektive der archaischen Matrix des Ödipuskomplexes eine doppelte Bedeutung: Sie können einmal im Dienste des Wunsches nach dem reinen, von allem Fremden und Bedrohlichen gereinigten Innenraum stehen und darüber hinaus das väterliche Prinzip der Grenze und der Realität repräsentieren. Auf diesen doppelten Aspekt werden wir noch einzugehen haben. Zuvor aber soll am Beispiel des Labyrinths aufgezeigt werden, wie die architektonische Form als Symbolisierung des Innen auch eine Überwindung des Soges nach Rückkehr zur Mutter und eine Bewältigung des Ödipuskomplexes ermöglicht.

Das Labyrinth: Symbol für das frühe Wohn-Ich

Entscheidendes Bindeglied der vorgestellten psychodynamischen Aspekte zum Wohnen ist der Vorgang der Symbolisierung, der aus vorsprachlichen und sprachlichen Teilen besteht. Indem eine Wortvorstellung (»Tisch«) mit der Sachvorstellung eines Gegenstandes mit in der Regel vier Füßen und einer Platte zusammenfällt, gelingt die Symbolisierung. Jedoch findet die erste Stufe der Symbolisierung im vorsprachlichen Bereich statt. Sie besteht in der Gleichsetzung von Dingen, Handlungen, Gesten und Lebensvollzügen mit den unbewussten Fantasien. Insofern diese libidinöser Art sind, kommt es zur gelungenen Symbolisierung, sind diese destruktiv und regressiv, misslingt diese, und es kommt zu perversen Impulsdurchbrüchen, welches einem Versagen der Symbolisierung gleichkommt.

Damit die Symbolisierung gelingt, bedarf es eines Vorgangs, der als Vorläufer der Symbolisierung verstanden werden kann, der Identifizierung. Das Kleinkind identifiziert die Dinge und Funktionen, denen es begegnet, mit seinem Körper, dessen Organen und Gliedern. Diese bilden den Stoff, nach dem die Welt einen metaphorisch-symbolischen körperlichen Bezug und Aufbau erhält. Die innere und äußere »Welt« ist konstruiert nach dem Modell des Körpers, wie wir es oben ausführlich beschrieben haben. Der Teil der Welt, der aus Räumen und Behausungen besteht, ist nach dem Modell der in den Urfantasien abgelagerten Erfahrungen, vor allem der vom intrauterinen Leben, strukturiert. In der Entwicklung des Menschengeschlechts findet sich in den unterschiedlichen Labyrinthen ein schöner und sehr sprechender Hinweis, wie die

Welt nach dem Modell der Fantasie über das vorgeburtliche Leben aufgebaut ist.

Die an verschiedenen Orten und Kulturen (Babylonien, Ägypten, Kreta, Mykene, Kleinasien) auftauchenden Labyrinth-Motive stehen bewusstseinsgeschichtlich für den Übergang von einem animalisch-erdhaften hin zu einem geistig-himmlischen Bewusstsein, welches in etwa dem Emporrücken des Himmels entspricht. Labyrinthe stehen zwischen der Erdhöhle und dem auf der Erde errichteten Haus; sie markieren den Prozess der schöpferischen Selbsterhebung des Menschen aus den ihn einengenden erdhaften Bindungen. Durch Entzifferung babylonischer Inschriften fand man heraus, dass der Begriff für die Labyrinthfigur »Palast der Eingeweide« heißt (Abb. 41).

Abb. 41: »Palast der Eingeweide«, Berlin, Vorderasiatisches Museum, aus: Kern, Hermann (1982): Labyrinthe. Erscheinungsformen und Deutungen; 5000 Jahre Gegenwart eines Urbildes. München, S. 34

Die Mutterleibbedeutung der das Körperinnere darstellenden Gedärmespirale wird häufig mit einem Tierinneren gleichgesetzt. Aus diesem mutterleiblichen Tierinnenraum muss sich der Held befreien, um so die vergängliche Herkunft zu überwinden und durch Angleichung an den Sonnenlauf wiedergeboren zu werden. Der biblische Jona und der kretische Theseus sind bekannte Gestalten dieses Motivs der Wiedergeburt aus dem Inneren der Mutter. Sie symbolisieren einerseits den Sog in den mütterlichen Innenraum und zeigen zum anderen als Lösung einen Weg der Bewältigung des ödipalen Rückkehrwunsches in den Leib der Mutter.

Dieser Weg umfasst mehrere Etappen: Zunächst muss sich der Held seines Wunsches nach Rückkehr bewusst werden und sich mit diesem Wunsch auseinander setzen. Im Theseus-Mythos steht dafür der Gang des Theseus in das Innere des Labyrinthes, wodurch er das Land von der Herrschaft des Minotaurus befreien will. Der Kampf mit dem halb menschlichen und halb tierischen Wesen steht einerseits in der Perspektive von Klein und Chasseguet-Smirgel für den Wunsch, alles Störende, Fremde und Bedrohliche, für das der Minotaurus steht, zu beseitigen. Andererseits steht der Kampf mit diesem Ungeheuer aber auch für die Auseinandersetzung mit dem Wunsch nach Rückkehr in den mütterlichen Innenraum als fantasierter Ort von Konfliktlosigkeit und Glück. Voraussetzung für die Auseinandersetzung mit diesem ödipalen Begehren ist der Kontakt mit diesem Wunsch. Das bedeutet, dass der Regression, dem Wunsch in den Innenraum einzudringen, zunächst ein Stück weit nachgegeben werden muss, damit es überhaupt zur Konfrontation und zum Kampf kommen kann. Nach dem Kampf und dem Sieg über Minotaurus gelingt Theseus die Rückkehr ans Tageslicht nur mit Hilfe des Fadens der Ariadne, welchen diese dem Theseus angeheftet hat. Ariadne und ihre Hilfe stehen für den mütterlich-weiblichen Teil, den der Held jetzt nicht mehr bekämpfen muss, sondern als eine Kraftquelle in sich selbst zur Verfügung hat. Seine weibliche Seite muss jetzt nicht mehr außen gesucht und bekämpft werden, sondern steht ihm als integrierter weiblicher Aspekt seiner männlichen Identität zur Verfügung. Auf diese Weise entstehen ein Innen und ein Außen, mithin die Fähigkeit zur Unterscheidung als Überwindung der präödipalen Einheitswirklichkeit, in der alle Differenzen geleugnet bzw. bekämpft werden müssen. Diese Fähigkeit zur Differenz ist die Frucht des Triadischen und bildet den Kern der labyrinthischen Wiedergeburtsrituale.

Diese triadische, eine neue Realität erschaffende Struktur liegt in der Interpretation von Otto Rank den unterschiedlichen Labyrinthdarstellungen als ein gemeinsames künstlerisches Formprinzip zu Grunde, nämlich der Überwindung des »tierisch-chthonischen Elements« (Rank 1932, S. 154) zu Gunsten eines neuen, sich über das Erdinnere erhebenden Bewusstseins. Insofern stehen die Labyrinthe am Übergang von der steinzeitlichen Höhle zum Hausbau und der damit beginnenden Architektur. Dieses Grundmotiv erscheint in verschiedenen Varianten entsprechend den spezifischen Umständen der jeweiligen Kultur: »In Babylonien ist es die Beziehung zu Astrologie, in Ägypten zur Architektur, im ägäischen Kulturkreis zur Kunst (Ornamentik) und in Kleinasien zu nationalen Problemen, die aus der Überwindung des Chthonisch-Tierhaften hervorgeht« (Rank 1932, S. 156).

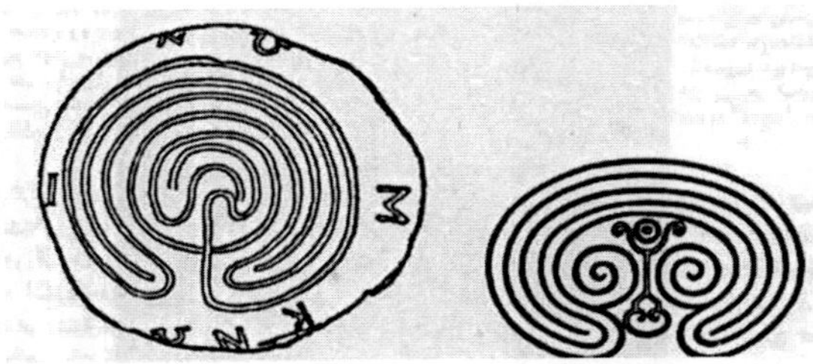

Abb. 42: Münze aus Knossos und Ornament, aus: Rank, Otto (1932): Kunst und Künstler. Gießen 2000, S. 156

Vom Innenraum des Körpers zum Inneren des Hauses

Lebensvollzüge und Lebensformen wie das Wohnen haben eine praktisch-funktionale und eine symbolische Seite. Letztere wurzelt im Seelischen. Unsere seelischen Erfahrungen wiederum wurzeln im Körperlichen und unsere körperlichen Erfahrungen sind hinein verwoben sowohl in die Beziehungserfahrungen, die wir ab dem Moment unserer Zeugung mit unseren Eltern machen. Sie sind aber auch verwoben mit den Erfahrungen der gesamten Menschheit auf ihrem Weg durch die Geschichte, die im kollektiven Menschheitsgedächtnis aufgehoben sind. Für das neugeborene Kind ist der Verlust des Körpers der Mutter die entscheidende Aufgabe, die es zu bewältigen gilt. Zwischen Mutter und Kind entsteht nach der Durchtrennung der Nabelschnur ein neuer, anderer Raum, den man mit Bion (1962) mit dem Bild eines Containers beschreiben kann, in dem alle Körperspannungen und Reize des Kindes aufgefangen werden durch die haltende Mutter. Diese ihrerseits verwandelt in ihrer Containerfunktion die unstrukturierten und chaotischen Impulse und Körperspannungen des Kindes und gibt sie ihm in verträglicher Form z.B. in Gestalt von benennbaren Gefühlen zurück. Die Körperlichkeit des Kindes wird auf diese Weise angeschlossen an die Welt der Dinge und Bedeutungen, die das Kind dann mit der symbolischen Welt verbinden. Analog dazu können auch das Haus oder die Wohnung mit mütterlichen Containerqualitäten ausgestattet werden. Dadurch helfen sie dem Einzelnen, überfordernde Erlebnisse von draußen zu verarbeiten.

Den Beginn des räumlichen Lebens und seiner seelischen Repräsentanzen haben wir in der stammesgeschichtlichen Entwicklung in dem Moment ausgemacht, in dem die Menschen den Kreislauf der Natur verließen, sich von ihr abgrenzten und den Status des Nomadendaseins zu Gunsten des sesshaften Kulturmenschen aufgaben. Der dritten Haut kommt nunmehr als Zelt, Hütte, Haus oder Palast eine hohe symbolische Qualität zu. Als solche fungiert sie als Brücke zwischen Natur und Kultur.

Das Wohn-Ich als Hülle

Die Haut ist in unserer Entwicklung das erste Sinnesorgan, mit dem wir auf Reize von außen reagieren. Bereits nach acht Wochen zeigt der Fötus Reaktionen auf Berührungen der Lippen, ab der 14. Schwangerschaftswoche reagierte der Fötus am ganzen Körper (vgl. Hüther/Krens 2005, S. 69–72). Durch Berührungen an der Haut entsteht ein erstes Gefühl davon, wo der eigene Körper zu Ende ist. Diese Berührungen entstehen durch die natürliche Umwelt des Fötus: Nabelschnur, Plazenta und Gebärmutterwand vermitteln durch Lageveränderungen einen Kontakt mit einem Außen, was sich im letzten Drittel der Schwangerschaft wegen des zunehmenden Raummangels verstärkt.

Für erwachsene Menschen hilft der räumlich ausgedehnte Körper mit seiner äußeren Hautgrenze zu unterscheiden zwischen eigenem und fremdem Körper. Mit unserem Ich erfassen wir auch, wo unser körperliches und seelisches Ich aufhört und ein anderes Ich anfängt. Damit diese seelische Unterscheidung möglich wird, spricht Anzieu (1985) vom »Haut-Ich«. Als »psychische Hülle« (Houzel 2004) entspricht sie einer inneren Repräsentanz im Wohn-Ich. Die psychische Hülle ist dreischichtig strukturiert, weil sie eine dreifache Grenze darstellt: »eine Grenze zum inneren Raum der externen Objekte – eine Grenze zum inneren Raum der internalisierten Objekte – und eine Grenze zur Wahrnehmungswelt« (ebd., S. 71).

Auf das Wohn-Ich bezogen kann man drei Räume benennen, in denen es diese Hüllenfunktion wahrnimmt: Den inneren psychischen Raum, den psychischen Raum des Anderen und den Wahrnehmungsraum. Daraus lassen sich drei wichtige Grenzfunktionen für das Wohn-Ich feststellen:

Das Wohn-Ich als Grenze zur Wahrnehmungswelt

Diese Reizschutzfunktion verhindert ein Überschwemmen von Informationen und Reizen, deren Verarbeitung eine Beeinträchtigung im

Sinne einer Überforderung unseres Ichs darstellt. Dies geschieht vor allem über räumliche Bewegungen des Körpers: Wenn sich jemand in einen Raum zurückzieht und die Türe hinter sich schließt, gibt er seinem Wunsch nach Bei-sich-sein-Wollen und nach Rückzug von anderen Menschen Ausdruck. Umgekehrt ist das Hinausgehen und Verlassen des Hauses die Form, in der sich unser Kontaktbedürfnis mit anderen widerspiegelt.

Das Wohn-Ich als Grenze zum inneren psychischer Raum

Der psychische Raum ist kein leerer Ort, sondern gefüllt mit inneren Objekten. Dies sind Repräsentanten der wichtigsten Bezugspersonen unseres Lebens, in der Regel der Mitglieder unserer Ursprungsfamilie. Unser Wohn-Ich als Innenraum reguliert die Nähe und Distanz zu ihnen etwa dadurch, dass die eigene Wohnung als Abgrenzungsraum von diesen inneren Objekten benutzt wird. Sich in den eigenen Räumen aufzuhalten, kann eine Hilfe sein, sich auch von den inneren Objekten zu distanzieren, was wiederum ein eigener Akt psychischer Aktivität darstellt. Die An- oder Abwesenheit von Personen unserer Ursprungsfamilie kann z.B. über die Art der Einrichtung der eigenen Wohnung ausgedrückt werden: Unterscheidungen in Stil- und Geschmacksfragen etwa dienen auch der Abgrenzung von inneren Objekten. Erinnerungsstücke aufzubewahren drückt dagegen die gewünschte Präsenz innerer Objekte aus.

Das Wohn-Ich als Grenze zum inneren Raum des Anderen

Das eigene Zimmer in der Wohnung dient vor allem der Abgrenzung und der Öffnung des Eigenraums vom Raum und zum Raum des Anderen. Dies geschieht durch die Bewegung des Öffnens und Schließens von Türen oder deren soziale Stellvertreter wie etwa das Schweigen zwischen Menschen. Das Wohn-Ich vergewissert sich durch Schließen und Abgrenzen seines Eigenraums und ermöglicht dem subjektiven Erleben, wieder bei sich anzukommen und mit sich selbst im Kontakt zu sein.

Damit vollzieht unser Wohn-Ich eine dreifache Bewegung: im eigene Raum ankommen, im eigenen Raum sein und den eigenen Raum öffnen. Wohnen kam somit als symbolischer Ausdruck dieser drei seelischen Grundbedürfnisse verstanden werden:

- Rückkehr in den Eigenraum als einem sicheren Ort;
- Verweilen und Sein im Eigenraum im Schutz von Grenzen;
- Öffnen des Eigenraums nach außen, Entwicklung an der Grenze ermöglichen.

Indem wir also in dieser dreifachen Weise mit den Räumen umgehen, die wir unser Heim oder unsere Wohnung nennen, geben wir unseren emotionalen Bedürfnissen und Wünschen eine Form in Gestalt eines Rituals von Öffnen und Schließen, das sich auf die Öffnungen unserer dritten Haut bezieht, auf Türen und Fenster. In unserem Wohn-Ich sind sowohl der Körper mit seinen Öffnungen und deren architektonischen Substituten enthalten als auch die sich damit verbindenden genannten drei seelischen Grundbedürfnisse.

Das Wohn-Ich ermöglicht uns die Rückkehr in den Eigenraum als einem geschützten und sicheren Ort. Bei sich zu sein, mit sich selbst und seinen Bedürfnissen im Kontakt zu sein, dient nicht nur dem Wohlbefinden der eigenen Person, sondern bildet die Voraussetzung für die Beziehung mit anderen. Wenn der Eigenraum nicht bewohnt ist und dem Ich zur Verfügung steht, entgleist die Beziehung mit anderen und verändert sich schnell in Richtung Verschmelzung oder wird zur destruktiven Verfolgung. Den Eigenraum als innerseelische Erfahrung können wir wie die Schnecke ihr Haus überall mit uns hintragen und haben diesen Raum jederzeit, vor allem in bedrängenden Situationen, zur Verfügung.

Der physikalische Eigenraum in der Wohnung kann so zu einem Bild und einem Zugang zu diesem inneren Raum werden. Die Nutzung des eigenen Zimmers zur Selbstregulation kann eine Art Übungsfeld sein, um ein Gespür für den seelischen Eigenraum zu entwickeln. Wenn uns dieser innere Raum als sicherer Hort zur Verfügung steht und wir ihn jederzeit ohne Schuldgefühle betreten können, dann wird das angstfreie Öffnen der Grenzen dieses Raumes möglich. Entwicklung geschieht immer an der Grenze: Ohne das Gefühl, sich an der Grenze zu bewegen und sich auf Neues einzulassen, gibt es auch keine Erweiterung des eigenen Raumes. Unserem Wohn-Ich kommt die Aufgabe zu, im Umgang mit den Räumen unserer Wohnung eine dynamische, keine starre Balance zwischen diesen körperlichen und seelischen Bedürfnissen zu ermöglichen.

Nachdem wir von der Haut als unserem Grenzorgan ausgegangen sind, geht es jetzt darum, das Verständnis der Bedeutung der Grenze für unser Wohn-Ich zu erweitern.

Das Phänomen »Grenze«

Im ersten Schöpfungsbericht der Bibel wird das Grenzen-Ziehen beschrieben: Indem Adam den Pflanzen und Tieren, den Gestirnen und den Dingen einen Namen gibt, werden sie für ihn unterscheidbar. Adam zieht Grenzen und konnte so Äpfel von Birnen unterscheiden und den Mond von den Tieren.

Noch wichtiger aber war, dass sich Adam durch grenzziehende Maßnahmen von anderen unterscheiden konnte, also ein Innen und ein Außen schuf. Der Anthropologe Helmut Plessner (1975) spricht davon, dass sich der anorganische Körper vom organischen durch seinen »positionalen Charakter« unterscheidet und meint damit die Doppelposition des Menschen zwischen Innen und Außen. Der Mensch ist immer innen und außen, und die Grenze ermöglicht dieses Doppelerleben. Grenzen bewahren davor, dass die Unterscheidung von Innen und Außen hintergangen wird, dass es nur noch fließende Übergänge und keine abgrenzbaren Objekte gibt. Die Grenze ist nach zwei Seiten hin gefährdet: Sie kann ihre verbindende Funktion aufgeben, wenn sie fließend wird, und sie kann ihre bewahrende Funktion aufgeben, wenn sie zu starr wird, also den Charakter einer unüberwindlichen Schranke annimmt. Mithin ist die Flexibilität das wichtigste Merkmal der Grenze.

Grenzen sind aber keine materiellen Gegebenheiten. Sie existieren nicht real in der Natur, sondern sie sind geistige und psychische Vorstellungen. Der Biochemiker und einer der bedeutendsten Theoretiker der transpersonalen Psychologie, Ken Wilber (1991), weist immer wieder darauf hin, dass die Grenzziehungen, die der Mensch von Anfang an vornahm, Eigenschaften unseres Bewusstseins sind und keine wirklichen, naturhaften Phänomene. In der Natur gibt es nur Linien wie die Haut, die man nicht leugnen kann. Erst im Bewusstsein des Menschen wird diese Linie zwischen Organismus und Umwelt zu einer illusorischen Grenze, die trennt, was in der Natur untrennbar ist. Dies geschieht dadurch, dass sich der Mensch in der Regel nur mit einer Seite der Linie identifiziert, beim Beispiel der Haut nur mit der Innenseite, seinem eigenen Organismus. Die Umwelt erscheint dann als Gegenüber, als ein Abgetrenntes, als ein Gegensatz.

Abb. 43: Monteriggioni, Toskana, Italien, Postkarte, aus: Selle, Gert (1993): Die eigenen vier Wände. Zur verborgenen Geschichte des Wohnens. Frankfurt/M., S. 184

Die Hautgrenze ist zur Ich-Grenze geworden, und alles, was jenseits dieser Grenze liegt, erscheint fremd und mitunter feindlich. Diese grenzsetzende Aktivität des Menschen schafft somit einerseits die Unterscheidbarkeit eines Ichs und gebiert anderseits Angst, Konflikte und Kämpfe an der Grenze. Es entsteht eine duale Welt, die sich entweder als Polarität von Gegensätzen oder als unversöhnlicher Antagonismus zeigen kann. Polarität ist sozusagen die kommunikative Form der Dualität, weil die beiden Pole aufeinander bezogen bleiben. Beim Antagonismus jedoch geraten beide Pole in einen sich ausschließenden Gegensatz: Aus dem Sowohl-als-auch ist ein Entweder-oder-Gegensatz geworden. Die Geschichte des menschlichen Bewusstseins und des menschlichen In-der-Welt-Seins nimmt von dieser grenzsetzenden Aktivität ihren Anfang, mit unterschiedlichen Akzentsetzungen: Die westliche Welt ist dabei viel stärker geprägt vom Spaltungsmechanismus des Entweder-oder-Denkens. Die Naturwissenschaften konnten in der westlichen Form nur entstehen, weil die Grenze zwischen Ich und Umwelt stabil errichtet war. Das östliche Denken dagegen ist mehr inklusiv. Es denkt nicht in Gegensätzen, sondern sucht die Grenzen zwischen Mensch und Welt zu übersteigen, indem es die Grenze selbst als Illusion zu begreifen lehrt. Ziel der menschlichen Selbstwerdung ist es darum, sich als Teil des Ganzen zu verstehen und die Beschränkungen des grenzsetzenden

Ich-Bewusstseins aufzugeben. Letztlich sieht etwa der Buddhismus darin die Quelle allen Leidens: Leid entsteht durch Grenzsetzung, weil sich durch die Grenze das Ich von der All-Einheit abtrennt.

Kehren wir wieder zum »Ich« des diesseitigen Lebens zurück. Dieses braucht die Grenze, um als Ich existieren zu können. Wenn Heidegger sagt, dass Leben gleich Wohnen ist, dann lebt das Ich dadurch, dass es an Orten wohnt, die geschlossene und offene Grenzen aufweisen.

Wohnen als Grenzerfahrung: Federn, Trauth, Bauriedl

Mit dem Wunsch nach Abgrenzung entstand in Mythos und Sage gleichzeitig das Bedürfnis nach Öffnung. Diese männlichen und weiblichen Handlungen, die ihre Entsprechung im männlichen und weiblichen Körper haben, werden als polare zentrale Strebungen des Menschen einander zugeordnet und als lebenswichtige Ich-Funktionen im Wohnen symbolisiert. Wenn sie gestört sind, entstehen die beiden Grundtypen seelischer Erkrankungen: die Psychose als rigide geöffnete Ich-Grenze und die Neurose als rigide geschlossene Ich-Grenze.

Diese grenzsetzenden und grenzerweiternden Funktionen üben wir im Kontakt mit anderen, aber auch mit Inhalten des eigenen Seelebens direkt aus; wir bedienen uns aber auch symbolischer Vorgänge: Das Öffnen und Schließen von Fenstern und Türen steht für diese seelische Tätigkeit des Abgrenzens und Öffnens. Wir regulieren damit unsere Wünsche nach Nähe und unsere Distanzierungsbedürfnisse. Türen und Fenster sind ja bewegliche Teile in den Wänden, die uns umgeben, vergleichbar mit den Körperöffnungen, mit denen wir Kontakt mit der Außenwelt aufnehmen wie den Augen, den Ohren, der Nase, dem Mund, mit denen wir uns die Welt optisch, akustisch, olfaktorisch und oral einverleiben und sie in verwandelter Form an sie selbst zurückgeben.

Die Wände und ihre Öffnungen gestatten uns, einen uns entsprechenden Ausgleich zwischen Öffentlichkeit und Privatheit zu finden. Die Haustüre markiert die Übergangsstelle zwischen dem privaten Individuum und dem öffentlichen Wesen. Die Wohnung zu verlassen und in sie zurückzukehren ist eine Art Übergangsritus, der diesen inneren Wechsel als äußeren Akt erlebbar und vollziehbar macht.

Aber auch im Inneren hat die Wohnung Türen, die nicht ohne

Bedeutung sind. Wie wir mit ihnen umgehen, sagt sehr viel darüber aus, wie wir uns im Innenkreis einer Beziehung, einer Familie oder einer Wohngemeinschaft definieren und mit Grenzen umgehen. In grenzenlosen Familien z.B. stehen die Türen immer offen; es gibt ein geheimes Abgrenzungsverbot. Das kann vor allem für Kinder fatale Folgen haben, wenn sie durch ständig offene Türen geradezu gezwungen werden, unentwegt am Leben der Erwachsenen teilzunehmen. Schauen wir uns die Bedeutung der Grenze für die Entstehung des Ich und für die Ich-Funktion des Wohnens genauer an.

Ich-Grenzen

Das Konzept der Ich-Grenze ist von Paul Federn (1956) als erstem in der Psychoanalyse ausgearbeitet worden. Er meint damit das subjektive, ichhafte Erleben der Grenzen des Selbstgefühls. Es gibt verschiedene Ich-Zustände, bei denen sich das Selbstgefühl von den Körpergrenzen zurückziehen oder sie besetzen kann. Beim Übergang in den Schlaf etwa entfernt sich das Selbstgefühl von den Körpergrenzen, so dass die Trennlinie zwischen innen und außen durchlässiger wird. Diese teilweise geöffneten Grenzen ermöglichen den Kontakt zum Unbewussten, dessen Inhalte in der oft verschlüsselten Gestalt von Bildern und Symbolen, wie sie in Träumen vorkommen, ins Bewusstsein treten können. Auch bei erschreckenden und Angst auslösenden Situationen im Alltag kann sich das Körperselbstgefühl von der Körpergrenze zurückziehen, um sich zu schützen. Bei freudigen Erlebnissen etwa weitet sich das Selbstgefühl, so dass ein Sich-Öffnen oder Sich-Hingeben möglich wird, welches sich zu einer höchst beglückenden Ergriffenheit oder zur Ekstase steigern kann. Künstlerisch-schöpferische Momente, mystische Vereinigungs- und Verschmelzungserlebnisse oder religiöse Ergriffenheit von etwas Numinosem lassen sich als ein Öffnen und Durchlässigwerden der Ich-Grenze verstehen.

Das situative Öffnen und Schließen von Grenzen setzt jedoch voraus, dass es überhaupt einigermaßen stabile Ich-Grenzen gibt. Deren Entstehung hängt davon ab, ob der frühe Kontakt zur Mutter für den Säugling und das Kleinkind ein Gefühl der Grenze entstehen ließ, d.h. ob die Mutter die Bedürfnisse des Kindes wahrnimmt und sie als dessen Selbstäußerung akzeptiert. Falls die Mutter die kindlichen

Wünsche nur nach Maßgabe ihrer eigenen Bedürfnisse behandelt, kann die erste Grenze zwischen eigenem und fremdem Selbst nicht entstehen. Diese Grenzenlosigkeit zeigt sich etwa daran, dass Eltern z.B. immer schon wissen, was ihr Kind will und sich dann oft überversorgend verhalten. Es kann aber auch sein, dass in einem Familiensystem nie klar ist, wer welche Rollenposition einzunehmen hat. Wenn die Mutter ihr Kind im Laufe der Entwicklung aber zunehmend als eigenständiges Gegenüber wahrzunehmen bereit und fähig ist, fördert sie die Differenzierungs- und Ablösungsprozesse, an deren Ende das Gefühl des Kindes steht, ein Mensch mit eigenen Grenzen zu sein. Dieses basale Identitätsgefühl äußert sich etwa in der sprachlichen Fähigkeit, das »nein« und »mein« zu benutzen, wodurch die gerade entstandene Ich-Grenze gefestigt wird.

Wohnen, Beziehungsdynamik und Grenze

Für die Entstehung von psychischen Krankheiten im Bereich der Selbstregulierung ist der Umgang mit Grenzen innerhalb des Familiensystems bedeutsam. Die Art und Weise, wie mit den realen Grenzen der Wände und Türen umgegangen wird, gibt oftmals Aufschluss darüber, ob es auch zu ständigen psychischen Grenzüberschreitungen, etwa gegenüber den Kindern, kommt oder ob deren Individualität auch durch Respekt vor den äußeren Grenzen geachtet wird. Die Handhabung der Türen, die Möglichkeit zum ungestörten Rückzug und der Respekt vor verschlossenen Türen spiegeln den Umgang mit Nähe- und Distanzwünschen wider. Ständig offene Türen sind oft ein Hinweis darauf, dass in Familien der Pol »Nähe und Verschmelzung« gelebt wird, der Gegenpol »Distanz und Rückzug« aber wenig Platz hat. Wenn Kinder in einer Atmosphäre groß werden, in der grenzen- und distanzlose Nähe herrscht, können sie kaum ein Gefühl dafür entwickeln, ein eigener, von anderen getrennter Menschen mit eigenen Gefühlen, Bedürfnissen und Wahrnehmungen zu sein. Kommt nun noch dazu, dass die ständig offenen Türen auch ein Symptom davon sind, dass die Eltern nicht sicher sind, welche Position sie ihren Kindern gegenüber einzunehmen haben – ob die Vater/Mutter-Position, die Sohn/Tochter-Position oder die Mann/Frau-Position – dann erzeugen sie eine massive Überforderung des Kindes mit der Folge eines unsicheren Selbstgefühls. Das beziehungsanalytische Konzept Thea Bauriedls (1994, S. 112–141) spricht hier von »Ersatzpartnerschaft«. Gemeint ist, dass Kinder von ihren Eltern unbewusst als der bessere Partner angesehen werden und damit aus der ihnen zustehenden Kind-Position vertrieben werden in die für sie unangemessene Eltern- oder Partnerrolle. Die Klarheit der Familienrollen und die Gewissheit, dass jedem und jeder nur eine Position in der Familie zukommt, können sich auch ausdrücken im Umgang mit Türen und Räumen. Die Handhabung der Räume und der Umgang mit Kleidung kann man so gesehen verstehen als Inszenierung der Beziehungsverhältnisse.

Eine Patientin berichtet davon, dass in ihrer Familie die Prinzipien der freien Körperkultur herrschten, d.h. es bestand ein regelrechter Zwang, sich nackt voreinander zu zeigen. Dies wurde dann durch Hinweise auf Natürlichkeit und die Abneigung gegen alle Prüderie ideologisiert. Vor allem in der Vorpubertät wurde diese grenzenlose Ideologie für die Patientin äußerst unangenehm, weil es keine Möglichkeit gab, sich den Blicken der Eltern zu entziehen und diesen geschützten Raum des entzogenen Blicks für sich respektiert zu wissen.

Bei Menschen mit Störungen im Bereich des Selbstgefühls wie Magersucht, Suizidalität, Depression, Drogenmissbrauch oder auch kriminellem Verhalten finden sich regelmäßig Defizite im Grenzerleben. Diese bestehen in erster Linie in grenzenlosen Eltern-Kind-Beziehungen: Es ist nie klar, wer was sagt, wer was denkt und wer was fühlt. Eltern wissen immer schon, was Kinder fühlen und wollen. Sie stülpen mit diesem Allmachtsanspruch den Kindern aber nur ihre eigenen Wünsche über. Irgendwann ist das Fass der Übergriffe bis zum Überlaufen voll: Das ausbrechende Körpersymptom ist eine Art Ersatz für die bisher nicht erlebte Grenze. In der Magersucht etwa drückt eine junge Frau aus, dass sie auf keinen Fall so sein will wie ihre Mutter und grenzt sich auf diese selbstdestruktive Weise von ihr ab.

Wände, Türen, Schlösser symbolisieren diese Ich-Grenze. Dieses Grenzerleben ermöglicht es dem Kind, zwischen sich und anderen unterscheiden zu lernen. Die Grenze ist jenes Medium, an dem die Psyche entsteht. Gäbe es keine Grenze zwischen Mutter und Kind, sondern ewige Verschmelzung, würde ein Kind psychisch nie geboren. Die Wohnung mit ihren Möglichkeiten von Öffnen und Verschließen erinnert daran, dass gelungene Grenzfindung die Voraussetzung für die Fähigkeit zum Öffnen ist.

Das gegenpolig-regulative Ich-Konzept Wolfgang Trauths

Der Psychoanalytiker Wolfgang Trauth (1997) hat die ichpsychologischen Arbeiten Paul Federns aufgegriffen und zu einem beziehungsorientiert-gegenpoligen Ich-Konzept weiterentwickelt. Dabei spielt der Begriff der grenzkompensierenden Aktivität eine besondere Rolle. Diese tritt dann auf, wenn die Polarität im Ich aus der Balance geraten ist, z.B. die Polarität von Bindung und Autonomie, Leistungsbereitschaft und Entspannung, Öffnung und Abgrenzung. Symptome und Ängste sind nach Trauth Ausdruck einer grenzkompensierenden Aktivität des Ichs, welches in einer bestimmten Situation gezwungen ist, auf diese Weise für Grenzerhalt zu sorgen und das Ich vor Auflösung oder Zerfall zu schützen. Es kann aber auch sein, dass eine Person in der Kindheit zur gespaltenen Strukturbildung gezwungen wurde. Dies ist dann der Fall, wenn immer nur ein Pol gelebt werden durfte und Unterstützung erfuhr. Falls in der Kindheit immer nur Offenheit und Abhängigkeit, z.B. von der Mutter, gelebt wurden, wird das polare Bedürfnis nach Abgrenzung und Distanzierung abgespalten. Dies bewirkt beim Kind eine gespaltene Strukturbildung, die sich später im Erwachsenenalter verfestigt. Wird z.B. von einem Partner das Abhängigkeitsbedürfnis nicht befriedigt und erlebt diese Person deshalb Angst, kann sie diese nur bewältigen durch Inszenierung der grenzkompensierenden Aktivität, in unserem Beispiel durch Überabgrenzung und Flucht aus der Beziehung. Beide Pole stehen sich unvermittelt gegenüber. Für den Fall einer Bezogenheit beider Bedürfnispole spricht Trauth von einer kommunikativen Strukturbildung, die dem Einzelnen erlaubt, je nach Situation Abgrenzung *und* Bezogenheit zu leben.

Entscheidend bei diesem Verständnis psychischer Strukturbildung ist die Bedeutung der Grenze. Am psychischen Ziel des Grenzerhalts orientiert sich die Aktivität des Ichs vor allem in seinen als fremd oder krank erscheinenden Aktivitäten. Vor allem körperliche Symptombildungen dienen der Rettung der Grenze, die dem Ich durch eine krisenhafte Situation gefährdet erscheint. Aber auch widersprüchliche Verhaltensweisen, dass z.B. derjenige verlassen oder gewaltsam behandelt wird, den man eigentlich liebt und behalten will, bekommen so einen Sinn.

Das Wohn-Ich als »grenzkompensierende Aktivität«

Auch das Wohnen kann für die Inszenierung kommunikativer oder gespaltener Strukturen verwendet werden. In dieser Perspektive kann das Wohn-Ich als eine Funktion der Regulation und Aufrechterhaltung von gewohnten und vertrauten Existenzgefühlen verstanden werden. Die Art und Weise, wie jemand seine Wohnung behandelt, ist ein nach außen, in die Objektwelt hineinverlagerter Versuch zum Erhalt regulativer Gegenpoligkeit. Wer ständig putzt und seine vier Wände »sauber« hält, drückt damit sein gegenpoliges Bedürfnis nach Chaos und Sich-gehen-Lassen aus. Von gelungener Strukturaufrechterhaltung kann dann gesprochen werden, wenn jemand in seinem Berufsleben den Pol »Leistung und Anspannung« lebt und seine Wohnung als Raum der Entspannung erleben und nutzen kann. Verliert diese Person z.B. ihre Arbeit, kommt es zu einer behinderten Strukturinszenierung. Der Wegfall des Leistungspols durch Arbeitslosigkeit mobilisiert Aktivitäten zum Grenzerhalt, welche das Ich schützen. Jetzt kann die Wohnung, die bisher Ort der Entspannung war, zum Schauplatz von Leistung werden und bekommt so eine neue Bedeutung. Verfügt jemand jedoch nur über den Typ »gespaltene Strukturbildung« – nach Trauth für unseren Kulturkreis typisch – dann entspricht einer rigiden Leistungsbereitschaft eine ebenso rigide Leistungsverweigerung, die grenzkompensatorisch eingesetzt wird. In unserem Beispiel wird ein Arbeitsloser jetzt auch in seinem Wohnen leistungsverweigernd handeln. Er ist auf Grund einer gespaltenen Struktur, in welcher die beiden Pole »Leistung« und »Entspannung« nicht in einer bezogenen Wechselbeziehung stehen, nicht in der Lage, den Wegfall von Arbeit im Beruf kompensatorisch durch Leistung in privaten Bereich auszugleichen, um so für eine Aufrechterhaltung seines bisherigen Existenzgefühls zu sorgen: Die Abwärtsspirale beginnt sich zu drehen!

Der Umgang mit dem Wohnen kann also einmal der Aufrechterhaltung eines vertrauten Existenzgefühls dienen, falls es in eine kommunikativ-gegenpolige Ich-Struktur eingebettet ist. Ein andermal – im Fall der nicht-kommunikativen Spaltung – kann die Wohnung aber auch Ziel und Objekt von Leistungsverweigerung sein, damit die Person über diese grenzkompensierende Aktivität das vertraute, gespaltene Existenzgefühl aufrechterhalten kann.

Privatsphäre und Öffentlichkeit

Beim Wohnen dient die grenzregulierende Aktivität des Ichs auch der Unterscheidung dessen, was man Privatsphäre und Öffentlichkeit nennt. Die Bezeichnung Privatsphäre legt ein räumliches Verständnis nahe, und die meisten Menschen erleben diese Privatsphäre durch das Schließen von räumlichen Grenzen in Form von Türen und Fenstern in der eigenen Wohnung. Die Privatsphäre ist eine Art Verteidigungsmaßnahme, die das Wohlsein gegen gefürchtete Eindringlinge und Agenten von Unwohlsein schützt (vgl. Sloterdijk 2004, S. 535). Dieser Privatraum gehört als Errungenschaft der Moderne zu den verfassungsrechtlich geschützten Rechten des Bürgers. Innerhalb dieses Privatraumes gibt es dann noch einmal als Kernbereich den Intimraum, der nicht nur die Nähe zwischen sich vertrauten Menschen betrifft, sondern auch die Räume. Dieser Intimraum ist örtlich in der Wohnung verankert, nämlich durch die Grenzen, die in der Regel Schlaf- und Badezimmer von den übrigen Räumen trennen. Denjenigen, die als Besucher Zutritt zum Privatbereich haben, ist ein Eindringen in diese Räume noch lange nicht gestattet. Durch diese Hierarchie der Räume bzgl. Privatheit und Intimität ist es dem Einzelnen möglich, emotionale Bedürfnisse nach Abgrenzung und Öffnung differenziert umzusetzen und symbolisch darzustellen (vgl. T. Habermas 1999, S. 133–139). Die Wände und Öffnungen der Wohnungen symbolisieren somit in ihrer Funktion von Öffnen und Schließen einen wesentlichen Funktionsbereich des gegenpolig strukturierten Ichs.

Vor allem das Ich der Moderne ist auf die Fähigkeit zum Abschließen angewiesen. Sloterdijk (2004, S. 534) bezeichnet die Wohnungen der Moderne deshalb als »Immunsysteme«, die das Ich zu defensiven Maßnahmen gebraucht, um sich vor Überschwemmungen durch ichfremde Impulse zu schützen. Darin ist eine Regelmäßigkeit lebender Systeme zu entdecken, die nicht bestehen können, ohne für Selbstabschließung in sich selbst zu sorgen: »Sie [die Wohnung, D. F.] materialisiert die Tatsache, dass der menschlichen Weltoffenheit immer eine komplementäre Weltabwendung entspricht« (ebd., S. 540).

Raum-Störungen werden auch in der Krankheitslehre von Psychoanalyse und Psychiatrie erfasst. Hier leiten sich manche Bezeichnungen von räumlichen Vorstellungen ab bzw. orientieren sich an der gestörten

Fähigkeit, sich in privaten und öffentlichen Räumen aufzuhalten. In der Agoraphobie findet aus Angst vor Öffentlichkeit ein radikaler Rückzug in private Räume statt. Der Kontakt wird nur zu wenigen vertrauten Personen aufrechterhalten. Diese Form des Rückzugs dient nach dem Grenzkonzept der gegenkompensatorischen Aufrechterhaltung eines vertrauten Existenzgefühls. Sie muss deshalb als ein Rettungsversuch des Ichs verstanden werden, zu dem dieses auf Grund einer inneren schweren, unbewussten Konfliktlage genötigt wird. So kann der Rückzug etwa schützen vor befürchteten Kränkungen und Verletzungen, die ein depressiver Mensch mit Kontakten mit anderen Menschen deshalb verbindet, weil er es in seiner Kindheit so erfahren hat.

»Ein Zimmer für sich allein« (Virginia Woolf)

Durch die Handhabung der Räume regulieren wir in der Regel auch die polaren Grundbedürfnisse nach Alleinsein und mit anderen zusammen zu sein. Sich in ein Zimmer zurückzuziehen, ist meistens die äußere räumliche Voraussetzung, um mit sich selbst allein sein zu können, ohne sich einsam zu fühlen. Dieser Raum, den jeder Mensch um sich herum braucht, hat seinen Ursprung in dem Zwischenraum, der einmal zwischen Mutter und Kind bestanden hat. Winnicott beschreibt diesen Raum als das, was er am Anfang war: eine bestimmte Färbung der Beziehung zwischen Mutter und Kind, in der das Kind in Gegenwart der Mutter bei sich sein kann und sich nicht ständig gegen deren Übergriffe und Grenzüberschreitungen zur Wehr setzen muss. Andererseits braucht es aber auch die Sicherheit der anwesenden Mutter, um nicht von Ängsten vor Verlassenwerden überschwemmt zu werden, gegen die dann ein massives Verschmelzungsbedürfnis mobilisiert wird. Die Fähigkeit zum Alleinseinkönnen wurzelt also paradoxerweise in einer gelungen Beziehung, die weder übergriffig-grenzverletzend noch distanziert-desinteressiert ist. Der ursprüngliche Beziehungsraum wird verinnerlicht als innerer Seelenraum und kann dann später auf die realen physikalischen Räume übertragen werden.

Das eigene Zimmer wird dann, wie in Virginia Woolfs Essay *Ein Zimmer für sich allein*, zur Chiffre für Eigenständigkeit, Identität und Kreativität. Das gemeinsame Wohnzimmer reichte Virginia Woolf eben nicht aus, um der Festlegung des viktorianischen Tugendkatalogs auf vorgegebene Denk- und Verhaltensmuster zu entkommen. Vielleicht ist es eine der größten Herausforderungen, die das Wohnen stellt, den eigenen Raum der Wohnung und des Zimmers zu verinnerlichen und ihn da aufzusuchen, wo er tatsächlich unzerstörbar ist: als Seelenraum im eigenen Inneren. Insofern kann man von der Schnecke, die ihr Haus mit sich trägt, einiges lernen. Der eigene innere Raum bietet einen jederzeit zugänglichen sicheren Ort, der auch in Zeiten höchster Gefährdung durch Verlust und Schmerz bereit steht. Er ist tatsächlich eine »ewige Heimat«, die unzerstörbar ist.

4. Das Haus in der Horizontalen: Das Wohn-Ich auf der Bühne

Das Selbst: Der Erlebnisaspekt des Wohn-Ichs

Mit diesem Aspekt der Selbstdarstellung kommt ein weiterer Gesichtspunkt des Wohn-Ichs hinzu, der in der Psychoanalyse allgemein unter dem Begriff des Selbst, des Selbsterlebens und des Narzissmus gefasst wird. Gemeint ist damit die Erlebensseite des Ichs, also nicht seine Funktion, sondern die subjektive wahrgenommene Innenseite, sozusagen das gefühlte Ich. Da sich diese subjektive Dimension der Objektivierbarkeit entzieht, kann sie nur in einer metapsychologischen Fassung des Selbst auf den Begriff gebracht werden. Der Begriff des Selbst, der in den psychoanalytischen Konzepten des Selbst bzw. des Narzissmus verwendet wird, ist hier als Teil des Wohn-Ichs zu verstehen und unterscheidet sich vom Wohn-Selbst, wie es im dritten Kapitel untersucht wird. Diesem Selbst, wie es hier gemeint ist, gehören Begriffe an wie Selbstbild, Selbsterleben, Selbstgefühl und Selbstwert.

Die Rechts-Links- und Vorne-Hinten-Orientierung: Das Wohnzimmer als Lichtseite des Wohn-Ichs

Mit der Differenzierung von *sala* und *camera* in der frühen Neuzeit entwickelt sich die camera zum intimen Schlafzimmer, während sich der Salon in der Form des Wohnzimmers als halböffentlicher Raum in einem abgeschlossen privaten Ganzen darstellt. Die für alle zugänglichen Räume eines Hauses wie Wohnzimmer, Küche, Arbeitszimmer drücken am ehesten die Seiten seiner Bewohner aus, die nach außen wahrgenommen werden sollen. Sie liegen immer vorne, sind die sichtbare und vorzeigbare Seite der Bewohner. Sie entsprechen der lichten Seite des Wohn-Ichs, durch die ein Mensch das Ideal, das er von sich hat, darstellt. Dieses Ideal speist sich aus der Erinnerung an die Vollkommenheit und Behaglichkeit seiner Kindheit, die er nicht entbehren will. Freilich ist die Wahl dessen, was als vollkommen und angenehm im Sinne des Ichideals erlebt wird, abhängig von Wohnidealen und Stilrichtungen einer Zeit. Wenn also ein Bewohner in seiner Einrichtung sein eigenes Ichideal ausdrückt, dann ist dies immer durch die kollektiven und kulturellen Ideale geprägt, auch wenn dies bereits eine gewisse Kränkung der eigenen Kreativität bedeuten kann. Durch die Anordnung der Möbel, durch Bilder und Accessoires soll eine Atmosphäre geschaffen werden, die abgeschlossene Privatheit *und* begrenzte Öffentlichkeit vermittelt. Das Wohnzimmer und – falls vorhanden – der angrenzende Speise- oder Arbeitsraum, der sich auch zur Bibliothek auswachsen kann, ist der Raum, der durch die Möbel selber Innenräume enthält: Vitrinen, Truhen, Regale, Boxen, Schränke usw. sind zum großen Teil Innenräume, die als Versteck und als Präsentationsort für Sachen dienen, denen über ihren Gebrauchswert in der Regel eine ästhetische oder geistige Bedeutung anhaftet. Sie erzählen für gewöhnlich die Wohnbiografie des Einzelnen und der Wohngruppe.

Der Gesamteindruck, den das Wohnzimmer macht, spiegelt die Struktur unserer Psyche: Die bereits erwähnte rechtwinklige Struktur, die parallel zur Wand aufgebauten Schränke, Regale und Sitzmöbel, die zur Fernsehseite hin offene viereckige Sitzgruppe, der Teppich, der sich ins orthogonale Grundraster einfügt, deutet auf ein ähnlich konditioniertes Wohnsubjekt hin, welches den rechten Winkel als Norm verinnerlicht hat. Der rechte Winkel ist gleichsam ein architektonisches Symbol für das Ich des abendländischen Menschen. Er prägt sein Ordnungsgefühl und verleiht ihm Orientierungssicherheit in fremden Räumen. In seinem Wohnzimmer fühlt er sich wohl, wenn alles seinen »rechten« Platz hat. Das von dieser Norm Abweichende irritiert ihn und fällt bald dem Aufräumen zum Opfer. Das Wohnzimmer ist dabei der Raum, der als erster in Ordnung sein muss, weil sich der Bewohner damit dem Besucher als erstem aussetzt.

Um das Wohnen als Bühne für das Wohn-Ich zu verstehen, greifen wir auf das Verständnis des symbolischen Selbstvollzugs des Menschen zurück. Um deutlich zu machen, was damit gemeint ist, wird zunächst das Konzept des Selbstsymbols erläutert. Dieser Begriff besteht ja aus zwei Teilen: Selbst und Symbol. Was eine symbolische Erfahrung ist, wurde im ersten Teil bereits deutlich: Alle »Dinge« können zu Bedeutungsträgern werden. In der Verbindung mit dem Selbst – der subjektiven Bedeutungszuschreibung, die das Ich vornimmt – bekommen sie darüber hinaus eine ganz spezifische Bedeutung. Um dies zu verstehen, greifen wir auf jenen Teil der psychoanalytischen Psychologie zurück, der sich mit dem Selbst, also dem subjektiven Erleben, das eine Person von sich hat, beschäftigt. Die Wege und Umwege der Selbstregulation hängen ganz unmittelbar mit der Entstehung des Selbst als Wahrnehmung des Ichs von sich selbst zusammen. Schauen wir uns an, welche Faktoren das Werden unseres Selbst bestimmen.

Der Entwicklungsweg des Selbst

Die Organisation des Selbst-Systems lässt sich in drei Bereiche unterteilen:

- das auf Sicherheit und Bedürfnisbefriedigung abzielende Streben des Selbst,
- die Selbst-Vorstellung im Hinblick auf die eigene Person und damit auch im Hinblick auf andere,
- das Streben nach persönlicher Entwicklung, Reifung und Sinngestaltung des Lebens.

Positiver Selbstvollzug zeigt sich in der Realisierung dieser drei Bereiche, die sich in lebenslangen Regulationsvorgängen im Selbst-System ebenso niederschlagen wie im Streben nach innerem Wachstum, nach Individuation und Wandlung der eigenen Identität. In gesteigerter Form sieht sich das Selbst einem Gefühl der Erhabenheit und Übereinstimmung ausgesetzt, das sich bis zur kosmischen Verbundenheit und mystischen Einswerdung steigern kann. Auch das Streben nach Freiheit von Störungen und Konflikten, das Bedürfnis, etwas Bleibendes zu schaffen und somit unsterblich zu sein, sind Ausdrucksformen des Selbst. Grunberger (1976, S. 164) hebt die Offenheit und Unbegrenztheit dieses narzisstischen Universums hervor und die ihm innewohnende Tendenz, alles zu beseitigen, was diesem Ziel im Wege steht. Damit ist nun der Punkt benannt, an dem der positive Selbstvollzug in den destruktiven umschlagen kann. Mehr dazu im Kapitel über Wohnen und Gewalt (Teil III, Kap. 11).

Unser Selbstbild hängt von den Reaktionen anderer auf unsere Bedürfnisse ab; es reift nicht von selbst heran und ist kaum durch natürliche Faktoren wie Instinkte gesichert. Auf dem Entwicklungsweg des Selbst sind manche Gefahren zu bestehen. Die sog. Selbst-Störungen weisen von ihrer Entstehung her immer auf gestörte, mangelhafte oder traumatisierende Objektbeziehungen hin, also auf Menschen, die am Beginn des Lebens nicht ausreichend einfühlsam und antwortend auf das Kleinkind reagierten. Das fehlende zusammenpassende Verhalten von Säugling und Mutter, der Mangel an Halt, Sicherheit und Einfühlungsvermögen erzeugt Abhängigkeit. Es bleibt eine sehnsuchtsvolle Bindung des Kleinkindes an seine Mutter auf Dauer bestehen, oft bis ins Erwachsenenalter hinein. Es kommt deshalb nicht zu den unumgänglichen Trennungs- und Frustrationserfahrungen, die nötig sind, damit das Kind zwischen sich und anderen zu unterscheiden lernt. Die Folge ist, dass es auch nicht zu getrennten inneren Bildern von der eigenen Person und von denen der Eltern kommen kann, so dass das Kind später als Erwachsener nicht klar zwischen sich und anderen unterscheiden kann, mit der Folge, dass es in Beziehungen den anderen für die eigene Bedürfnisbefriedigung braucht und benutzt, ohne nach dessen Bedürfnissen zu fragen. Es gibt keine Wechselseitigkeit, weil der andere als Teil des eigenen Selbst erlebt wird.

Exkurs: Das Verhältnis von Selbst und Objekt

Freud bestimmte das Selbst, den Narzissmus, noch ausschließlich vom Trieb her: Einer Phase des primären Narzissmus folgt die libidinöse Besetzung von anderen. Das Ziel der gesunden Entwicklung bestand für ihn darin, dem eigenen Selbst die libidinöse Besetzung zu entziehen und an andere Objekte zu binden. Gelingt dies nicht, wird das eigene Ich sekundär mit narzisstischer Libido besetzt, was für ihn Krankheitswert hatte. Dennoch hatte Freud aber eine Ahnung davon, dass diese Auffassung zum Verständnis des Narzissmus nicht ausreicht. In der Schrift *Das Unbehagen in der Kultur* (1930) kommt er auf Romain Rollands »ozeanisches Gefühl« zu sprechen, ein Gefühl der Ewigkeit, des Unbegrenzten und Schrankenlosen. Ein Zustand, den Freud der wissenschaftlichen Untersuchung anempfiehlt und der mit Hilfe neuerer Ansätze heute besser verstanden werden kann. Hierzu gehört Heinz Kohuts Narzissmustheorie und der Ansatz von Otto Kernberg, der im Narzissmus vor allem eine Abwehr archaischer Objektbeziehungen bzw. eine Abwehr der Destruktivität sieht. Béla Grunberger kann als dritter zeitgenössischer Theoretiker des Narzissmus angesehen werden. In der Psychoanalyse hat es einen langen Streit darüber gegeben, ob man für den Anfang des Lebens eine Phase des sog. primären Narzissmus annehmen kann, in der objektloses Wohlbehagen bestand.

Entgegen dieser Auffassung Freuds vertrat Melanie Klein die Position, dass der Narzissmus von Anfang an mit einem Objekt verbunden sei. Die neuere Säuglingsforschung bestätigt die letztere Position und lehnt das Konzept des »primären Narzissmus« als empirisch nicht haltbar ab. Dagegen ist jedoch einzuwenden, dass die Vorstellung eines ursprünglich objektlosen Zustandes reinen Wohlbefindens keine empirische Wirklichkeit meint, sondern als metapsychologische Konzeption einen Rahmen bietet, der es erlaubt, darüber nachzudenken, was das Baby in der frühen Zeit bis in die vorgeburtliche Phase hinein, erlebt (vgl. Dahl 2002). Es kommt also gar nicht so sehr darauf an, welcher Meinung wir uns anschließen: der, die davon ausgeht, dass wir das goldene Zeitalter eines primären Narzissmus tatsächlich verloren haben oder der Ansicht, die die Vorstellung vom Paradies am Beginn des Lebens für eine fiktive Vorstellung hält, die als Rückzugsmöglichkeit für eine unwillkommene Gegenwart benutzt wird.

Es bleibt festzuhalten, dass Selbst und Objekt wechselseitig aufeinander bezogen sind. Zusammenfassend kann man das Selbst als eine psychische Aktivität beschreiben, die – weil sie einen sicheren und vertrauten Zustand (wieder-)herstellen will – einen gewissen konservativen Charakter hat und sich konstruktiv und destruktiv auswirken kann.

Das Konzept des Selbstobjekts

Heinz Kohut hat seine Narzissmustheorie zu einer umfassenden Psychologie des Selbst weiterentwickelt und dabei einen für unsere Frage bedeutenden Begriff eingebracht: das Selbstobjekt (Kohut 1973). Er hat als erster die Entstehung des Selbst von den Beziehungsbedürfnissen und einem antwortenden Beziehungspartner her verstanden. Nicht körperbestimmte Triebwünsche, sondern ein Bedarf an Beziehung sind der Boden, auf dem das Selbst entsteht. Dieser für das Kind so wichtige Beziehungspartner wird von Kohut als Selbstobjekt beschrieben. In diesem zunächst paradox klingenden Begriff wird deutlich, was das Kind braucht: einen anderen, der aber als Teil des eigenen Selbst erlebt werden kann wie die eigene Hand und der zugleich als getrenntes Objekt ein anderer ist, der zum Erlernen und Aufrechterhalten der eigenen Selbstregulation notwendig ist. Es ist klar, dass die Mutter das erste und wichtigste subjektive Objekt, ein Selbstobjekt eben, für das

Kind ist. Die Selbstobjekt-Erfahrungen, die mit ihr gemacht werden, verdichten sich auf dem Weg der Verinnerlichung zur seelischen Struktur und ermöglichen es, dass sich das Kind in der Zeit kontinuierlich als Einheit erleben kann. Aber auch im späteren Leben ist der Erwachsene auf solche sein Selbst stabilisierenden Selbstobjekte angewiesen. Diese können sowohl Personen als auch Gegenstände[7] sein.

Selbstsymbole

Selbstobjekte brauchen Menschen ein Leben lang. Uns interessieren hier weniger die menschlichen Beziehungen, sondern die Beziehungen zu Gegenständen, die als Selbstobjekte der Regulation des eigenen Selbstgefühls dienen. Solche »Dinge«, zu denen der gesamte Bereich der Kultur gehört, nennen wir Selbstsymbole, weil in ihnen sowohl der subjektive Aspekt des Erlebens der eigenen Person als auch der objektive Aspekt der vorgegebenen Ding- und Kulturwelt enthalten ist. Ein solches Selbstsymbol ist also subjektiv und objektiv zugleich. Dem Wohnen als Vollzug und der Wohnung mit ihrer Einrichtung als vorgegebener Gegenstand kommt somit die Qualität eines Symbol-Objekts zu, welches dadurch zum Selbstsymbol wird, das es für den Einzelnen bedeutsam wird zur Regulierung eigener Selbstbedürfnisse wie Wohlbehagen, Kontakt, Abgrenzung usw.

Zunächst befriedigt das Wohnen ein fundamentales Sicherheitsbedürfnis. Die Integrität der Wohnung ist grundgesetzlich geschützt, der Schutz der Privatsphäre des Wohnens ein Grundrecht. Das Wohnen hilft, die Kränkungen und Herausforderungen des Lebens in Öffentlichkeit und Beruf auszugleichen. Der Rückzug in die Wohnung wird deshalb häufig auch als Belohnung für die Zumutungen des Lebens »draußen« erlebt. Nach einem Tag voller Stress erfreut man sich mit einem gemütlichen Abend zu Hause, und die Behaglichkeit dort ist wie Balsam für die Seele. Auch das Selbstwertgefühl kann durch die Wohnung gefördert und stabilisiert werden. Denn wir leben nie allein, es sind immer auch die Augen von bedeutenden Anderen, mit denen wir unsere Wohnung und deren Ausstattung anschauen. Wenn uns diese

7 H. Wahl (1994) hat in seiner umfangreichen Arbeit herausgearbeitet, dass auch Objekte der Kultur zu Selbstobjekten werden können. Vgl. dazu auch Odenthal 2002, S. 179–192.

Blicke Anerkennung verheißen, erfährt unser Selbstwert Aufwertung und Unterstützung.

Wohnen ist Ausdruck unseres persönlichen Stils und damit Symbol unserer Persönlichkeit. Das Einrichten, Gestalten, Verändern unserer Wohnung kann ein kreativer Ausdruck unserer Persönlichkeitsentwicklung sein, eine Inszenierung unseres Selbst, ein selbstsymbolischer Vollzug. Oftmals erfolgt auf innere Veränderungen das Bedürfnis, auch die Wohnung umzugestalten. Umgekehrt kann das äußerliche Verändern unserer Einrichtung einen neuen inneren Entwicklungsschritt begünstigen und fördern. Es sind die beiden gegenpoligen Aktivitäten des Sammelns und Entrümpelns, die für den Einzelnen Ausdruck selbstsymbolischer Regulation sein können. Lassen sie uns beides genauer anschauen.

Sammeln, Aufbewahren und Entrümpeln

Im Rahmen der Feng-Shui-Philosophie steht das Entrümpeln derzeit hoch im Kurs. Ratgeber empfehlen das Aufräumen und Wegwerfen als Akt der inneren Reinigung, Entleerung und Befreiung. Schon das Aufräumen eines Schreibtisches oder eines Zimmers kann dieses Gefühl des inneren Ordnens und Klärens bewirken, welches als angenehm und entlastend erlebt wird und wodurch wir in Kontakt zu uns selbst kommen. Dies funktioniert offenbar deshalb, weil die Dinge, die wir ansammeln, Teilaspekte unseres Selbst symbolisieren. Sie sind aufgeladen mit Erfahrungen, die beglückend oder belastend sein können, auch wenn uns das nicht immer bewusst ist. Wenn wir die Wohnung als eine Art Container verstehen, in der wir nicht nur funktional nützliche Gegenstände aufbewahren, sondern auch seelisch bedeutsame Erfahrungen in dinglicher Gestalt sammeln, dann drückt sich im Sammeln oder Wegwerfen gleichzeitig eine seelische Aktivität aus.

Dinge in unserer Wohnung stehen also für innere Objekte. Dies hängt mit der oben beschriebenen Fähigkeit zur Symbolisierung zusammen. Unsere Psyche hat die Tendenz, traumatisierende Erfahrungen unserer Lebensgeschichte gleichzeitig vergessen und erinnern zu wollen. Wer zum Beispiel als Kind Opfer von körperlichem oder seelischem Missbrauch wurde, isoliert die Erinnerung an diese Verletzung und kann sie nicht als zu seiner Lebensgeschichte gehörig erleben.

Stattdessen wiederholt er dieses Trauma, indem er z.B. andere in die Position bringt, sich missbraucht und benutzt zu fühlen. Oder er projiziert diese unbewusst gewordenen Erlebnisse auf Objekte, die er verfolgt und zu beseitigen sucht, in der Hoffnung, auf diese Weise die verletzende Erfahrung seines Lebens beseitigen zu können. So kommt es, dass der Hass auf bestimmte Objekte gerichtet wird, z.B. auf bestimmte Tiere, auf Menschengruppen, Institutionen oder Symbolfiguren. Indem diese Objekte verfolgt oder beseitigt werden, soll auch die dem Hass und der Wut zu Grunde liegende Verletzung bewältigt werden. Es muss aber nicht ein körperlicher Missbrauch vorliegen; auch die Erfahrungen, von den Eltern nicht genügend gesehen und verstanden worden zu sein, kann tiefe Verletzungen und Beschädigungen des Selbst bewirken, die als Hass auf bestimmte Objekte in Erscheinung treten.

Unter diesem Gesichtspunkt ist das Entrümpeln als ein Versuch zu verstehen, traumatische Erlebnisse, die nie durchgearbeitet und deshalb nicht ins eigene Selbst integriert werden konnten, zu beseitigen und sie los zu werden. Das macht das subjektive Entlastungs- und Befreiungsgefühl verständlich, das mit dem Entrümpeln und Entsorgen verbunden ist.

Unter dem Gesichtspunkt der Reinigung des Selbst von »bösen«, weil traumatisierenden Erlebnissen, ist das Entrümpeln mit der Aktivität des Säuglings vergleichbar, der alles Störende in der Beziehung zur Mutter beseitigen will. Melanie Klein sieht in dieser Tendenz nicht nur die Folge eines Traumas, sondern begreift sie als eine dem Menschen innewohnende natürliche Strebung. Wenn man die reale Welt außerhalb der intrauterinen Einheit mit der Mutter bereits als traumatisierend versteht, weil sie den auf Harmonie und Konfliktfreiheit abzielenden kindlichen Narzissmus stört, dann wäre tatsächlich das Trauma eine allen Menschen zukommende Erfahrung. Dies hängt mit der Tatsache zusammen, dass es eine Welt jenseits der Zweieinheit mit der Mutter, d.h. ein Leben jenseits des Paradieses gibt. Weil der Säugling diese traumatisierende Kränkung zu beseitigen sucht, spricht Melanie Klein davon, dass er in den Bauch der Mutter zurück will, um dort alles Störende zu entfernen, was dem ursprünglichen Zustand des Wohlbehagens im Wege steht: Symbolisch stehen die Innereien im Körper der Mutter für die Geschwister, den Vater oder überhaupt für die die Harmonie störende Realität. In gewisser Weise verhält sich der Säugling puristisch, um auf diese Weise den reinen Raum – sprich das ungetrübte Glück – zu erhalten. Möglicherweise lässt sich ein Abkömmling dieses Motivs in dem Streben nach Einfachheit und Klarheit wiedererkennen. Die Erotik puristisch gestalteter Räume bezieht ihren Reiz daher, dass nichts Störendes und Fremdes beseitigt werden muss, vielmehr der Raum zum reinen Träger von Fantasien und zur Projektionsfläche von wunschbestimmten inneren Bildern werden kann.

Das Entfernen und Beseitigen steht also im Dienst des Narzissmus und schützt das Selbst vor unangenehmen, konflikthaften Erfahrungen. Im Entrümpeln kehrt diese Aktivität in einer erwachsenen und verwandelten Gestalt wieder. Das gute Gefühl der Erleichterung und des Wohlbehagens, das sich nach einer Entrümpelungsaktion einstellen kann, wurzelt im narzisstischen Wohlbehagen, das durch solche Handlungen symbolisch herbeigeführt wird. Ist jedoch die innere Toleranz für konflikthafte Aspekte des Erlebens wenig ausgeprägt, kann sich das Entrümpeln zu einem nicht-integrierten Verhalten steigern, das Formen des Zwangs oder der Sucht annehmen kann. Zwanghafte Reinlichkeitsrituale gehören ebenso dazu wie das ständige Bedürfnis, neue Dinge zu kaufen, um sie bald darauf wieder zu entsorgen. Die innere Dynamik ist dabei in abgeschwächter und nach außen verlagerter Form dem Krankheitsbild der Anorexie und Bulimie verwandt.

Die dem Entrümpeln polar zugeordnete Aktivität ist die das Sammelns und Aufbewahrens. Dies kann noch präzisier als das Entrümpeln als eine selbstsymbolische Aktivität verstanden werden, durch die das Selbst vor Ängsten und vor einem inneren Zerfallen geschützt wird. Im Sinne des Übergangsgsobjektes von Winnicott und des Selbstobjekts von Kohut stehen die gesammelten Gegenstände für eine geliebte Person, von der es keine Trennung geben soll. Im Sammeln als selbstsymbolischer Aktivität werden die Beziehungs- und Liebeswünsche auf ein beseeltes Objekt übertragen, welches die Illusion aufrechterhält, nicht allein gelassen zu werden.

Fallbeispiel

Eine Analysandin bringt mir in einer der letzten Stunden ihrer Analyse ihre Puppensammlung mit und baut diese wie eine Familie auf der Couch auf. Sie spricht mit ihnen und inszeniert mit ihnen ein lebendiges

Beziehungsdrama, wobei es auch zu teils heftigen Aggressionen kommt: Sie schimpft mit ihnen, belohnt und bestraft sie. Vor meinen Augen entsteht ein äußerst lebendiges Beziehungsgeschehen, obwohl es, äußerlich betrachtet, nur leblose Objekte sind. Für Momente verschwimmt auch in mir die Grenze zwischen leblos und belebt, und ich bin Zeuge, wie stark die übertragenen Beziehungswünsche auf die Puppen sind und wie diese dadurch tatsächlich zum Leben erweckt werden. Für die im sozialen Leben eher isolierte und allein stehende ältere Frau war diese Form der Beziehung die für sie und ihre Möglichkeiten passende Weise, die ihr Selbst vor der Überflutung von Verlassenheitsängsten schützte.

Die Bindung an leblose Objekte, die gesammelt werden, kann natürlich auch im Dienste der Abwehr von Beziehungen zu Menschen stehen. In der Extremform kann der Sammler nur noch in der Welt seiner gesammelten Objekte leben und jeden Bezug zur Außenwelt verlieren. Die Sammlung garantiert dem Sammler einen sicheren Ort des Rückzugs von einer enttäuschenden Welt und gibt doch seinem Wunsch nach Beziehung Ausdruck. Vor allem durch frühe Beziehungen traumatisierte Menschen schützen sich auf diese Weise vor neuen Verletzungen und rächen sich z. B. an den versagenden Eltern, über die sie jetzt herrschen können, indem sie Macht über die Sammelobjekte haben. Als Kompromiss ist im Sammeln somit der Wunsch nach Beziehung, Liebe und Anerkennung ebenso ausgedrückt wie der Wunsch nach Unabhängigkeit und Schutz vor neuen gefürchteten Verletzungen und Versagungen im Kontakt mit anderen Menschen.

Das Sammeln weist aber auch noch andere Bezüge zum Narzissmus auf. Subkowski (2004, S. 344) nennt als Gewinn für den Sammler die Gewissheit, dass er in der Welt seiner Objekte der Experte ist und dass ihm niemand diesen Rang ablaufen kann. Damit werden tief sitzende Gefühle der Unzulänglichkeit und des Ungenügens zumindest vorübergehend kompensiert. Für die gesammelten Gegenstände in einer Wohnung bekommt der Besitzer in der Regel von anderen, die ihn aufsuchen, Anerkennung, Bewunderung und sogar Neid, was ja eine intensive Form der Anerkennung sein kann.

Oftmals stehen die gesammelten Gegenstände auch für jenen Aspekt des eigenen Selbst, der idealisiert wird. So wertvoll und bedeutend wie der Gegenstand oder seine Urheber oder das durch ihn bezeichnete möchte der Besitzer auch gerne sein. Die Objekte erhöhen das Selbstwertgefühl und verleihen dem Besitzer den Glanz der Bedeutsamkeit, der sich zur Unsterblichkeitsfantasie steigern kann. Dem Sammeln wohnt diese Dimension der Abwehr der eigenen Sterblichkeit, die ja die größte Kränkung für den Narzissmus ist, inne. Auch der Wunsch, gesammelte Objekte an die Nachfahren weiterzugeben, lässt das eigene Selbst den Tod in der Fantasie überdauern. Die Stifter bedeutender Museen, die ihre Kunstsammlungen der Öffentlichkeit übergeben, werden auf diese Weise unvergesslich, vor allem, wenn die Museen und Sammlungen nach ihren Namen benannt sind.

Wohnen als Ritual

Wohnen geschieht im Alltag selbstverständlich und fraglos; es läuft nach bestimmten, meist unbewussten Regeln ab, und es bekommt dadurch eine rituelle Dimension. Ein Ritus definiert sich u. a. dadurch, dass er nicht bewusst vollzogen werden will und dass er nicht durch eine willentliche und durchdachte Entscheidung herbeigeführt wird. Rituelles, unreflektiertes Tun stellt für den Einzelnen eine gewisse Selbstverständlichkeit in Handlungsabläufen dar und bewirkt so eine Entlastung von ständigem Entscheidungsdruck. Der Ritus gibt Sicherheit und verwandelt fragwürdige Situationen in fraglose. Um etwa das Einschlafen abends nicht als Krise erleben zu müssen, den der Übergang vom Wachbewusstsein zum Schlaf durchaus darstellt, gibt es Zu-Bett-Geh- und Einschlafrituale. Auch die Krise einer Krankheit wird von medizinischen Handlungen mit ritueller Bedeutung begleitet und diese verwandeln so den Ausnahmezustand des Krankseins in einen medizinisch normalen Zustand, was der Kranke als entlastend erlebt.

Rituelle Alltagshandlungen bewirken darüber hinaus eine Entsorgung von Affekten und Gefühlen in übergangshaften und bisweilen krisenhaften Situationen und lassen die Beteiligten handlungsfähig bleiben. Ein Abschiedsritus, den eine Mutter mit ihrem Kind bei der morgendlichen Übergabe in den Kindergarten vollzieht, entlastet beide davon, jedes Mal traurig sein zu müssen angesichts dieser kurzfristigen Trennung, ohne dass das Gefühl der Trauer verdrängt werden müsste. Im rituellen Tun, wenn z.B. die Mutter ihrem Kind jedes Mal so lange winkt, bis der Blickkontakt endet, symbolisieren beide ihre Wünsche und Gefühle, z.B. die nach Verbindung und Trennung, ohne sie emotional ausleben zu müssen und damit von der Situation immer wieder überfordert oder gar handlungsunfähig zu werden. Sowohl Alltagsriten als auch Riten im Bereich von Öffentlichkeit, Politik und Kultur haben diese Funktion der Entlastung von Einzelnen oder Gruppen: Sie symbolisieren etwas, ohne dass die Beteiligten den ganzen emotionalen Bedeutungsgehalt eines Vorgangs erleben müssen.

Die Riten, die sich auf das Wohnen beziehen, lassen sich sowohl den Alltagsriten als auch den quasi-religiösen Riten zuordnen. Zu letzteren gehören bestimmte, im Kreislauf eines Jahres immer wiederkehrende Handlungsmuster, die in der Regel unabhängig von Stimmung und Befinden durchgeführt werden. Man denke etwa an die Bräuche zu den Festtagen, vor allem natürlich zu Weihnachten. Der selbstverständlich aufgestellte Weihnachtsbaum garantiert allen Beteiligten die Wiederkehr von etwas Vertrautem, das nicht zur Disposition stehen darf. Es kann vorkommen, dass sich z.B. die größer werdenden Kinder über den Weihnachtsbaum aufregen, aber heftig protestieren, wenn er im nächsten Jahr nicht aufgestellt werden soll. Solche Riten geben eine vertraute Sicherheit, die trotz aller Distanzierung erhalten bleiben soll.

Die eigene Wohnung und ihre Einrichtung kann so zur selbstsymbolischen Erfahrung werden, d.h. im Wohnen drücken sich die unterschiedlichsten Bedürfnisse aus, die das Selbst braucht, um sich zu regulieren und damit vor Zerfall und Bedrohung zu schützen. Dieser selbstsymbolische Ausdruck des Wohnens kann aber auch entgleisen. Wohnen dient dann nicht mehr dem Selbst-Ausdruck, sondern der Selbst-Abwehr; es gerät zur Maskerade für ein Selbst, dass sich versteckt, weil es sich schämt.

Das leere Selbst und die Wohnung als »Maske der Scham«[8]

Die Scham wurzelt im Prozess der psychischen Entwicklung des Menschen. Diese ist von Beginn an Gefährdungen ausgesetzt, weil das Neugeborene auf eine haltende, versorgende und freundlich reagierende Umgebung angewiesen ist. Das Kind verfügt praktisch über keine Instinkte, die ihm das Überleben sichern. Es braucht Eltern, die als eine

8 So der Titel eines Buches von Leon Wurmser (1990).

Halt gebende, sichere und verlässliche Stütze vorhanden sind und die ihm als emotionaler Resonanzboden zur Verfügung stehen. Auf diese Weise entstehen für das Kind Selbstobjekte, die es für sich nutzen kann. Misslingt dieser Prozess, wird der Mangel an Empathie zu groß, entsteht ein geschwächtes und entleertes Selbst. Der Erwachsene fühlt sich ausgehöhlt, wertlos, beziehungslos. In ihm herrscht die beschämende Überzeugung vor, ein kleines, dummes und unbedeutendes Kind in der Welt der Großen und Erwachsenen geblieben zu sein. Quälende und beschämende Minderwertigkeitsgefühle sollen durch Identifizierung mit großen Anderen – in der Psychotherapie ist es regelmäßig der Analytiker – beseitigt werden. Die eigene Person wird als mangelhaft und minderwertig erlebt. Ein solcher Mensch erlebt sich als nicht liebens- und achtenswert. Deshalb ist die Scham der zentrale Affekt bei diesen Selbst-Störungen und das Schamgefühl treibt die Patienten dazu an, das schwache und unansehnliche Selbst zu verbergen und zu verstecken. Mit maskenhaftem Verhalten, So-tun-als-ob-Gehabe, Oberflächlichkeit, Arroganz, Überheblichkeit und Entwertung soll dieser Defekt unsichtbar gemacht werden.

Eine andere Form, die Scham zu beseitigen, ist die Idealisierung. Die Idealisierung grandioser Objekte wie der Paradiesvorstellung und der Identifizierung mit Gott, einer gottähnlichen Figur oder einer grandiosen Idee, dienen der Verleugnung von extremer Hilflosigkeit und Abhängigkeit und von unerträglichen Leeregefühlen des eigenen Selbst. Die Identifizierung mit Idealen wird um jeden Preis gesucht – koste es, was es wolle –, um das Selbst vor Leeregefühlen, Zerfall oder Auflösung zu retten. Die Aggression, dem mäßigenden Einfluss der Liebe beraubt, dient der Erreichung dieses Zieles und kann sich ungehindert durchsetzen, gegen das Objekt oder gegen das eigene Selbst. Hinter destruktiven Handlungen verbirgt sich intensiver Neid, ausgelöst von an Verrücktheit grenzenden Größenvorstellungen. Insgeheim werden sogar Tod und Zerstörung als allmächtige Lösungen für alle Probleme verherrlicht, ohne die mühsamen Schritte normaler Individuation gehen zu müssen. Diese innere Instanz funktioniert wie eine »kriminelle Bande«, die mit rücksichtsloser Gewalt ihre omnipotenten Ziele gegen andere oder gegen das eigene Selbst durchsetzen will. Im Terrorismus zeigt sich die nach außen gewendete Seite dieser Gewaltbereitschaft, die auf Kränkung und Verletzung zurückzuführen ist.

Diese Phänomene werden in der Psychoanalyse mit den Begriffen des »pathologischen Narzissmus«, des »malignen Narzissmus« und der »Perversität« beschrieben (Kernberg 1988, S. 153–170). Mit letzterem ist die Umkehr von Gut in Böse, von Liebe in Hass, von Gegenseitigkeit in Ausbeutung gemeint. Grunberger (siehe Teil III, Kap. 11) ordnet diese Entwertung und Ausbeutung des anderen der analen Entwertung zu, die der Aufrechterhaltung der narzisstischen Wiedervereinigung mit der frühen Mutter dient. Alles, was der Rückkehr in dieses Paradies im Wege steht, wird mit äußerster Gewalt beseitigt. Dabei muss jedoch immer gesehen werden, dass bei diesen Selbststörungen die Gewalt nicht aus Bösartigkeit geschieht, sondern aus der Not eines leeren und fragmentierten Selbst und insofern einen verzweifelten Heilungsversuch der Scham darstellt.

Dieser destruktive Versuch der Selbstheilung im Sinne der regressiven Wiederherstellung eines als heil fantasierten ursprünglichen Zustandes zielt deshalb auf die Eliminierung des störenden Fremden ab. Es geht dem gestörten Selbst um die aggressive »Ausstoßung von als fremd identifizierbaren Erlebensinhalten in einer noch nicht oder nicht mehr symbolhaft dargestellten Gestalt« (Seidler 2002, S. 12).

Um die Fantasie von der Ungeschiedenheit im paradiesischen Universum aufrechtzuerhalten, wird der oder das Dritte, das diese Glückseligkeitsfantasie behindert oder zerstört, ausgeschieden, verfolgt und vernichtet. Das Fremde kann keine Neugier und Kontaktwünsche mehr mobilisieren, sondern nur noch Angst und Abwehr hervorrufen. Die Intoleranz gegenüber allem Begrenzenden, Konflikthaften und Störenden geht einher mit einer Idealisierung von solchen Vorstellungen, die das eigene schwache und hilfsbedürftige Selbst stützen. Verachtung, Entwertung, Spott und Hohn gelten dem Anderen, während Allmachts- und Auserwähltheitsfantasien auf das eigene Selbst bezogen werden.

Eine andere Form dieses verzweifelten Heilungsversuchs des Selbst ist die Verschiebung der Fantasie des defekten Selbst auf den Körper, wie dies etwa bei bulimischen und anorektischen Patienten auftritt, aber auch in Form von selbstschädigendem Verhalten wie z. B. Drogen, übertriebenen Sport, suizidale Handlungen oder auch eine übermäßige Ästhetisierung des eigenen Körpers, wie sie in der modernen Körper- und Fitnesskultur bisweilen betrieben wird. Damit kommen wir nun wieder zum Wohnen zurück. Auch die Wohnung kann wie ein verunglücktes Selbstobjekt benutzt werden. Sie wird dann mit Fantasien belegt, die das beschädigte Selbst schützen.

Heutige Wohnformen, von Trendbeobachtern als »cocooning« und »homing« bezeichnet, weisen unter Selbstobjekt-Aspekten also ein Doppelgesicht auf. Einerseits ermöglichen sie es dem Einzelnen, Inseln des Wohlbehagens, der Entspannung und des Auftankens zu schaffen. Andererseits können sie dazu beitragen, die Angst vor dem Fremden und Bedrohlichen, das jenseits der eigenen vier Wände angesiedelt wird, zu fördern. Bürgerliche Wohnkultur ist vor dieser Gefahr nie sicher gewesen. Die »my-home-is-my-castl«-Einstellung spiegelt diese Abschottungstendenz gegen das Öffentliche wider. Die Analysen zum destruktiven Narzissmus haben ja gezeigt, dass die Destruktivität nicht einfach einem dem Menschen innewohnenden Aggressionstrieb zugeschrieben werden kann, sondern eine Tendenz des Selbst darstellt, sich gegen fantasierte Störungen des Wohlbefindens zu wehren. Die Austauschprozesse zwischen innen und außen sind gestört. Insofern die eigenen vier Wände als Aktivierung des pränatalen Zustandes der Sicherheit und des Wohlbehagens zu verstehen sind, zeigen sie eben auch ihr Doppelgesicht. Neben dem das eigene Selbst abgrenzenden Verhalten durch Rückzug ins Innere des Hauses oder der Wohnung entsteht immer auch Aggression gegen jene, die die gewünschte Sicherheit stören können. Man denke hier an die oft konflikthaften Beziehungen zu Nachbarn, an Streitereien, die oft wegen Kleinigkeiten ausbrechen und sich zu offenen Feindseligkeiten und Aggressionen steigern können. Grenzziehungen nach außen wie Zäune, Mauern, Hecken sollen als Immunisierungstechniken das empfindliche Sicherheitsbedürfnis schützen. Falls jemand diese Grenze nicht respektiert, wird mit Aggression oder Gewalt reagiert. Auch innerhalb eines Hauses oder einer Wohnung kann sich unter den Bewohnern solche Aggression entladen, wenn der eigene Rückzugsbereich gefährdet ist, entweder real oder auch nur in der Fantasie.

Als weiterer Heilungsversuch des Selbst kann auch eine entartete, pathologische Form des Sammelns verstanden werden, die als das Messy-Syndrom bekannt ist. Die Fähigkeit, sich von Dingen auch wieder zu trennen, ist verloren gegangen. Wie unter Zwang muss alles aufbewahrt werden, bis der Betreffende unter der Vermüllung zu ersticken droht. Dieser obsessive Charakter des Aufbewahrens entspringt einer tiefen Angst, mit der Trennung von Gegenständen das eigene Selbst zu verlieren und sich selbst los zu sein. So gesehen kann diese Form des Wohnens als eine Art Rettungsversuch für ein Selbst verstanden werden, das von Ängsten überschwemmt zu werden droht.

Kreativität statt Erlebnisschablone

Wohnen kann auch dann zu einem nicht-authentischen Vollzug des Selbst verkommen, wenn es nur noch von außen vorgeprägt ist. Hier ist an die von der Architektur besorgte Vorprägung der Wohnung gedacht, in der sie gesellschaftliche Normen und scheinbar selbstverständliche Lebens- und Wohnordnungen transportiert. Wer stellt sich schon die Frage, ob diese Vorgaben sinnvoll sind und so sein müssen. Wieso muss eine Wohnung die traditionelle Aufteilung in Wohn- und Schlafzimmer, Kinder- und Arbeitszimmer aufweisen? Warum muss der rechte Winkel die herrschende Norm sein? Wer eine Wohnung betritt etwa bei einer Besichtigung, dem tritt diese Wohnung als etwas Vorgegebenes und Objektives entgegen und lässt einen glauben, diese objektive Wohnwelt müsse so sein, hinter ihr verberge sich eine tiefere, richtige Lebensordnung. Warum muss eine Schlafzimmereinrichtung aus oft überdimensionalen Kleiderschränken und den dazu passenden Betten bestehen? Die vorgestanzten seriellen Drei- oder Vier-Zimmer-Wohnungen sind dann ein Zeichen dafür, dass die Individuen zu einem passenden und erwartbaren Wohnverhalten gebracht werden sollen und zum entsprechenden Konsumverhalten. Der inzwischen verstorbene Frankfurter Kulturpsychoanalytiker Alfred Lorenzer spricht von Erlebnisschablonen, über die eine Gesellschaft auf das Individuum zugreift und es auf diese Weise domestiziert. In den vorgefertigten Wohnungen werden Lebensordnungen präsentiert, durch die die Sinnlichkeit des Menschen modelliert wird. Was Lorenzer von Konsumgütern und den Waren allgemein sagt, gilt in besonderer Weise für die Wohnung. Mit ihrer Vorprägung geht es um »Einkanalisierung«: »Die Technokratie der Sinnlichkeit waltet nicht in den nächtlichen Schreckenskammern der traditionellen Triebunterdrückung als Verdrängung, sondern bietet ihre Ware bei Tage auf offenem Markt an …« (Lorenzer 1981, S. 172).

In den seriellen, fabrikmäßig gefertigten »Wohnmaschinen« (Le Corbusier), hat sich die Bemächtigung der Sinnlichkeit über die Präsentation von vorgestanzten Wohneinheiten in der Moderne durchgesetzt. Einen ihrer Höhepunkte und ihre gefährliche Verbindung mit totalitären Regimen fand diese Entwicklung in den berühmt-berüchtigten Plattenbauten der DDR, in denen Wohnen durch architektonische Zwangsmaßnahmen vorstrukturiert und die dritte Haut auf diese Weise unter Kontrolle gebracht wurde. Der Staat folgte dabei der Logik aller totalitären Regime, wenn sie versuchen, sich über den Zugriff auf die Kunst und die Architektur der Sinnlichkeit zu bemächtigen, weil sie fürchten, dass sich hierhin das freie und autonome Individuum der Kontrolle entziehen und den herrschenden Geschmack – und damit die propagierte Lebensform – subversiv unterwandern könne. Die Wohnung verkommt zur Schablone, in der sich der Einzelne weniger in seiner Individualität, als vielmehr in seiner Übereinstimmung mit den vorgedachten Lebensordnungen und den verordneten Wohnformen zeigen soll.

Demgegenüber wäre für das Wohnen jene Haltung der Kreativität zu entwickeln, die Winnicott als eine »Tönung der gesamten Haltung gegenüber der Realität«(1979, S. 79) bestimmt. Gemeint ist damit eben nicht, sich mit Kunst oder Designer-Einrichtungsgegenständen zu umgeben, sondern den Umgang mit der Wohnung überhaupt als einen selbstschöpferischen Lebensvollzug zu begreifen. Dazu gehört dann u.a. die Fähigkeit, die eigenen vier Wände als Selbstsymbol im oben genanten Sinn erleben zu können, aber auch die alltäglichen rituellen Wohnvollzüge als Realisierung von Augenblicken zu erleben, in denen der Einzelne vorkommt und präsent ist.

III. »Wir sollen heiter Raum um Raum durchschreiten«[9]: Pränatale Psychologie und Wohn-Selbst

9 Hermann Hesse (1941): Stufen. G.W. I, S. 119.

A. Vorgeburtliche und geburtliche Grunderfahrungen für das Wohnen

1. Vom äußeren zum inneren Raum: Vom Wohn-Ich zum Wohn-Selbst

Im ersten Teil wurde auf den Zusammenhang zwischen der Entwicklung der Raumwahrnehmung und der Evolution des Bewusstseins hingewiesen. Nachdem sich der Mensch im Laufe der Entwicklung des Menschengeschlechts aus dem übergeordneten Raum der Natur und später aus den jenseitigen religiös-metaphysischen Bezügen gelöst hatte, erschien ihm der Raum, der ihn umgab, nicht mehr als Teil eines größeren, übergeordneten Ganzen, sondern als etwas Absolutes. Der Raum wurde nun in seiner physikalischen Beschaffenheit als Länge mal Höhe mal Breite wahrgenommen. Kant erklärte den Raum zu den objektiven Vorgaben menschlicher Erkenntnis. Einstein schließlich relativierte diese Auffassung vom Raum als objektiver Größe und definierte ihn als »Lagerungsqualität von Körpern«, kurz, als Beziehungsverhältnis.

Dieser Entwicklung liegt offenbar eine bestimmte Psychologik zu Grunde, die sich in den entwicklungspsychologischen Phasen der individuellen Entwicklung des Menschen widerspiegeln. Zuerst muss sich das Kind aus dem umgebenden Raum, den die Mutter darstellt, gelöst haben, um ihn als ein Gegenüber erleben zu können. Wenn diese Differenzierung und Abgrenzung gelungen ist, geht es darum, den Raum wieder als Teil der eigenen Innenräumlichkeit, als äußere Symbolisierung des inneren Verbundenheitsgefühls mit einem größeren Ganzen zu entdecken. Die beiden Stationen auf diesem Entwicklungsweg werden hier mit den Begriffen »Wohn-Ich« und »Wohn-Selbst« beschrieben. Das Wohn-Ich entspricht dem abgegrenzten Ich-Bewusstsein. Entwicklungspsychologisch ist es die spätere Instanz, welche Trennung und Differenzierung voraussetzt. Mit dem Wohn-Ich nehmen wir die uns umgebende Wohnung als getrennt von unserem Ich wahr, als Gegenüber, als Raum, den wir betreten und verlassen, gestalten und verändern können. Für das Wohn-Ich bleibt die Wohnung ein Gegenüber, eine von uns getrennte physikalische Größe.

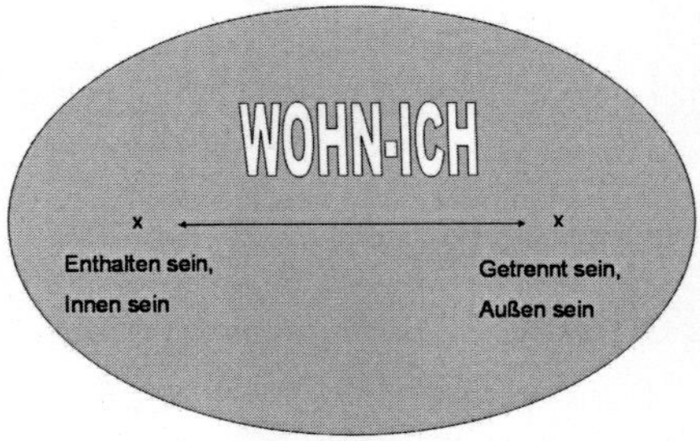

Abb. 44: Eigene Grafik

Als Wohn-Ich nimmt der wohnende Mensch seine ihn umgebenden Wände als äußere, faktische und objektiv vorhandene Begrenzung bewusst wahr und kann mit ihnen öffnend und schließend umgehen. Damit reguliert er sein Ich-Gefühl, wie wir im zweiten Teil ausführlich beschrieben haben.

Abb. 45: Eigene Grafik

Das Wohn-Selbst entspricht der eher unbewussten Raumwahrnehmung und basiert auf einer vorgeburtlichen Erlebnismatrix, sowohl individuell als auch kollektiv. Im ersten Teil wurde sichtbar, dass der Kulturprozess des Raumschaffens dadurch einsetzt, dass sich der frühe Mensch durch einfaches Grenzen-Setzen von der ihn umgebenden Natur ablöst. Menschheitsgeschichtlich fällt diese Kulturleistung mit dem Wechsel der Lebensform vom Nomaden zum sesshaften Bauern in der neolithischen Revolution zusammen. In den europäischen Aufklärungsprozessen hat sich diese Revolution noch einmal wiederholt: Die Abgrenzung von einem umfassenden metaphysischen Raum wurde nun vollzogen und hat das sich als autonom begreifende Individuum hervorgebracht. In den Räumen und im Wohnen – so die hier zu entfaltende These – sind, wie in einem kulturellen Gedächtnis, der Akt der Vertreibung aus dem natürlichen Paradies und der Verlust eines sicheren und schützenden jenseitigen Ortes aufgehoben. Im Wohn-Selbst sind die frühen und frühesten Erfahrungen des Enthalten- und Umhülltseins aufbewahrt. Dem Wohnen liegt somit auch in dieser Perspektive ein unbewusster Sinn zu Grunde, den eine psychoanalytische Sicht der vorgeburtlichen Lebenszeit und der Geburtserfahrungen freizulegen sucht, wobei sie wegen der vielleicht neu und fremd erscheinenden Vorstellungen keinesfalls der unmittelbaren Zustimmung des sog. gesunden Menschenverstandes sicher sein kann.

In diesem Teil werden die wichtigsten Aspekte einer Psychoanalyse der Geburt und der vorgeburtlichen Lebenszeit zusammengetragen entlang der wichtigsten »Klassiker«. Dadurch soll die Veränderung in der Einschätzung dessen sichtbar werden, was und wie das vorgeburtliche Kind erlebt. Eine anfänglich idealisierende Einschätzung (Rank, Graber) weicht einer zunehmend realistischeren Sicht auf das Erleben des Fötus (deMause), die auch den Ergebnissen heutiger pränataler Psychologie standhält. Die Klassiker sind auch deshalb so bedeutsam, weil bei ihnen stets ein kulturanalytisches Interesse vorhanden ist, was sie für unsere Fragestellung nach der Bedeutung vorgeburtlichen und geburtlichen Erlebens für das Verständnis des Wohnens so interessant macht.

Unser seelisches Leben beginnt nicht erst mit der Geburt. Die vorgeburtliche Lebenszeit ist eine Phase intensiven Austauschs zwischen der Mutter und ihrem Kind. Das vorgeburtliche Kind verfügt über Fähigkeiten der Sinneswahrnehmung, die viel früher »gelernt« werden als man früher angenommen hat[10].

10 Ein Überblick über den aktuellen Stand der pränatalen Psychologie findet sich in den beiden neuesten Publikationen zur vorgeburtlichen Lebenszeit, in denen auch die wichtigste Literatur zum Thema aufgeführt ist: Alberti (2005) und Krens/Krens (2005).

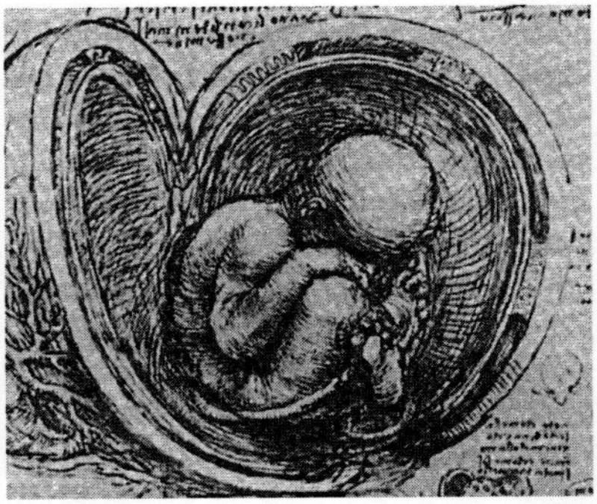

Abb. 46:
Leonardo da Vinci

Es werden im Weiteren jene Räume und Übergangsräume erkundet, auf die das Wohn-Selbst zurückgreift, wenn es von der äußeren zur inneren Raumwahrnehmung voranschreitet. Der von mir gewählte Begriff des Wohn-Selbst ist sehr verwandt mit dem, was Gustav Hans Graber mit dem »unbewussten Selbst« bezeichnet. Graber, dem Gründer der »Internationalen Studiengemeinschaft für pränatale Psychologie« im Jahr 1971, kommt das besondere Verdienst der Vermittlung von pränataler Psychologie, Psychoanalyse und akademischer Psychologie zu. Auch suchte er nach Verbindungen seiner Erkenntnisse über das pränatale Leben und der Bewältigung der Geburt in der späteren Lebensgestaltung, was über den therapeutischen Bereich hinausweist und ihn für die kulturanalytische Frage nach der unbewussten Bedeutung des Wohnens interessant macht (Graber 1966). Sloterdijk bescheinigt ihm, dass ihm die »Entdeckung der Passage zwischen Therapeutik und philosophischer Psychologie« (Sloterdijk 1993, S. 291) gelungen sei und baut den ersten Band seiner *Sphären*-Trilogie u.a. auf Grabers Konzeption auf. Im gleichen Jahr, in dem Ranks Buch *Das Trauma der Geburt* 1924 erschien, veröffentliche Gustav Hans Graber sein Erstlingswerk *Die Ambivalenz des Kindes* (1924), welches heute unter dem Titel *Ursprung, Einheit und Zwiespalt der Seele* vorliegt. Im Wechsel von der vor- zur nachgeburtlichen Daseinsweise sieht Graber die Grundstörung der menschlichen Existenz schlechthin.

Dabei fällt die Parallelität von nachgeburtlichem Raumerleben und vorgeburtlicher mutterleiblicher Raumerfahrung sofort ins Auge. Wenn man versucht, das Raumerleben des Erwachsenen in Verbindung zu bringen mit vorgeburtlichen Erfahrungen, also mit dem Aufenthalt im Urraum des Mutterleibes und der Trennung daraus, dann steht und fällt dieser Versuch damit, ob sich eine solche »Erinnerung« plausibel machen lässt. Darauf wird im fünften Kapitel dieses Teils noch einzugehen sein. Hier sei nur schon einmal erwähnt, dass die moderne Hirnforschung Erinnerung und Gedächtnis anders versteht als es die traditionelle Computeranalogie vom Abspeichern von Informationen in vorhandenen Dateien, sprich entwickelten neurologischen Strukturen, nahe legt.

2. Der Raum der Empfängnis und Einnistung

Um den Zugang zu den frühen Räumen zu finden, wird im Folgenden die Mutter und ihr vorgeburtliches Kind im Mittelpunkt stehen; der Vater kommt aus der Natur der Sache heraus dabei zunächst weniger vor. Das bedeutet aber nicht, dass der frühe, im Mutterleib stattfindende Werdeprozess des Kindes nach der Zeugung ganz ohne den Dritten im Bunde abläuft.

Die Metapher von Hermann Hesse, wonach der Lebensweg als ein Durchschreiten von Räumen vorgestellt wird, möchte ich hier aufgreifen, weil für die frühen, vorgeburtlichen Werdeprozesse des Menschen das Bild vom Raum nicht nur ein Bild ist, sondern eine körperliche Gestalt darstellt, aus der heraus sich der Mensch entwickelt. Vom Augenblick der Empfängnis bis zur Geburt spielen räumliche Gebilde eine große Rolle. Nach der Geburt wird die Vorstellung vom Raum und Übergangsraum zwischen Mutter und Kind zu einer Metapher, die sich aus den Wurzeln vorgeburtlicher Körper-Räumlichkeiten im Prozess der Entstehung menschlichen Lebens speist.

Die Entwicklung von Sperma und Eizelle zum Embryo, vom Fötus zum Säugling, vom Kind zum Erwachsenen und schließlich der Prozess des Sterbens werden nicht nur in der Literatur als ein Durchschreiten von Raum zu Raum, wie von Hermann Hesse, beschrieben:

> »Wir sollen heiter Raum um Raum durchschreiten,
> An keinem wie an einer Heimat hängen,
> (...)
> Es wird vielleicht auch noch die Todesstunde
> Uns neuen Räumen jung entgegensenden (...)« (Stufen. G.W. I, S. 119).

Auch die pränatalen Psychologen benutzen dieses Bild, weil es offenbar nahe an das heranreicht, was tatsächlich geschieht. Mit der Verschmelzung von Samen- und Eizelle konstituiert sich ein erster Raum, den die Eizelle in ihrer Kugelgestalt zur Verfügung stellt. Diese verfügt über einen großen Innenraum und ist die größte Zelle im menschlichen Körper, groß wie ein Sandkorn und mit dem bloßen Auge sichtbar (Abb. 47). Der neue entstehende Raum verbindet die beiden polaren Bewegungen von Samen- und Eizelle: Die externe Beweglichkeit der Samenzelle verbindet sich mit der intrazellulären Aktivität der Eizelle zu einer neuen Teil-Ganzheit (vgl. van der Wal/van der Bie 2005, S. 38–43).

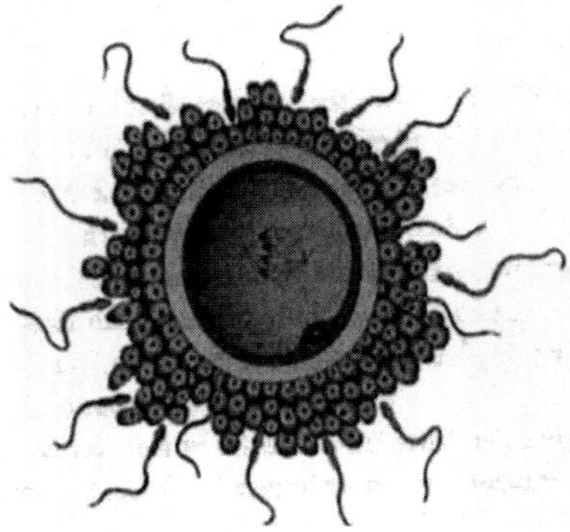

Abb. 47:
Ei- und Samenzellen, aus: Krens, Inge/Krens, Hans (Hg.) (2005): Grundlagen einer vorgeburtlichen Psychologie. Göttingen, S. 40

Aus zwei Teilen wird ein Ganzes, welches wiederum Teil von etwas anderem ist. Diese Blastula genannte frühe Gestalt des Embryos in der ersten Schwangerschaftswoche gleicht einer Blase, deren Hohlraum in der Mitte mit Flüssigkeit gefüllt ist. Sie wird umgeben von einem äußeren Mantel, dem Trophoblast, der später als erste »zweite« Haut zur Plazenta heranwachsen wird. Seine Aufgabe besteht darin, den Kernkörper, den eigentlichen Embryo, mit Nahrung zu versorgen. Zwei Körper in Einem, so kann man diese frühe Lebensform des Menschen beschreiben. Als polare Teil-Ganzheit bildet der Embryo eine eigene Entität und ist nicht Teil des mütterlichen Organismus. Mit seiner Einnistung in die Gebärmutterschleimhaut beginnt eine umfassende Umwälzung in der Gestalt des Embryos: War er bisher passiv und ohne eigene Vitalität, beginnt er nun, alle Eigenschaften eines lebenden und wachsenden Organismus zu zeigen. Diesen Vorgang der Einnistung kann man von Seiten der Mutter begreifen als Bereitschaft und Fähigkeit, in sich einen Raum bereitzustellen, der ab jetzt als erster Kommunikationsraum den Austausch zwischen Embryo und mütterlichem Organismus ermöglicht[11]. Die Raumvorstellung als Zwischenraum zwischen Mutter und

11 Diese Sicht, die Einnistung als Bereitstellung eines Raumes zu verstehen und nicht als biologische Aggression von Seiten des Embryos, der durch vorhandene Grenzen eindringt, wird von Vertretern der phänomenologischen Embryologie bevorzugt. Vgl. dazu van der Wal/van der Bie (2005).

Embryo setzt voraus, dass es sich um zwei getrennte Wesen handelt, denn nur zwei können einen Zwischenraum bilden; die Raumvorstellung setzt also bereits die Idee der Zweiheit und Getrenntheit voraus.

Angeregt durch tiefe Regressionen in seiner eigenen Analyse, hörte Graber nicht mehr auf, die intrauterinen Lebensbedingungen bis in die Anfänge von der Verschmelzung von Ei- und Samenzelle zu erforschen. Er postuliert für das vorgeburtliche Selbst eine ursprüngliche Einheit und Verbundenheit, die gleichsam als Engramm in die früheste Seelenschicht eingraviert ist. Dieses ursprüngliche Einheitsgefühl, welches als früheste Erfahrung im unbewussten Selbst enthalten ist, leitet er aus der Leib-Seele-Einheit der befruchteten Eizelle ab. Es ist für ihn nicht so, dass zu der sich entwickelnden Eizelle später so etwas wie eine Seele hinzutritt, sondern er glaubt, dass von Anfang an die Urzelle die Seele und den Leib in sich vereint: »Leib und Seele entwickeln sich demnach als Ganzheit von der befruchteten Urzelle an im Mutterleib bis zur Reife vor der Geburt. So wie der ›fertige‹ Leib bei der Geburt zur Welt kommt, so auch die unbewusste, ausgereift-ganzheitliche Seele: *das unbewusste Selbst*« (Graber 1924, S. 12).

Festzuhalten bleibt, dass die ersten Erfahrungen des werdenden Kindes sich als räumliche beschreiben lassen, und zwar in einer doppelten Hinsicht: Als Enthaltensein in einer umgebenden Hülle (Blastula, Gebärmutterschleimhaut), also als Erfahrung des Teilseins *und* als Erfahrung des Abgegrenztseins und der Eigenheit gegenüber dem mütterlichen Organismus. Der Begriff »Teil-Ganzes« (Wilber) beschreibt sehr zutreffend diese frühe Einheit, Verbundenheit und Getrenntheit.

3. Der vorgeburtliche Raum der Reifung

Die intrauterinen Lebensbedingungen sieht Graber als so günstig an, dass sie die Einheitserfahrung des Ungeborenen nicht durch Spaltungen und Konflikte gefährden. Eine idealisierende Tendenz bei der Schilderung der vorgeburtlichen Daseinsform ist dabei nicht zu übersehen: »Wohl nirgends im ewigen Wachstum der Natur gibt es ein ungestörteres Geschehen und Entfalten als an diesem Ort, der sich dem Unbewussten des Menschen unauslöschbar als *Urbild aller Paradieses- und Nirwanavorstellungen* eingeprägt hat und immer wieder einprägt« (ebd., S. 24).

Die Fötus-Darstellung »Pulcherrima« von Anita Glatzer (Abb. 48) spiegelt diese idealisierende Paradiesesvorstellung für den vorgeburtlichen Zustand wider. Die sich darin ausdrückende frühe Seelenschicht der Einheitserfahrung ist noch nicht geprägt von den drei großen Polaritäten, die erst mit der Geburt als der großen Grundstörung die Entwicklung des Ichs vorantreiben, nämlich Lust/Unlust, Subjekt/Objekt und Aktivität/Passivität. Im vorgeburtlichen unbewussten Selbst herrscht die Erfahrung der Einheit, die sich im Lebenslauf als Quelle von Glück und Selbstverwirklichung erweisen wird, wenn das erwachsene Ich zu dieser verschütteten Seelenschicht vordringt. Die Verdrängungsschranke, die zwischen dem wahren, einheitlichen vorgeburtlichen Selbst und dem nachgeburtlichen Ich besteht, wird durch die traumatische Erfahrung der Geburt hervorgerufen.

Der monadische Urraum

Der Erfahrung der vorgeburtlichen Zweieinheit als dem »Ort«, an dem eine erste Raumerfahrung entsteht, widmet sich auch der in Paris lebende kürzliche verstorbene ungarische Psychoanalytiker Béla Grunberger. Er verbindet die Erfahrungen des Fötus mit einer Theorie des Narzissmus, die in der Monade ihren Ausgang nimmt.

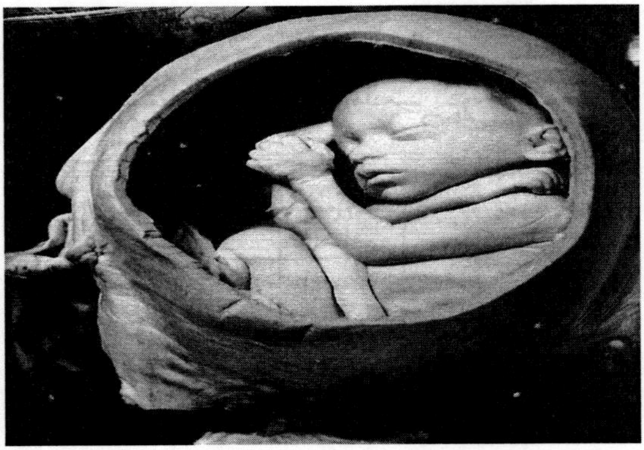

Abb. 48: Anita Glatzer, Pulcherrima. Aufgenommen im pathologisch-anatomischen Bundesmuseum Wien, aus: Sloterdijk, Peter (1998): Sphären I. Blasen. Frankfurt/M., S. 527

Mit dem Begriff der Monade bezeichnet Grunberger einen bestimmten Zustand, der auf vorgeburtliche räumliche Erfahrungen gründet und im nachgeburtlichen Leben immer wieder aktiviert wird. Die Entstehungsgeschichte dieses monadischen Raumes sieht bei Grunberger so aus: Der vorgeburtliche Zustand bildet für den Fötus eine in sich geschlossene konfliktfreie Welt, in der die somatischen Quellen des absoluten Wohlbehagens, des Narzissmus, zu suchen sind. Grunberger spricht von einer »pränatalen Koenästesie«, die gleichsam eine Rundumversorgung bietet, einen lückenlosen organismischen Austausch zwischen Mutter und dem ungeborenen Kind. Diese Befriedigung »fühlt« der Fötus jedoch nicht, er lebt vielmehr aus sich heraus und führt auf Grund weitgehend fehlender Triebspannungen ein subjektiv unkörperliches Dasein. Die Tendenz zum körperlosen Zustand versteht Grunberger als eine Rückkehr zur Urschicht des Narzissmus, in welcher sich das Fantasma eines körperlosen Selbstanteils gründet, der beim Erwachsenen etwa als Depersonalisationserlebnis imponiert. Sie tritt klinisch u.a. in der Magersucht auf, ist aber auch aus den sog. Nahtoderlebnissen bekannt, findet sich in spirituellen Praktiken wie Meditation und Alleinheitserfahrung und begegnet uns im religiösen Glauben an einen körperlosen Seelenzustand im Jenseits. Der Engel ist das wohl bekannteste Symbol dieses körperlosen Selbstanteils, der in der Monade entsteht. Er ist zu vergleichen mit dem »unbewussten Selbst« von Graber und lebt im Wohn-Selbst weiter.

Ein virtueller Raum entsteht

»Paläonarzissmus« nennt Grunberger diese früheste Schicht unseres Selbstgefühls. Sie wurzelt in der symbiotischen Versorgungseinheit mit dem mütterlichen Organismus. Diese bildet den biologischen Mutterboden, aus dem das Bedürfnis nach Umhüllung und verlässlichem Schutz hervorgeht. Mit der Geburt ist der Säugling gezwungen, aus seiner von Trieb- und Körperspannungen freien Welt des Mutterleibes herauszutreten und Schritt für Schritt die Gegebenheit körperlich-triebhafter Ausstattung anzuerkennen. Zunächst sorgt die Mutter durch ihre Präsenz dafür, dass der »Absturz« des Säuglings durch die Geburt nicht in die Katastrophe führt. Eine liebevolle und einfühlsame Beziehung der Mutter zu ihrem Kind erlaubt es diesem, den jähen Verlust der vorgeburtlichen Umhüllung einigermaßen glimpflich zu überstehen. Die Mutter wird vom Säugling (in der Fantasie) mit solchen Qualitäten ausgestattet, die dem Leben in ihr vor der Geburt entsprechen, so dass man von einem Idealbild sprechen kann. Es ist ein virtueller Raum, der zwischen Mutter und Kind entsteht, eine Zweieinheit, in der Trennung und Verbundenheit gleichermaßen existieren, ein von innen nach außen verlagerter Uterus (Grunberger 1988, Bd. 2, S. 192). Dieser »Raum« hat die Funktion, das hilflose Kind zu schützen und sein Wachstum zu sichern. Grunberger bezeichnet diese Raumerfahrung als Monade und meint damit eine im Unbewussten aufgehobene Vorstellung von der nachgeburtlichen Fortexistenz des pränatalen Narzissmus. Sie ist eine »immaterielle Gebärmutter«, eine Art von *»virtuellem* Raum« (ebd., S. 192), in dem die Erfahrung an die Zeit der Zweieinheit als Teil der psychischen Struktur aufbewahrt ist.

Zur weiteren Klärung und Differenzierung, was mit dem Graberschen »unbewussten Selbst« und der Grunbergerschen »Monade« unter dem Gesichtspunkt der Raum- und Bewusstseinsentwicklung gemeint ist, tragen die Forschungen des in Prag geborenen und in den USA lebenden Psychiaters Stanislav Grof bei. Er hat in seinen psychedelischen Forschungen die perinatalen Erlebnisse als Matrix eines Bewusstseinszustandes verstanden, in dem sich individuelle und kollektive, psychologische und mystische Erlebnisse verbinden. Unter Gabe von LSD wurden bei seinen Patienten Bewusstseinszustände erreicht, in denen die Grenzen des Ichs aufgelöst wurden und ein Gefühl absoluter Einheit mit der Natur und dem Kosmos vorherrschte. In der »Fötografie« von Nilsson (Abb. 49) ist dieser Zustand von Grenzauflösung und kosmischer Einheit visualisiert. Diese die gewöhnlichen Raum- und Zeiterfahrungen transzendierenden Erlebnisbereiche haben Grof zu einer erweiterten Kartografie der menschlichen Psyche veranlasst, die auch solche Bewusstseinszustände einschließt, die als »selbstschöpferische Tätigkeit« (Rank), als »unbewusstes Selbst« (Graber) und als »Monade« (Grunberger) das abgegrenzte Ich-Bewusstsein übersteigen.

Grof (1987) unterscheidet vier Erlebnisebenen um die Geburt, die er als »perinatale Grundmatrizen« bezeichnet, von denen uns an dieser Stelle nur die erste interessiert:

Das »amniotische Universum«

Die relativ symbiotische Einheit (die Getrenntheit muss immer mitgedacht werden) mit dem mütterlichen Organismus bildet die biologische Grundlage für eine Bewusstseinsschicht, die von Entgrenzungserlebnissen, ekstatischen Erfahrungen, kreativen Zuständen und von einem kosmischen Verbundenheitsgefühl gekennzeichnet ist. Das Fehlen von Grenzen und Hindernissen in der ungestörten intrauterinen Existenz, wie man es in der »Fötografie« von Lennrat Nilsson (Abb. 49) nicht nur sehen, sondern geradezu fühlen kann, ermöglicht die Identifikation mit dem Ozean oder dem Kosmos; sie fördert das Erlebnis der Einheit mit einer Landschaft, der Natur oder der Verbundenheit mit dem gesamten Sein. Es sind Erfahrungen der Überwindung von Raum und Zeit und des Verweilens in einem Zustand des ewigen Jetzt, wie er in der »Fötografie« von Nilsson als Momentaufnahme eines Jetzt festgehalten ist.

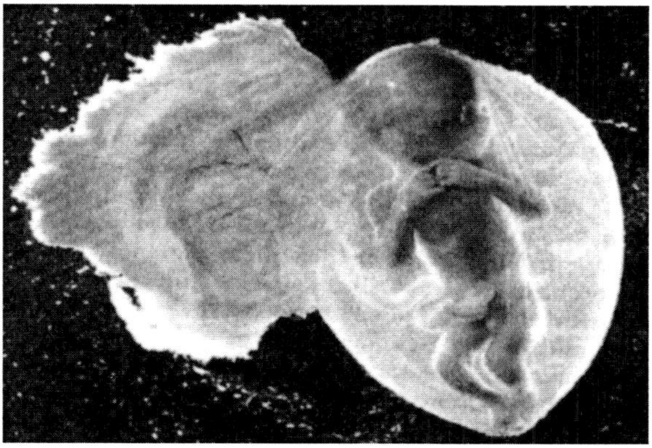

Abb. 49: Fötografie, Foto Lennrat Nilsson, aus: Sloterdijk, Peter (2004): Sphären III. Schäume. Frankfurt/M., S. 896

Diese intensiven und außergewöhnlichen Erfahrungen verdanken sich den frühen Erlebnissen des zeitlosen Enthaltenseins im vorgeburtlichen amniotischen Universum. Auch die bereits erwähnte religiöse Erfahrung von Unsterblichkeit scheint in dieser Matrix zu wurzeln, denn der Fötus bewegt sich in gewisser Weise noch in der Ewigkeit, in einem ewig fließenden Augenblick, in dem es kein Vorher oder Nachher gibt. Wegen der permanenten organismischen Versorgungseinheit mit der Mutter existieren weder Bedürfnisse noch deren Befriedigung, und deshalb gibt es auch keinen Konflikt zwischen Wunsch, Erfüllung und Versagung. Das bedeutet aber nicht, dass es keine traumatischen Erlebnisse gibt, etwa in Form von Verletzungen durch Gewalteinwirkung von außen. Grof nennt als Störungen des intrauterinen Lebens »fötale Krisen, Krankheiten und Aufregungen der Mutter, Zwillingssituationen, Abtreibungsversuche« (ebd., S. 31).

Vor allem letztere bringen schreckliche und blutige apokalyptische Bilder vom Weltuntergang und von Zerstörung hervor, die sich als Angst vor kosmischem Verschlungenwerden, Verseuchung der Natur, in paranoidem Denken, in unerklärlichen Körperempfindungen und als Bedrohung durch metaphysische Gestalten zeigen können.

Das fötale Drama

Der Psychoanalytiker und Begründer der Psychohistorie, Lloyd deMause (2000) sieht im fötalen Drama die Grundlage von Kultur und

Geschichte. Sein psychohistorischer Ansatz sucht die Ursachen der motivationalen Muster in vorgeburtlichen Erlebnissen, die sich in kollektiven Gruppenfantasien auf unterschiedlichen Niveaus ausbreiten. In Auseinandersetzung mit den Arbeiten von Rank, Graber und Grof kritisierte er an diesen, dass sie allesamt geburtszentriert und von einer eigentümlichen Gegenüberstellung gekennzeichnet seien, wobei das Leben im Mutterleib als angenehm, die Geburt aber als traumatisch dargestellt werde. Infolge dieser Sicht komme es für die genannten Autoren nachgeburtlich darauf an, das Trennungstrauma zu überwinden. Wiedergeburt werde dementsprechend als Bewältigung der Trennungsangst verstanden (ebd., S. 333). Demgegenüber will deMause in seiner Sicht des »fötalen Dramas« zeigen,

> »(a) dass diese Theorie, die die Geburt mit der Trennungsangst gleichsetzt, falsch ist, (b) dass die Theorie als eine Abwehr gegen die Belege konstruiert worden ist, denenzufolge die Erfahrung des Fötus im Mutterleib in Wirklichkeit die eines Individuums ist und oft mehr traumatisch als symbiotisch und ausschließlich friedlich, und (c) dass die Geburt tatsächlich eine *Befreiung* von traumatischen Erfahrungen im Mutterleib ist statt bloß ein ›Trennungstrauma‹« (ebd., S. 334).

DeMause belegt seine These mit den Forschungsergebnissen der modernen pränatalen Psychologie und Medizin. Diese kommen zu dem Ergebnis, dass der Beginn aller vorgeburtlichen Entwicklungsphasen immer früher anzusetzen sei. Dies gilt insbesondere für die Entwicklung des Gehirns, auf die im nächsten Abschnitt noch näher eingegangen wird, und für die Reifung des sensorischen Apparats. Gegen Ende der ersten drei Monate sind Nervensystem und Sinneswahrnehmung soweit entwickelt, dass der Fötus auf Berührungen seiner Handflächen mit einer Greifbewegung, auf Berührung seiner Lippen mit Saugen und auf Berührung seiner Augenlider mit einem Blinzeln reagiert. Wird in dieser Zeit der Bauch der Mutter mit einem hellen Licht angestrahlt, dreht der Fötus seinen Kopf vom Licht weg, weil das Sehvermögen schon gut entwickelt ist. Das Gehör entwickelt sich in den ersten drei Monaten noch besser. Die Bewegungen und der Herzschlag des Fötus steigern sich, wenn es in der Nähe des Bauches der Mutter ein lautes Geräusch gibt. Diese Fähigkeiten des Fötus, fühlen, sehen, riechen, hören und schmecken zu können, lassen die alte Auffassung vom schmerzunabhängigen Fötus ebenso als einen Mythos erscheinen wie die Auffassung, der Mutterleib sei ein ruhiger, geschützter, paradiesischer Ort des Wohlbehagens und der Harmonie, an den der geborene Mensch später immer wieder zurückkehren wolle. Für die Zeit des zweiten Trimesters mag es noch zutreffen, dass der Mutterleib sowohl als angenehmer als auch als schmerzhafter Ort erlebt wird. Die angenehmen Momente resultieren aus der Tatsache, dass die Fruchtblase zu diesem Zeitpunkt noch ziemlich geräumig ist und der Fötus einmal friedlich dahintreibt, ein anderes Mal energisch um sich tritt, Purzelbäume schlägt, seufzt und aufgeregt ist. Die fötalen Aktivitäten sind soweit erforscht, dass die regelmäßigen, etwa 45-minütigen Aktivitätszyklen erkannt wurden, die sich in enger Koordination mit den Aktivitätszyklen der Mutter herausbilden. Der Einfluss der Mutter ist in dieser Zeit so intensiv, dass der Fötus auf Rauchen der Mutter mit einem Rückgang des Sauerstoffs und einem Anstieg des Kohlendioxyds reagiert, was er mit einer Steigerung seiner Atmungsgeschwindigkeit auszugleichen sucht. Der Fötus gerät nicht nur in Not, wenn die Mutter raucht oder trinkt oder andere Drogen nimmt, er wird auch durch Emotionen der Mutter wie Angst, Wut oder Depression physisch und psychisch beeinflusst, wie die umfangreiche Literatur der letzten Jahre aufzeigt[12]. All diese Erfahrungen werden im unmittelbaren Kontakt mit der Plazenta gemacht, die als durchaus ambivalent, d.h. nährend und vergiftend erlebt wird.

Die Beziehung zur eigenen Plazenta ist die erste Objektbeziehung des Fötus, mit der er schon eine längere Geschichte hat. Bereits nach der Einnistung nehmen Embryo und Gebärmutterschleimhaut eine Beziehung auf, indem er in sie hineinwächst. Es entsteht der Trophablast, die äußere Zellschicht des werdenden Embryos, der nun mit der Produktion von aufbauenden Substanzen beginnt und aus dem sich später die Plazenta entwickelt (van der Val/van der Bie 2005, S. 45f.). Weil dieser »Zwilling« des Fötus ihn mit lebenswichtigem Sauerstoff und Nahrung versorgt, wird er als »nährende Plazenta« zum Prototyp eines frühesten »guten« Objekts. Wenn sie die Versorgung in den letzten Monaten vor der Geburt nicht mehr so gut erfüllt, wird sie als »ver-

12 Neben der von deMause (2000, S. 340) aufgeführten Literatur vgl. Hüther/Krens (2005).

giftende Plazenta« zur Quelle des Schmerzes. Darin liegen nach de-Mause die vorgeburtlichen Grundmuster von Liebe und Hass:

> »Ich stelle die These auf, dass so, wie die befriedigenden und dankbaren Gefühle, die mit der Nährenden Plazenta verbunden werden, einen Prototyp für alle späteren Liebesbeziehungen bilden, auch die Erfahrungen des Verunreinigtwerdens und Erstickens eine Haltung der Furcht und des Zorns gegenüber der Vergiftenden Plazenta hervorrufen, die somit der Prototyp aller späteren Hassbeziehungen ist – ob zur mörderischen Mutter, zum kastrierenden Vater oder, in letzter Instanz, zum strafenden Über-Ich selbst« (ebd., S. 349).

Diese durchaus zwiespältigen Erfahrungen des Fötus lassen deMause eine ambivalente Sicht auf das vorgeburtliche Leben entwickeln, die es ihm ermöglicht, eine erste Strukturierung des »fötalen Geisteslebens« zu entdecken, die der Autor im Anschluss an die Psychoanalyse ödipal strukturiert ansieht: Im fötalen Drama erkennt er die Vorläufer des Ödipuskomplexes. Die Gemeinsamkeit liegt in der Dreier-Struktur, die die Beziehung zu einem geliebten und einem gefürchteten Objekt beinhaltet:

> »Dass der Fötus wie Ödipus das Gefühl entwickelt, tatsächlich mit der Vergifteten Plazenta (Sphinx heißt auf griechisch ›Würger‹) *kämpfen* zu müssen, um die Nährende Plazenta zurück zu erobern, halte ich für möglich: Schließlich lehrt ihn die wiederholte fötale Erfahrung, dass das Ergebnis seines Tretens nach der Vergifteten Plazenta die Wiederherstellung der Nährenden Plazenta ist« (ebd.).

Abb. 50:
Ödipus und die Sphinx von Theben

4. Der Übergangsraum der Geburt

Geburt als Befreiung

Vor allem im dritten Trimester wird der Mutterleib zunehmend mehr als Ort der Not und des Schmerzes wahrgenommen. Die Länge des Fötus hat sich auf etwa 50 cm erhöht und sein Gewicht verdreifacht, was bedeutet, dass er sich erheblich eingeengter fühlt als vorher, deshalb mehr Stress hat und an Sauerstoffmangel leidet. Die Fähigkeit der Plazenta, ihn zu ernähren und sein Blut mit Sauerstoff zu versorgen, nimmt ab, da diese aufhört zu wachsen, hart und faserig wird, ihre Zellen und Blutgefäße degenerieren und sich mit Blutklümpchen und Verkalkungen füllt. Die Folge ist, dass der Sauerstoffmangel enorm anwächst, dass ein Erwachsener in vergleichbaren Umständen ohnmächtig würde. Mit dem Herannahen der Geburt wird das fötale Bedürfnis nach Sauerstoff, Nahrung und Reinigung des Blutes größer und die Stresssituation wegen der Kontraktionen der Mutter schmerzhafter. Der Sauerstoffmangel nimmt dramatische Züge an und der Fötus nimmt in der Regel den Kampf um Leben und Tod auf. Diese Tatsachen lassen deMause die Geburt als einen Befreiungskampf verstehen und keinesfalls, wie Rank, als Trauma einer Trennung. Aus klinischen und geburthelferischen Erfahrungen sieht er bestätigt, dass es »Gefühle des Schmerzes, der Furcht und der Wut« sind, »als der Fötus um Befreiung aus dem ihn erstickenden Leib kämpfte« (ebd., S. 347).

Eine weitere Komplikation besteht in dem von deMause herausgehobenen Sauerstoffmangel, der entsteht, weil die Plazenta für den relativ großen Fötus nicht hinreichend ausgestattet ist. Die im Vergleich mit Affen relative extreme Gewichtszunahme vor der Geburt durch Bildung von Fettgewebe unter der Haut scheint wiederum ein Ausgleich zu sein für die Kälteempfindlichkeit, die wiederum eine Folge der Frühgeburtlichkeit des Menschen ist. Die auf Grund dieser stammesgeschichtlichen Besonderheiten traumatisierenden Bedingungen der Geburt werden ausgeglichen durch ein instinktives Sozialverhalten der Mutter ihrem Neugeborenen gegenüber, welche ihrem Kind durch ihre haltende, nährende und wärmende Präsenz eine soziale Gebärmutter zu Verfügung stellt, ohne die das Neugeborene im Gegensatz zu den meisten Tieren nicht überleben könnte.

Angesichts dieser realistischen Beschreibung der bedrängenden Situation des Fötus vor der Geburt scheint Otto Ranks Theorie vom »Trauma der Geburt« und der Sehnsucht zurück in den Zustand mutterleiblicher Geborgenheit sehr idealisierend. Dennoch muss Rank, gerade was die kulturanalytische Anwendung der Sicht des vorgeburtlichen Lebens angeht, als Pionier gesehen werden. Für unsere Frage nach dem Wohnen ist er unentbehrlich. Otto Rank war in der Frühzeit der Psychoanalyse der erste, der das Augenmerk systematisch auf perinatale Erlebnisse und deren Bedeutung für die Neurosenentwicklung gerichtet hat. Als Vorläufer der späteren Objektbeziehungspsychologie waren seine Ideen im Kreis der engsten Freud-Schüler so revolutionär, dass sie bald aus dem Common Sense der Psychoanalyse ausgeschlossen wurden. Rank ging in seinem Hauptwerk *Das Trauma der Geburt* (1924) von der therapeutischen Situation aus und nahm an, dass Patienten in der Beziehung zum Therapeuten die vorgeburtliche Urbeziehung suchen, also zurück wollen hinter die dramatische Verlusterfahrung der Geburt. Rank deutet diese Übertragungsmanifestationen nicht nur als »bloße Regressionsphänomene im Sinne der Freudschen ›Mutterleibsphantasien‹«, sondern versteht sie als Reaktionen auf ein reales Trauma (Rank 1924, S. 9). Für Rank waren es diese mit Ängsten verbundenen Trennungserlebnisse, die den Kern der Neurose ebenso bilden wie die misslungenen Bewältigungsversuche dieser Urangst.

Man kann gegen die Allgemeingültigkeit dieser These einwenden, dass die Angstzustände von Babys zu Zeiten Ranks viel intensiver waren, da die Mütter auf Grund des fehlenden Wissens über das innere Leben und die affektiven Zustände ihrer Kinder diese intensiveren Angstzuständen überließen als das heute der Fall ist. Dies lässt sich veranschaulichen am Umgang mit dem Schreien damals und heute. Während man früher das Schreien des Säuglings nicht als ernst zu nehmende Not des Neugeborenen wahrnehmen konnte, ja diese sogar noch rationalisiert hat durch Vorstellungen wie »Schreien stärkt den Charakter« oder »Schreien reinigt die Lungen«, lehrte Rank in Übereinstimmung mit heutiger pränataler und perinataler Psychologie, das Schreien als Ausdruck unverarbeiteter Angst während des Geburtsvorgangs zu verstehen (vgl. Rank 1924, S. 14–30). In der psychoanalytischen Bewegung konnten sich die Einsichten Ranks über die Bedeutung der Geburtsangst und deren Kompensation für die Entstehung der Psyche und deren Störungen aber zunächst nicht durchsetzen, ja Freud selbst vermochte als »Vater-Psychologe« offenbar die Kränkung der Ausschaltung des Vaters im Hinblick auf die Genese der Psyche nicht zu ertragen, was zum Ausschluss Ranks aus der psychoanalytischen Bewegung führte. Als später die frühe Mutter-Kind-Beziehung als konstitutiv für die psychische Entwicklung anerkannt wurde, kam Ranks Auffassung zu einer gewissen Rehabilitierung, jedoch mit der Einschränkung, dass man seine Theorie der geburtlichen Trennungsangst als eine Art Metapher verstand für die psychische Trennung im Prozess der psychischen Geburt, sie also ansiedelte in die Zeit zwischen dem 6. und 24. Lebensmonat. Ich selbst habe auch diese Auffassung vertreten und die bei Rank durch körperliche Erfahrung entstandene Angst als einen rein psychologischen und in der nachgeburtlichen Mutter-Kind-Beziehung verankerten Affekt begriffen (Funke 1986). Dies hing sicher zusammen mit der zunehmend beziehungstheoretisch orientierten Psychoanalyse, welche die Beachtung von körperlichen Erfahrungen eher vernachlässigte, die Freud zwar in der Vorstellung von der prägenden Kraft der Sexualität ins Recht gesetzt hatte, jedoch nur in seiner späten, ödipal konfigurierten Gestalt.

Es besteht heute weitgehende Übereinstimmung zwischen Psychoanalytikern und pränatalen Psychologen hinsichtlich der dreifachen Grundausstattung, mit der ein Neugeborenes die Bühne der Welt betritt:

- Es ist erstens das genetische Erbe,
- zweitens die vorgeburtliche Erfahrung (siehe letzter Abschnitt) und
- drittens das Erlebnis der Geburt.

Das Geburtserlebnis hat Rank als erster Psychoanalytiker systematisch untersucht.

Der Geburtsvorgang als Quelle der Angst

Die Angst hat nach Rank eine physiologische Grundlage, die in der Geburtsangst und der damit verbunden Atemnot wurzelt. Die biologische Voraussetzung wurzelt in den besonderen anatomischen Verhältnissen, unter denen ein Kind geboren wird, denn man muss bedenken, dass die menschliche Geburt im Gegensatz zu anderen Primaten problematischer verläuft und mit Schädigungen verbunden ist, und zwar in einem weit höheren Ausmaß, als ein rein natürlicher Vorgang zunächst vermuten lässt, vor allem wenn man von einem naiven Naturverständnis ausgeht, wonach das, was natürlich ist, auch schon positiv ist. Die anatomischen Besonderheiten der menschlichen Geburt stellen in gewisser Weise eine Kompromissbildung gegenüber unterschiedlichen Entwicklungsanforderungen in der Evolution dar.

Die von Rank als traumatisch bezeichneten Geburtserfahrungen werden verständlich, wenn man diese Entwicklungsanforderungen an die menschliche Geburt in der Stammesgeschichte des Menschen mit bedenkt, die verschiedene Notwendigkeiten zu integrieren hatte: Die Hirnentwicklung und das vergrößerte Schädelvolumen erforderten eine Vergrößerung des Geburtskanals, die Entwicklung zum aufrechten Gang einen engen und festen Beckenring und eine Einbuchtung durch die S-förmige Wirbelsäule, die nur so den Anforderungen des aufrechten Ganges entsprechen konnte (vgl. Janus 1997, S. 26). Die Folgen dieser Quadratur des Kreises sind komplizierte Verhältnisse, die Janus wie folgt zusammenfasst:

> »Anders als bei anderen Primaten und allgemein bei Säugetieren, konnte das Kind nicht einfach bei der Geburt herausrutschen, sondern musste sich bei dem querovalen Beckeneingang und längsovalen Beckenausgang in einer komplizierten Weise durch den gebogenen Geburtskanal hindurch winden. Bei fast gleich großem Becken- und Kopfdurchmesser von etwa 10 cm wird jede zusätzliche Einengung zur gefährlichen Behinderung. Das können schon die Verspannungen wegen der Verunsicherung der Mutter durch eine uneinfühlsame Geburtshilfe sein, wie etwa eine programmierte Geburt sie auslösen kann. Wenn die Mutter entspannt ist und sich unterstützt fühlt, hat das Kind durch die Lockerung der Knorpel der Symphyse und der Darmbein-Kreuzbein-Gelenke deutlich mehr Raum. Trotzdem ist der Ablauf der Geburt beim Menschen, im Gegensatz zu anderen Säugern, auf eine gewisse Verformbarkeit des Kopfes angewiesen, was durch das Offenbleiben der Schädelnähte möglich ist« (Janus 2000, S. 18).

Mit der geburtstraumatischen Erfahrung und dessen Verarbeitung glaubte Rank, das psychobiologische Substrat der Freudschen Urfantasie über das Leben im Mutterleib entdeckt zu haben, welches in der Neurosenentstehung ebenso wie in der Kulturentwicklung wirksam ist.

In der individuellen Neurose sieht Rank einen Mechanismus der Angstauslösung am Werk, der als Wiederkehr der Angst beim Durchschreiten des Geburtskanals entstanden ist. Besonders deutlich wird dies in den verschiedenen Phobien (Klaustrophobie, Tierphobie, Reiseangst), aber auch bei hysterischen Symptomen wie Lähmungen oder anderen somatischen Erscheinungen. Diese sind »auch dem tiefsten unbewussten Inhalt nach vielfach ganz direkte physische Reproduktionen des Geburtsaktes mit der ausgesprochenen Tendenz der Verleugnung, d.h. der Rückkehr in die vorherige Lustsituation des Intrauterinlebens« (Rank 1924, S. 499).

Damit erweitert Rank den Libidobegriff der Psychoanalyse um eine entscheidende Dimension: Nicht mehr die sexuell motivierte und ödipal strukturierte lustvolle und grenzüberschreitende Libido treibt das Menschenkind an, sondern »die Urlibido der Rückkehr zur Mutter, welche das Trauma der Geburt gutmachen soll, nicht auf dem ihnen vorgezeichneten Wege der Sexualbefriedigung, sondern in der ursprünglichen Form der Infantilbefriedigung (…)« (ebd., S. 42).

Vor allem in der psychischen Instanz des Ichideals wird die pränatale Welt zur seelisch repräsentierten Innenwelt. Der Himmel ist jetzt nicht mehr außen, sondern innen. In archaischen Kulturen wurde diese innere Instanz nach außen projiziert auf den Anführer der Gruppe, auf übernatürliche Mächte oder auf die Götter.

Als entscheidenden Hintergrund der Ödipussage, mit der Freud die Komplikationen der Libidoentwicklung darstellt, erblickt Rank die dunkle Schicksalsfrage nach der Herkunft des Menschen, die Ödipus durch faktische, unbewusste Rückkehr in den Mutterleib lösen will. Vom Standpunkt der Angst, die das Geburtstrauma erzeugt, wird im Ödipuskomplex der Versuch unternommen, die Geburtsangst, die sich an das mütterliche Genital knüpft, durch seine lustvolle Besetzung als Libidoziel zu überwinden. Da aber die ganze verdrängte Angst an diesem Urobjekt hängt, muss dieser Versuch der Überwindung des Traumas scheitern, um später, mit Eintritt der genitalen Reife in der Pubertät, an gleichrangigen Sexualpartnern erneut versucht zu werden. Rank sieht in der Urlibido aber nicht nur eine regressive Tendenz wie Freud. Während für diesen jede Objektfindung eine Wiederfindung ist, ist sie für Rank eine kreative Neufindung. Das Trauma der Geburt löst somit nicht nur regressive Tendenzen aus, sondern ist der dynamische

Wirkfaktor für Kreativität. Diese Veränderung im Triebverständnis führte letztlich zum Bruch mit Freud.

Daseinswechsel in der Geburt und unbewusstes Selbst

Ähnlich wie Rank geht es auch Graber als Psychoanalytiker gewissermaßen um eine Verlängerung der Ich-Psychologie nach vorne. Er sucht nach dem, was vor dem Ich liegt und findet dies im »unbewussten Selbst«, welches im vorgeburtlichen Seelenleben verwurzelt ist. Therapie und Lebensarbeit bedeuten für ihn die Integration dieses unbewussten Selbst ins Bewusstsein. Dies geschieht durch die Verarbeitung des Wechsels vom vor- zum nachgeburtlichen Leben. Dieses Zu-sich-selbst-Finden vollzieht sich als eine Art Wiedergeburt, welches als ein Sich-Lösen aus Gebundenheit und Ich-Schranken erlebt wird und das vorgeburtliche, weniger begrenzte Selbst aktiviert.

Von Rank unterscheidet sich Graber darin, dass er das Schwergewicht des Traumatischen nicht nur im Durchschreiten des Geburtskanals erblickt, sondern im umwälzendsten Daseinswechsel des gesamten Lebenslaufes: »Das ungeheuerliche Erleben des Wechsels zweier völlig gegensätzlicher Lebensbedingungen intrauterinen, lustvollen geborgenen und extrauterinen, unlustvollen und ungeborgenen Daseins, ist die tiefste Ursache zur Störung der Einheit des Seelenlebens und damit zur Bildung der Ambivalenz (Doppelwertigkeit)« (ebd., S. 38).

Wie bei Rank findet sich auch bei Graber eine recht rigide anmutende Gegenüberstellung von vorgeburtlich = harmonisch und nachgeburtlich = gestört. Darauf wird später noch einzugehen sein. Verfolgen wir zunächst die von Graber herausgearbeiteten Folgen der Grundstörung durch den Daseinswechsel der Geburt, nämlich die entstehende ambivalente Einstellung dem gesamten Leben gegenüber. Durch die neue Bedürfnissituation, die durch die Geburt entsteht, erfährt das Kind allmählich den Unterschied von Innen und Außen, von Subjekt und Objekt, und es sucht das verlorene intrauterine Glück der Einheit durch libidinöse Bindungen an Objekte zu finden. Diesen Bindungen aber wohnt wegen der Realitätshaltigkeit der Liebesobjekte ein tiefer Ambivalenzcharakter inne, der sich als progressive und regressive Tendenz zeigt; progressiv, weil das Kind immer engere Objektbindungen knüpft in der Hoffnung, das verlorene vorgeburtliche Urobjekt wieder zu finden; regressiv, weil es gleichzeitig die Befreiung von jeder Bindung sucht, denn die realen Objekte enttäuschen die an sie geknüpfte Hoffnung auf ewiges Glück. Die Befreiung von ihnen steht also auch im Dienste der Wiederfindung des verlorenen Paradieses.

Die Tatsache, dass die nachgeburtlichen Objekte niemals die Befriedigungsqualität geben können wie es die präobjektale, prälibidinöse »Welt« vor der Geburt in der Fantasie des Kindes vermochte, mobilisiert nach Graber den Urhass: »Das Kind liebt nur, weil das Objekt einen geringen Ersatz für das eigentlich Begehrte bildet, aber der Urhass bleibt jederzeit bestehen, weil das Objekt, das von der kindlichen Seele her gesehen Mitschuld an diesem verhassten Sein trägt, nie die volle Befriedigung schaffen kann« (Graber 1924, S. 27). Der Welt kann nicht verziehen werden, dass sie sich an die Stelle der vorgeburtlichen »Totalwelt« gesetzt hat. In allen Unlusterfahrungen späteren Lebens wird das »unausgesprochene Ur-Nein« (ebd.) mobilisiert. Deshalb ist ein ambivalenzfreies In-der-Welt-Sein unmöglich. Auch alle späteren kulturellen Schöpfungen sind von dieser Ambivalenz von Zustimmung und Ablehnung erfasst.

Die inneren Bilder von der Geburt in Mythos und Ritual

In Übereinstimmung mit Rank, Graber und Grunberger vergleicht auch Grof die Geburt mit einer apokalyptischen Katastrophe. Die Mythen von der Vertreibung aus dem Paradies, von Sündenfall und Entzweiung usw. sind kulturelle Spiegelungen dieses »Absturzes« des Säuglings in die Realität. In der Erfahrung von Entbindung und Geburt wurzeln für Grof ebenso wie für Graber nicht nur katastrophale seelische Erlebnisse von Tod und Vernichtung, sondern auch die Bilder von Wiedergeburt und Neuanfang (Grof 1987, S. 53–62). Die mythologischen Göttergestalten, die zerstören oder denen das eigene Leben geopfert werden muss, symbolisieren diesen Wandlungsweg zu einer neuen Bewusstseinsstufe und führen zum Verlust der Angst vor dem Tod. Das Durchschreiten der Dunkelheiten des Geburtskanals entspricht dem Durchschreiten der dunklen Nacht, an deren Ende die Ekstase und die Erleuchtung stehen. In den Heldenmythen ist das dreigliedrige Schema der Mutterleibsregression und Wiedergeburt enthalten:

1. Der Held gerät in eine Krise und wird von den gewohnten Lebensvollzügen getrennt;

2. er findet sich z.B. durch Verschlungenwerden von einem Drachen oder Meeresungeheuer an einem mutterleibsähnlichen Ort wieder, an dem er mancherlei Prüfungen und Ängste durchzustehen hat,
3. bis er schließlich als Wiedergeborener und Geläuterter ins Leben zurückkehrt.

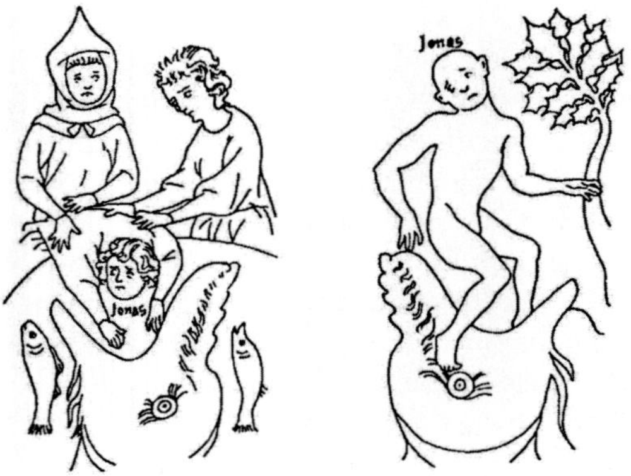

Abb. 51: Jona, Armenbibel, 14. Jahrhundert

In den Initiationsriten ist dieses Schema von Tod und Wiedergeburt in rituell begehbarer Weise festgehalten (vgl. Janus 2000a, S. 256–266). In der christlichen Taufsymbolik wird durch das Hinabsteigen ins Wasser die Rückkehr in den Mutterleib besonders deutlich dargestellt und auf eine geistige Ebene gehoben. Bei Theodor von Mopsuestia heißt es:

> »Wie der Schoß der Mutter bei der natürlichen Geburt den Samen aufnimmt, den dann die Hand Gottes zum Menschen formt, so wird auch bei der Taufe das Wasser zum Mutterschoß, aber die Gnade des Heiligen Geistes formt den Getauften, so dass er als neuer Mensch zum zweiten Mal geboren wird« (zit. n. Funke 1986, S. 85).

Die Übergänge von einem Lebensabschnitt in einen anderen werden in den Mythen und Religionen und ihren rituellen Inszenierungen nicht einfach als gradlinige Entwicklung verstanden, sondern als Rückkehr an einen räumlichen Ort und als ein erneutes Verlassen dieses Ortes, der nach Art der Mutterleibfantasie gestaltet ist und auf vorgeburtliche Erfahrungen zurückgreift.

Auch der Tod wird in den Jenseitsvorstellungen als Rückkehr in einen Raum dargestellt, der Parallelen zum Mutterleib aufweist. Zahlreiche Bestattungsriten weisen geburtsanaloge Formen auf: embryonale Haltung des Toten, Beisetzungen in Höhlen und Ausrichtung auf einen tunnelförmigen Ausgang. Es sind die allen Menschen zukommenden Geburtserfahrungen, die die Vorstellungen vom Tod als einer Rückkehr in den Mutterleib begünstigen. Der tote Leib wird in den Schoß der »Mutter Erde« gelegt, die sich gleichzeitig als Ort der Wiedergeburt erweisen soll, ein Motiv, das in der christlichen Kunst in der »Pieta« besonders eindruckvoll begegnet.

Abb. 52: Pieta, Michelangelo, Rom, San Pietro, 1498–1501

Aber auch mitten im Leben kann sich die Geburtserfahrung einen plötzlichen und unerwarteten Durchbruch verschaffen wie z. B. in einer absolut neuen Einsicht und Erkenntnis, im schöpferischen Akt, in einem Durchblick, der alles Bekannte in einem neuen Licht erscheinen lässt. Grof nennt folgende Phänomene und Vorstellungen, die Patienten in LSD-Sitzungen artikulieren und die er als Aktivierung der Geburtserfahrung versteht: »Nachlassen eines starken Drucks; Erweiterung des Raums; Visionen von gigantischen Hallen; strahlendes Licht und wunderschöne Farben; (...) Gefühle der Wiedergeburt und Erlösung; Wunsch nach einem einfachen Leben; Intensivierung der Sinneseindrücke; (...) gelegentlich manische Aktivitäten und Größenwahnvorstellungen« (Grof 1987, S. 32).

Grof weist immer wieder darauf hin, dass solche Erfahrungen nicht nur unter Drogen möglich sind, sondern spontan auftreten können. Das Erlebnis, einen Raum zu betreten und von der Erfahrung der Weite und Helligkeit ergriffen zu sein, lässt sich als sinnlich-ganzheitliches Erlebnis auf die Geburtserfahrung zurückführen. Vor allem die sakrale Architektur einer gotischen oder barocken Kirche ermöglicht Entgrenzungserlebnisse, die das Gefühl des Aufgehobenseins in einer »anderen« Welt aufkommen lassen. Schauen wir uns die Geburtserfahrungen in der Differenzierung der jeweiligen Grundmatrix bei Grof genauer an.

Die *zweite Grundmatrix* beinhaltet die Angst um kosmisches Verschlungenwerden und Ausweglosigkeit. Mit dem Einsetzen der Wehen und dem Beginn der biologischen Geburt wird die Einheitserfahrung der amniotischen Phase empfindlich gestört: Die Kontraktionen der Gebärmutter schränken die Versorgung des Fötus mit Sauerstoff, Nahrung und Wärme ein. Der Fötus sieht sich einer überwältigenden Kraft ausgeliefert, der er nicht entfliehen kann. Die Erlebnismatrix dieser Phase besteht vor allem aus unlustvoll erlebten Spannungen, Schmerzen, Sauerstoffmangel, Enge und Angst. Auf der Ebene des kollektiven Bewusstseins korrespondieren mit diesen Erfahrungen Höllenvorstellungen verschiedenster Art: Bilder vom Verschlungenwerden durch ein schreckliches Ungeheuer, Tiere wie Schlange, Krake und Spinne symbolisieren diese destruktiven Kräfte und das Ausgeliefertsein an sie.

Die *dritte Grundmatrix* beschreibt den Kampf vor Tod und Wiedergeburt. Diese Erfahrungsmatrix steht in Verbindung mit der zweiten Phase der Geburt, der Fortbewegung des Fötus durch den Geburtskanal, der einen Kampf ums Überleben darstellt angesichts der tödlichen Bedrohung durch den mechanischen Druck, den Sauerstoffmangel und das drohende Ersticken. Weitere Komplikationen in diesem Entbindungsstadium können auftreten durch Verschlingungen der Nabelschnur und Unterbrechungen der Blutzufuhr zum Fötus. Auf dem Höhepunkt der Entbindung kommt der Fötus in enge Berührung mit verschiedenen Körpersubstanzen wie Blut, Schleim, Urin und auch Kot. Diesem individuellen Erleben beim Kampf im Geburtskanal entsprechen kollektiv-archetypische Vorstellungen wie der Titanenkampf, Bedrohung durch Dämonen und entfesselte Naturgewalten. Mythologische Motive, die dieser Geburtsphase entsprechen, sind die Abenteuer, die ein Held bestehen muss, die Kämpfe, die er mit gefährlichen Tieren führt oder auch der Aufenthalt an einem bedrohlichen Ort der Läuterung, wie ihn auch die christliche Vorstellung vom Fegefeuer darstellt.

Die *vierte Grundmatrix* beinhaltet die Erfahrung von Tod und Wiedergeburt. In der letzten Phase einer normal verlaufenden Geburt kommt es zu einer extremen Steigerung von Angst, Druck, Schmerz und Spannung, der dann eine plötzliche Entspannung und Erleichterung folgt. Das Kind ist geboren und mit der Durchtrennung der Nabelschnur ein von der Mutter getrennter Organismus. Das Zur-Welt-Kommen bedeutet die Umstellung von der Fremd- auf die Selbstversorgung mit Sauerstoff und Nahrung. Dies markiert für das Neugeborene das Ende eines höchst bedrohlichen Überlebenskampfes und die überwältigende Erfahrung der Befreiung. Grof betont, dass diese Erfahrung von tödlicher Bedrohung und anschließender Wiedergeburt keine einmaligen Geburtserlebnisse sind, sondern sich im Lebenslauf eines Menschen zyklisch wiederholen. Es ist das archetypische Grundmuster von »Ich-Tod« und »Selbst-Geburt«, welches den Prozess der Individuation ausmacht und sich auf verschiedenen Ebenen des Lebenslaufes wiederholt. Es ist die Voraussetzung, im Leben zu bestehen und zum wahren, unbewussten Selbst vorzudringen, wie es auch Graber beschrieben hat. Der Tod des Ichs bedeutet die Aufgabe der Identifikation mit dem von Haut umhüllten Ich zu Gunsten der Geburt des größeren, das Ich übersteigenden Selbst. Auf der Ebene der Mythen und Symbole wird dieses Thema im Motiv der Auferstehung des Helden dargestellt. Vor allem die Christusfigur bringt diese Dynamik vom Tod des Ichs und der Geburt des Selbst zur Anschauung: Der Tod des irdischen Jesus am Kreuz symbolisiert den Tod des Ichs. Dieser ist die Voraussetzung, dass das größere, umfassendere Selbst geboren werden kann. Im christlichen Erlösungsdrama wird dies dargestellt durch die Auferstehung des gekreuzigten Jesus, der jetzt zum Christus wird, also die ichhafte Gestalt hinter sich lässt.

Vor und nach der Geburt: Ein Kontinuum

Im deutschen Sprachraum ist der Heidelberger Psychoanalytiker Ludwig Janus der Forscher, der die Erkenntnisse der prä- und perinatalen

Psychologie für Therapie und Kultur aufbereitet hat. Schon der Titel einer seiner grundlegenden Arbeiten *Der Seelenraum des Ungeborenen* (2000) deutet auf die räumlichen strukturierten vorgeburtlichen Erfahrungen hin, aus denen verständlich wird, *Wie die Seele entsteht* (1997), ein weiterer Titel seiner Bücher. Einen umfassenden Überblick über die »Klassiker« pränataler Psychologie gibt er in seinem Werk *Die Psychoanalyse der vorgeburtlichen Lebenszeit und der Geburt* (2000a), in dem sich auch reiches kulturanalytisches Material findet. Indem Janus die bisher referierten Ansätze aufnimmt und um aktuelle Forschungsergebnisse der empirischen Psychologie erweitert, liefert er eine zusammenhängende Entwicklungspsychologie, welche die geburtlichen und vorgeburtlichen Erlebnisse integriert. Er möchte so die vorsprachlichen und sprachlichen, die vor- und nachgeburtlichen Erfahrungen in ein einheitliches Kontinuum inneren Erlebens zusammenfügen. Auf diese Weise kann auch die Gegenüberstellung von Körperlichkeit und Nichtkörperlichkeit, von Psyche und Leib, von Geist und Materie, die für Janus ein Relikt jener abendländisch-westlichen Spaltung ist, die René Descartes ins Denken eingeführt hat, überwunden werden in dem Sinne, dass beide nach dem Bild der Vorder- und Rückseite einer Münze verstanden werden. Eine weitere, bis heute nachwirkende Folge dieser Spaltung ist die Projektion der körperlosen, vorgeburtlichen Erfahrungen in eine geistige Welt, ein religiöses oder virtuelles Jenseits, während die nachgeburtlichen körperlichen Erfahrungen zur diesseitigen Welt gehören. Der pränatalen Psychologie sinnt Janus die Fähigkeit an, diese Grenze zwischen »diesseitiger« und »jenseitiger« Welt, zwischen Ich und Selbst zu überschreiten und damit den Bruch zwischen Geistes- und Naturwissenschaften überbrücken zu können (vgl. Janus 1997, S. 226).

Von den Ergebnissen der empirischen pränatalen Psychologie sieht Janus die Konzepte von Rank, Graber und deMause weitgehend bestätigt: Himmel und Hölle, Glück und Verzweiflung, vernichtende Ängste und intensivste Hoffnungen haben ihre Wurzeln in intrauterinen Früherfahrungen und Geburtserlebnissen. Dabei überwindet Janus ebenso wie deMause die einseitige Polarisierung von vorgeburtlichem Leben als reinem Glückszustand und nachgeburtlichem Leben als von traumatischer Trennungsangst zersetztem Unglückszustand. Stattdessen taucht bei ihm immer wieder eine Kategorie auf, die für die vorgenannten Autoren weniger zentral ist: die der Sicherheit. Ganz gleich, ob sich der Fötus harmonisch oder bedrängt fühlt, entscheidend ist die Sicherheit, die beide Erlebnisqualitäten umfasst. Und diese Basissicherheit geht mit der Geburt verloren, ja sie droht durch äußerst bedrängende Geburtserlebnisse, wie sie im Zusammenhang mit Ranks These von der Geburtsangst oben beschrieben wurde, vernichtet zu werden.

Die bisher vorgestellten Ansätze zur vorgeburtlichen Prägung des Raumerlebens und des Wohnens führen nun zu der entscheidenden Frage, wie man sich denn eine Erinnerung an diese frühen und frühsten Erfahrungen vorstellen kann, da der Fötus doch noch gar nicht so weit entwickelt ist, dass er Erlebnisse in kognitiven Strukturen behalten kann. In der Freudschen Psychoanalyse ist Erinnerung vor allem von einem Sprach-Ich her möglich. Ein erinnerungsfähiges Erleben kann es für Freud also erst vom zweiten oder dritten Lebensjahr an geben, alles Frühere erschien unwirklich und der kindlichen Amnesie verfallen. Das Erinnern vorsprachlicher Erlebnisse geschieht wohl aber durch Inszenierung z.B. in der therapeutischen Situation. Für die Erinnerung vorgeburtlicher und geburtlicher Erlebnisse stellt Janus fest, dass diese durch ein »Gegenwärtigwerden des Vergangenen in der Gegenwart« erinnert werden (Janus 2000a, S. 24). Um dies besser zu verstehen, kann die Hirnforschung einiges dazu beitragen.

5. Kann sich der Mensch an den vorgeburtlichen Raum erinnern?

Erinnerung ist im traditionellen Verständnis an Gedächtnis gebunden und dies wiederum bedarf bestimmter kognitiver und neuronaler Strukturen, die – so die Schlussfolgerung dieser Sichtweise – der Fötus so noch gar nicht entwickelt hat. Erinnerung ist demnach an Sprache gebunden. Sprachlich und kognitiv kann sich freilich kein Mensch an vorgeburtliche oder geburtliche Erlebnisse erinnern. Aber es gibt eine vorsprachliche, präkognitive Erinnerung, die verständlich wird durch einige Hinweise auf die Ergebnisse der Kognitions- und Neurowissenschaften. Der Dialog mit ihnen nimmt in der Psychoanalyse inzwischen einen bedeutenden Raum ein[13].

Ergebnisse der Hirnforschung zur Erinnerungsfähigkeit an vorgeburtliche Erlebnisse

Das Verständnis von Gedächtnis ist in den klassischen Kognitionswissenschaften an der Computeranalogie orientiert. Demnach bildet das Gedächtnis ein System von gespeicherten Informationen, die in bestimmten Situationen abgerufen werden können. So etwa spricht man auch im Alltag vom Gedächtnis. Man denkt an einen Ort im Gehirn, an dem Informationen gespeichert sind. Man sucht im Gedächtnis nach einem Namen, der einem nicht einfällt oder man ruft Wissen in einer bestimmten Situation ab. Erinnern ist demnach das Auffinden und Aktualisieren von abgelegtem Wissen. Dieses statische Modell von Gedächtnis und Erinnerung ist jedoch eine recht willkürliche und einseitige Vorstellung, auch wenn es eine plausible und bestechend einfache Antwort auf komplizierte Prozesse darstellt. Deshalb fällt es wohl auch schwer, sich von einem solchen Konzept zu verabschieden. Das aber ist notwendig, denn es ist heute angesichts des Wissens um die »neuronale Plastizität« (Markowitsch/Welzer 2005, S. 109–113) so nicht mehr haltbar.

---

13 Die von Leuzinger-Bohleber/Mertens/Koukkou (1998) herausgegebenen beiden Bände *Erinnerung von Wirklichkeiten. Psychoanalyse und Neurowissenschaften im Dialog* dokumentieren einen umfangreichen interdisziplinären Diskussionsprozess und dessen Ergebnisse.

Interaktionelles Gedächtnis und »neuronale Plastizität«

Die Kritik an der Computermodell-Vorstellung bezieht sich vor allem auf die Vernachlässigung des Umweltbezugs des Gedächtnisses. Die Computeranalogie sei eher individualistisch orientiert und weniger interaktionell (vgl. Leuzinger-Bohleber 2001, S. 78). Da der Mensch als Träger des Gedächtnisses aber ein lebendes System ist im Gegensatz zu einem Computer, ist er zu dauernder Anpassung an eine sich stets verändernde Umwelt gezwungen. Die Tatsache, dass der Mensch in seiner langen Entwicklungsgeschichte überlebt hat, ist auf solche gelungenen Anpassungsprozesse zurückzuführen. Leuzinger-Bohleber fasst zusammen:

> »Das ›Gedächtnis‹ entsteht also durch eine Interaktion mit der Umwelt (das eindringende Antigen ›selektiert‹ die am besten passende aus einer Vielzahl möglicher Proteinstrukturen und löst dadurch deren Vermehrung aus), die eine Veränderung des Organismus (die Anzahl bestimmter Zellen) zur Folge hat. An diesem Beispiel sehen wir, dass Gedächtnis nicht ohne eine Interaktion mit der Umwelt, aber auch nicht ohne eine ständige (adaptive) Veränderung im Organismus (embodiment) selbst zu denken ist« (ebd., S. 79).

Die am besten passenden Proteinstrukturen werden im Gegensatz zu »identischen Mustern« bei einer Computerspeicherung aus einer Vielzahl vorhandener Zellen ausgesucht. Die entstehenden Muster sind weder von außen – genetisch – vorgegeben noch sind sie von innen gespeichert. Genau dieser interaktive Entstehungsprozess von Strukturen wird in der neueren Hirnforschung für das Gedächtnis postuliert. Der Begriff Gedächtnis ist relativ unpräzise; es handelt sich vielmehr um ein ständiges »adaptives In-Beziehung-Setzen von neuen und früheren Informationen und die ständig sich verändernde, ›automatische‹ Rekategorisierung« (ebd., S. 80).

Darin sieht der Neurobiologe Gerald Hüther (2004; 2005) das Besondere der menschlichen Hirnentwicklung. Irgendwann in der Ahnenreihe muss es zur Entschleunigung der Entwicklung bei der menschlichen Spezies gekommen sein, was die Voraussetzung für die immer stärkeren modulierenden Einflüsse der Umwelt auf die Hirnentwicklung darstellt. Verlangsamung ist die Voraussetzung für Anpassungs- und Austauschprozesse mit der Umwelt. Hüther vergleicht dies mit einem Autofahrer, der eine Großstadt durchquert. Je langsamer er fährt, desto mehr nimmt er wahr und desto besser kann er sich auf die jeweilige Verkehrslage einstellen:

> »Wenn es langsamer geht, kann man nicht nur mehr, sondern vor allem komplexere Dinge weitaus besser lernen. Das ist das ganze Geheimnis, das man kennen muss, um zu verstehen, weshalb wir Menschen bereits als Kinder, ja sogar schon als ungeborene Kinder, ein so enorm lernfähiges Gehirn besitzen« (Hüther/Krens 2005, S. 56).

In gewisser Weise ist die Entwicklung des Nervensystems während der Embryonalphase vergleichbar mit der allmählichen Herausbildung und Anpassung der Verkehrswege in einer immer größer werdenden Stadt (ebd., S. 57).

Von Anfang an beeinflussen Erfahrungen und Umweltaustausch und keine festgelegten Programme die Bildung entsprechender neuronaler Strukturen. Das ist eine neue Sicht gegenüber der älteren Vorstellung, die davon ausgeht, dass bereits im Kopf der Spermafäden eine Art Miniaturmensch in zusammengekauerter Form vorgebildet ist, der nach der Verschmelzung mit der Eizelle nach einem vorgefertigten Programm wie von selbst herauswächst:

> »Wir mussten begreifen, dass die in der befruchteten Eizelle verschmolzenen DNA-Sequenzen des väterlichen und mütterlichen Genoms lediglich ein Spektrum von Optionen bereitstellen, das festlegt, wie sich die weitere Entwicklung vollziehen könnte. Was schließlich aus diesen Anlagen wird, (...) liegt nicht in der Macht der Gene, sondern ist abhängig von den Bedingungen, die sich innerhalb des sich entwickelnden Embryos für die unterschiedlichen Zelltypen einstellen« (ebd., S. 119f.).

Wie sieht dieses Wechselspiel von Anlage und Bedingung für die Bildung des Gehirns aus?

Das Wechselspiel von Anlage und Erfahrung für die Bildung der Nervenzellen

Der Ursprung der ersten Nervenzelle liegt in der befruchteten Eizelle, die durch Zellteilung einen blasenartigen Zellhaufen bildet, der sich zu einem Schlauch formt mit einer inneren und einer äußeren Haut und zwei Öffnungen, dem späteren After und dem Mund. Zwischen der inneren und äußeren Haut dieses Schlauches bilden einige Zellen ein stabartiges Gebilde auf der späteren Rückseite des Embryos, aus der sich später die Wirbelsäule entwickelt. Einige Zellen bilden eine Art Rille auf der Rückseite, die immer mehr ins Innere eindringt und das Neuralrohr bilden. Alle Zellen der ursprünglichen Rückenhaut sind jetzt zu neuronalen Zellen geworden, die sich immer weiter teilen und in verschiedene Bereiche des Embryos gelangen, um sich dort auf bestimmte Aufgaben zu spezialisieren.

> »Diese Situation ist mit der eines Menschen vergleichbar, der sich aus irgendwelchen Gründen irgendwann in seinem Leben dafür entschieden hat, z.B. Schuster, Gewerkschaftsfunktionär, Kunstturner oder Popstar zu werden: Je besser die betreffende Person eine dieser Funktionen zu erfüllen im Stande ist, desto schwerer fällt es ihr später, noch einmal etwas anderes zu machen« (ebd., S. 59).

Die spezialisierten Nachbarzellen geben nun Signalstoffe ab, die den neuen, aus dem Neuralrohr abgedrängten und in Randgebiete eingewanderten Zellen vorgeben, auf welche Aufgaben sie sich künftig zu spezialisieren haben. Die innere Struktur dieser Zellen passt sich immer mehr den neuen Aufgaben an, bis sie ihre ursprüngliche Teilungsfähigkeit verloren haben. Anders geht es den Zellen, die nicht aus dem Inneren des Neuralrohrs abgedrängt werden. Sie bilden die Ummantelung eines kleinen, mit Flüssigkeit gefüllten Bläschens, dem Ventrikel, von dem sich durch äußeren Druck weitere Bläschen abschnüren, wodurch die Grundstruktur des späteren Gehirns entsteht: Einige werden zum Stammhirn, andere zum Mittelhirn und die beiden vorderen zu den beiden Großhirnhälften. Die Entwicklung des Gehirns erfolgt also weder zufällig noch durch genetisch festgelegte Programme. Diese bestimmen lediglich, welche Leistungen die Nervenzellen erbringen sollen, wenn sie in eine bestimmte Situation geraten. Wie eine bestimmte Situation aussieht und definiert wird, hängt von den anderen Zellen ab und davon, wie diese sich bereits auf bestimmte Bereiche spezialisiert haben. Jede neu gebildete Nervenzelle lernt also im Austausch mit den Nachbarzellen und der Umwelt. Diese »nutzungsabhängige Strukturierung des Gehirns« (ebd., S. 62) setzt sich bei der weiteren

Entwicklung fort: Die im Stammhirn gebildeten Nervenzellen gruppieren sich zu Kerngebieten und bilden Fortsätze aus, die mit anderen Nervenzellen synaptische Kontakte herstellen. So entstehen Netzwerke von Verbindungen, zwischen denen sich elektrische Erregungsmuster auszubreiten beginnen, die von den sich entwickelnden Sinnesorganen ausgehen. Diese Erregungsmuster wirken als Auslöser für den Aufbau ganzheitlicher Reaktions- und Handlungsmuster. Diese vorgeburtlichen gebildeten Verschaltungen und Netzwerke bleiben im Leben nach der Geburt bestimmend für die nicht bewusste Wahrnehmung von Eindrücken aus der Außenwelt. Hüther und Krens benutzen die für unseren Zusammenhang interessante Metapher des Hauses, um die vorgeburtliche Prägung der synaptischen Verschaltungen deutlich zu machen: »Dieses Fundament und der darauf bis zur Geburt bereits errichtete ›Rohbau‹ sind in viel stärkerem Maß als bisher angenommen maßgeblich dafür verantwortlich, welche Gestalt das daraus später entstehende Haus einmal annehmen kann« (ebd., S. 66).

Zu diesen Fundamenten gehört auch die Fähigkeit der Nervenzellen des Gehirns, durch spätere Erlebnisse nach der Geburt neue Fortsätze auszutreiben und neue synaptische Verknüpfungen bereitzustellen, die nachfolgend, sogar zeitlebens, für neue Erlebnisse genutzt werden können.

Innere Repräsentanzen vom Körper und deren Projektion auf Objekte

Durch Ultraschall lassen sich die Bewegungsabläufe des in der Fruchtblase schwimmenden Embryos gut beobachten. Ab der siebenten Schwangerschaftswoche können durch Nervenzellen ausgelöste Erregungen die Muskelzellen aktiveren und zu Kontraktionen veranlassen. Es entstehen Verbindungen zwischen motorischen und sensorischen Zentren, die das vorhandene Angebot an synaptischen Verschaltungen nutzen, um die Verschaltungsmuster zu aktivieren, die durch immer wiederkehrende Bewegungsabläufe aktiviert werden. Auf diese Weise bilden sich im Gehirn Repräsentanzen von Körperfunktionen heraus, die sich in gewisser Weise ein Bild von der Beschaffenheit des Körpers machen. Ein Säugling bringt also eine Menge intrauterin gesammelter Bilder von seinem Körper und abrufbare Erfahrungen vom Leben in einem anderen Körper mit auf die Welt. Diese Bilder sind nicht nur die Grundlage für das spätere eigene Selbst- und Objektbild, sondern werden auch auf die Dingwelt und insbesondere auf die Wohnung als dritter Haut übertragen.

Mit diesem interaktiven Verständnis von Gedächtnis hängt eine zweite Erweiterung zusammen. Gedächtnis bezieht sich als kreativer Vorgang im Austausch des Individuums mit der Umwelt auf den gesamten Organismus und nicht nur auf die Nervenzellen. Der gesamte Körper, genauer alle Zellen, aus denen er besteht, kann sich »erinnern«, ohne dass sich diese Erinnerung auf bestimmte denkbare Inhalte bezieht. Dieses Körpergedächtnis ist also weniger diskursiv angelegt und auch nicht an die Ausprägung und Entwicklung von kognitiven Strukturen gebunden. Das hängt mit der Lernfähigkeit jeder Zelle zusammen. Jede Zelle besitzt in ihrem Zellkern ein gespeichertes Wissen, das sie benutzt, um auf bestimmte Situationen zu reagieren. Diese Situationen veranlassen die Zellen, bestimmte Gene abzuschreiben und andere zu intensivieren und zu bestimmten Leistungen aufzufordern. Die so bewirkte Spezialisierung der Zellen bedeutet aber nicht deren Isolierung, sie stehen vielmehr in einem intensiven Informationsaustausch: Die eine Zelle weiß sozusagen, wie es der anderen geht. Diese vernetzten Lernerfahrungen der Zellen ermöglichen das, was man ein ganzheitlich-körperbezogenes Gedächtnis nennt. Die intrauterin gemachten Erfahrungen können freilich nicht bewusst erinnert werden, weil sie vorsprachlich sind und nicht in Worte gefasst werden können. Wohl werden sie häufig nonverbal erinnert, indem sie auf körperliche Weise zum Ausdruck gebracht werden. Der Umstand, dass die vorgeburtlichen Erfahrungen nicht als sprachlich-bewusste Erinnerung zur Verfügung stehen, hängt damit zusammen, dass es in den ersten drei Lebensjahren zu »Umbauprozessen« (Hüther 2005, S. 61) im Gehirn kommt, die zu einer Neuorganisation führen, von denen auch die Verschaltungen erfasst werden, die durch vorgeburtliche Erfahrungen entstanden sind:

> »Deshalb sind all jene Erfahrungen, die bereits im Säuglingsalter oder intrauterin gemacht werden, zwar im Gedächtnis der Zellen, einzelner Organe, einzelner Hirnbereiche oder des ganzen Körpers abgespeichert. Sie können jedoch nicht bewusst explizit erinnert oder mitgeteilt werden. Später können sie bisweilen auf ›implizite‹, etwa körperliche Weise zum Ausdruck kommen« (ebd.).

Dazu ein aus Anonymitätsgründen aktiv verschlüsseltes Fallbeispiel aus der therapeutischen Praxis, mit dem die hier gemeinte Form der Erinnerung an diese Zeit deutlich gemacht werden soll.

Fallbeispiel

Eine 48-jährige Krankenschwester, seit zwei Jahren in Analyse, die sie wegen Depressionen und körperlichen Missempfindungen wie Kopfschmerzen, Spannungszuständen und Weinkrämpfen begonnen hat, berichtet immer wieder von Verletzungen durch ihre Mutter. Häufig sagt sie Sitzungen ab oder beendet die Stunde vor Ablauf der Zeit. Dies tut sie so, dass keine Möglichkeit der Deutung meinerseits besteht. Wenn sie auf diese bestimmende Weise eine Sitzung abbricht oder absagt, bleibt bei mir Hilflosigkeit und Ohnmacht zurück. Die Beziehung zu ihrer Mutter haben wir während vieler Sitzungen durchgearbeitet, die Klagen über die inneren Verletzungen, die ihr von ihrer Seite durch Nicht-Verstehen und Respektlosigkeit vor ihren Grenzen und Bedürfnissen zugefügt wurden, hören aber keineswegs auf. Sie werden so bedrängend für mich, dass ich mich körperlich angespannt und unwohl fühle und an meiner Kompetenz zweifele. Obwohl ich mich in den beiden Jahren ihren Schilderungen sehr einfühlsam gegenüber verhalten habe, werde ich immer ratloser. Es bleibt in mir das Gefühl, die Patientin letztlich nicht verstehen zu können, obwohl ich mich sehr bemühe. Mein Verständnis ihrer Verletzung bezieht sich zu diesem Zeitpunkt der Analyse in meinem inneren Bezugsrahmen auf die fehlende emotionale Beziehung zu ihrer Mutter, auf deren Kälte und Unfähigkeit, ihrer kleinen Tochter Wärme und Zuneigung zu geben. Mein Bemühen, ihr in der Analyse davon einiges geben zu können, mündet immer wieder in dem Gefühl, dass es das noch nicht ist, was für sie heilsam ist. Manchmal denke ich auch an eine Inszenierung ihrerseits, mit der sie mir das hilflose, kleine Mädchen vorspielt, das mich auf diese Weise verführt und um das ich mich kümmern soll. Nach einer Supervision wird mir klar, dass ich ihre Verletzungen nicht nur auf der psychologischen Ebene verstehen darf im Sinne einer emotionalen Traumatisierung durch eine narzisstisch-depressive Mutter, die sich kaum auf ihr Kind einstellen kann und es zu keinem befriedigenden Wechselspiel zwischen beiden kommt, wodurch sich erste innere Strukturen bilden können. Indem ich meine Perspektive erweitere und die Verletzungen wörtlich körperlich zu verstehen suche, ändert sich die Arbeit. Die Patientin weint und winselt, wenn sie von ihren Schmerzen spricht, die ich mir körperlich vorstelle. Sie wechselt die Position von der Couch und kauert sich auf dem Boden am Kopfende der Couch zu meinen Füßen. Sie erzählt, dass sie sich gefesselt und eingeschlossen fühlt und dass auf sie eingeschlagen werde. Mit Stöcken und spitzen Gegenständen werde »ein kleines blutiges Etwas« malträtiert. Jetzt bricht die Erinnerung an einen Abtreibungsversuch der Mutter heftig in ihr auf und sie fühlt ihren Schmerz, den ich mit Worten begleite, damit ihr Schmerz ein Echo findet. Einige Wochen später kann sie die Analyse beenden.

Die Erinnerung an eine solche vorgeburtliche Erfahrung darf aber nicht einfach als ein Abrufen einer im Körpergedächtnis gespeicherten Information verstanden werden nach Art des Computermodells, sondern als einen Vorgang, der an eine bestimmte Beziehungssituation mit einem bedeutenden Anderen, also an die Wiederherstellung der vorgeburtlichen Zweieinheit, gebunden ist. In ihrem Körpererleben, in ihren Schmerzzuständen und Spannungen wurden die frühen, vorgeburtlichen Erfahrungen wiederholt und sind gleichzeitig durch neue, reale Schmerz- und Verletzungserfahrungen angereichert worden. Die Erfahrung, dass vorgeburtliche Erlebnisse erinnert werden und diese Erinnerungen keineswegs nur in die vorgeburtliche Zeit projizierte postnatale Erfahrungen sind, belegen die Befunde der pränatalen Psychologie[14]. Damit bekommt auch die auf Freud gründende Auffassung von den unbewussten Fantasien, wie sie oben skizziert wurde, ein biografisches Fundament. Es handelt sich bei der Mutterleibsfantasie also keineswegs »nur« um eine nachträglich, von Triebwünschen gespeiste Wunschvorstellung, sondern durchaus um die Erinnerung an tatsächliche Erfahrungen.

Wenn der Hirnforscher Hüther davon spricht, dass vorgeburtliche Erfahrungen implizit zum Ausdruck kommen, dann kann man dies psychoanalytisch als frühe vorsprachliche Übertragung auf Räume ver-

14 Vgl. die Arbeiten von Grof (1987), Janus (2000) und (2000a), Alberti (2005), Krens/Krens (2005).

stehen, wodurch körperliche Zustände, die vorgeburtliche Erfahrungen transportieren, als eine ganz bestimmte – angenehme oder bedrängende – Wahrnehmung eines Raumes in Szene gesetzt und erlebt werden.
Fazit: Es gibt eine Erinnerung an die vorgeburtliche Zeit, sowohl in den Nervenzellen des Gehirns als auch in den übrigen Zellen unseres Körpers. Gedächtnis und Erinnerung sind keine statischen Größen, die mit der Computermetapher gefasst werden können. Gedächtnis ist eine dynamisch-kreative Funktionsweise, die der Anpassung an neue Situationen dient. Man könnte sagen, dass Gedächtnis eine Art Umsetzung von Umwelterfahrungen in die sich organisierende neuronale Struktur des vorgeburtlichen Kindes ist (vgl. Markowitsch/Welzer 2005, S. 18). Erinnerung ist nicht an kognitive Strukturen gebunden, sondern als ganzheitlich-körperliche Wahrnehmungen zu begreifen, die unbewusst gemacht worden sind und in einer Beziehungssituation zu einem bestimmten Verhalten führen. Von einem solchen Verständnis von Gedächtnis und Erinnerung ausgehend können vorgeburtliche und geburtliche Erfahrungen in bestimmten Situationen erinnert werden, vor allem jene vorgeburtlichen körperlichen Raumerfahrungen, die unserem späteren Raumerleben zu Grunde liegen. Diese Erinnerungen an frühe Räume sind nach den Ergebnissen der pränatalen Psychologie bipolar strukturiert: Sie beinhalten angenehme Erfahrungen des Enthalten- und Geborgenseins und bedrängende, schmerzhafte Erlebnisse, die vor allem aus dem letzten Trimester vor der Geburt stammen. Dies kann sich in einer Ergriffenheit und körperlichen Entspannung zeigen, die ein weiter und offener Raum erzeugt, aber auch als Angst und Beklommenheit, die ein enges und dunkles Zimmer hervorrufen kann.

6. Übergangsräume nach der Geburt

Für die postnatale Entwicklung ist entscheidend, dass fötale und perinatale Gefühle in allen Entwicklungsphasen lebendig bleiben und in Übergangsphasen besonders intensiv aktualisiert werden. Im ersten Übergangsraum von der vorgeburtlichen Phase in die Babyzeit sorgen die Eltern dafür, dass die Sicherheit gebenden pränatalen Empfindungen erhalten bleiben, wenn sie ihr Kind schaukeln, wärmen, mit Nahrung versorgen, Hautkontakt pflegen usw. Die Art und Weise, wie Eltern dies tun oder auch unterlassen, entscheidet darüber, ob das Baby durch Bezug auf die vorgeburtlichen Erlebnisse ein starkes Gefühl von Befriedigung, Sicherheit und Hoffnung entwickelt oder ob es von Ängsten, ins Bodenlose zu versinken, in Stücke zu zerfallen, vergiftet, im Schmutz umzukommen oder aus der Welt herauszufallen, überschwemmt wird. In diesem Fall handelt es sich um ein »kumulatives Trauma« (Janus 2000, S. 75): Die traumatischen prä- und perinatalen Erlebnisse reichern sich mit nachgeburtlichen Erfahrungen an, welche wiederum von den vorgeburtlichen Erlebnissen aufgeladen werden. All diese ambivalenten, im prä- und perinatalen Erleben wurzelnden Gefühle, bilden ebenso die Grundlage für die weitere Entwicklung wie für die großen Themen der Mythen, Riten, Symbole und Religionen, die um Vernichtung oder Erlösung, um Himmel oder Hölle, gute und böse Mächte und dem Kampf zwischen ihnen kreisen.

Vom Säugling zum Kleinkind

Ein weiterer Übergangsraum, indem früheste Erfahrungen aktualisiert werden, ist die Entwicklung vom Säugling zum Kleinkind. Im vierten und fünften Lebensjahr vollzieht das Kind eine erste Emanzipation aus dem Familienuterus. Die Lust an der eigenen Kreativität und Selbstständigkeit ist aber begleitet von der Angst, den Kontakt zum elterlichen Beziehungsnetz zu verlieren. Das Kind braucht immer wieder die Rückversicherung einer Sicherheit gebenden Mutterleibssituation, die den Mut zum nächsten Schritt gibt. Regression und Progression sind die beiden Elemente der Entwicklung, die beim Eintritt ins Schulalter wieder aktiviert werden: Jetzt wird die soziale Verbundenheit mit den Eltern, die eine Aktivierung der vorgeburtlichen Sicherheit ist, nicht mehr nur durch reale Rückkehr zu ihnen gesucht, sondern steht als innere Instanz zur Verfügung: Das Kind hat die nährenden und Sicherheit gebenden Aspekte der Eltern verinnerlicht und trägt sie als ideale Vorstellung vom Leben mit sich. Im Ichideal verwandelt sich die pränatale Welt zur seelisch abgebildeten Innenwelt. Der Himmel ist jetzt nicht mehr außen, sondern innen. In archaischen Kulturen wurde diese innere Instanz nach außen projiziert auf den Anführer oder die Götter.

Pubertät als Übergangraum

Die Pubertät stellt einen Übergangraum dar, in dem die Gefahr, aus der vertrauten Welt, herauszufallen, real wird, denn jetzt werden alle aufgebauten Beheimatungen als Baby, Kleinkind, Schulkind ganz grundsätzlich in Frage gestellt, um eine eigene Identität aufzubauen. Diese Abnabelung aus gewachsenen Beheimatungen zu Gunsten einer Erfindung des eigenen Lebens ist aber nur möglich, wenn es zugleich den Rückzug in »mutterleibsymbolische Eigenwelten« (Janus 2000, S. 31) gibt, die einerseits von der Alltagswelt abgeschnitten sind und dennoch als Energiequellen für den nächsten Schritt in die Realität zur Verfügung stehen. Janus sieht in dieser Tiefenregression und dem inneren Kontakt zu den Ursprüngen eigener Lebendigkeit eine Art Modell, dass sich im weiteren Lebenslauf auf immer neuen Ebenen wiederholt:

> »Diese doppelte Verankerung in der realen postnatalen Welt und in der fiktiven vorgeburtlichen ist so etwas wie ein Existential menschlichen In-der-Welt-Seins, das in den späteren Lebensgestaltungen immer wieder durchgespielt wird, und zwar in unserer modernen Welt in immer komplexeren symbolischen Wechselspielen. Auch unsere Fähigkeit, für uns zu sein, allein zu sein, dürfte einen Bezug zur vorgeburtlichen Selbstgenügsamkeit haben« (ebd., S. 32).

Ähnlich wie Graber sieht Janus im inneren Kontakt zu dieser »jenseitigen« vorgeburtlichen Welt den Motor, dass unser wahres Selbst im Laufe unserer Individuation geboren wird und wir uns aus dieser in vorgeburtlicher Erfahrung bestehender Quelle selbst speisen können. Dabei haben die äußeren Symbolisierungen und Inszenierungen des Kontaktes zu dieser Quelle unterschiedlichste Formen angenommen: Sie reichen von den altseinzeitlichen Höhlenmalereien und der Gestaltung eines Totems über die Inszenierungen eines allmächtigen (fötalen) Königs und die Projektion der vorgeburtlichen Kraftquelle in den Götterhimmel bis zu modernen Ritualen wie Großereignissen und Sportveranstaltungen oder der Teilhabe am unsichtbaren Gruppenzusammenhang des virtuellen Netzes. Bei all dem ist entscheidend, dass die Bedeutung dieser Symbolisierungen affektiv, aber nicht rational ist.

7. Die bipolare Matrix des Wohn-Selbst

Mit diesem Durchschreiten der frühen Räume von der Empfängnis bis zur Pubertät ergibt sich eine bestimmte Strukturierung unseres Wohn-Selbst, welches die bipolare Erfahrungsmatrix dieser vorsprachlich-unbewussten Raumerfahrung enthält.

Abb. 53: Eigene Grafik

Der Pol »Einheitserfahrung« führt zur Suche nach Räumen und vermittelt das Erlebnis von Harmonie, Geborgenheit und angenehmer Raumwahrnehmung. Er reicht vom Wunsch, sich heimisch einzurichten bis zum phobischen Vermeidung von Öffentlichkeit, wie in der Agoraphobie. Der Pol »Bedrängnis und Enge« motiviert ein breites Spektrum von Vermeidungsverhalten im Hinblick auf Räume. Es reicht vom Drang, die Wohnung zu verlassen bis zur phobischen Vermeidung vom Aufenthalt in geschlossen Räumen, wie etwa in der Klaustrophobie. Es ist interessant, dass die beiden Krankheitsbilder Agoraphobie und Klaustrophobie nach räumlichen Vorstellungen benannt sind und sich auf das Erleben von Raum beziehen.

Die bipolare Strukturierung des Wohn-Selbst umfasst noch einen weiteren Aspekt, der sich aus der vor allem von Rank herausgearbeiteten Verarbeitung der bedrängenden Erfahrung vor und während der Geburt bezieht. Diese Verarbeitung geschieht durch selbstschöpferische Tätigkeit, durch künstlerische und geistige Aktivität. Dies wird deutlich am Beispiel von modernen Sakralräumen, die – wie in der Kapelle des Herz-Jesu-Klosters in Bonn-Pützchen der Architekten

Fischer/v. Kietzell (Abb. 54/55) – oftmals nach dem Bild der Ellipse gestaltet sind. Die beiden Brennpunkte werden durch Altar und Ambo dargestellt, deren theologische Bedeutung auch den psychologischen Sinn erschließen kann: Die Figur der Bipolarität symbolisiert die beiden zentralen Strebungen des Wohn-Selbst nach Einheit und Differenz, die polar aufeinander bezogen sind. In der Regel sind es Altar und Ambo, welche diese Bipolarität räumlich abbilden, Orte also, an denen die beiden seelischen Strebungen symbolisch-sinnlichen Ausdruck finden. Der Altar als Ort, an dem im katholischen Gottesdienst die Eucharistie gefeiert wird, wodurch sich der Gläubige durch essende, kommunizierende Teilhabe die göttliche Kraft einverleibt und eins wird mit Christus. Am Altartisch als einem Pol der Ellipse findet also ein nährender, mütterlich geprägter Ritus statt, der als Mahl, als orales Sich-Einverleiben des Gottes auf die frühe pränatale Welterfahrung des Menschenkindes abzielt: Genährt werden ohne Anstrengung und Vorleistung und sich dadurch trotz Trennung der Verbindung zum tragenden mütterlich-göttlichen Urgrund zu vergewissern. Diesem Aspekt polar zugeordnet ist der Ambo als Ort des Wortes und der geistigen Nahrung, als Symbol der herausrufenden, ansprechenden, auffordernden »aggressiven« Seite der Feier, die im Wort, dem »Schwert des Geistes« (Eph. 6,17), zum Ausdruck kommt und den Gläubigen zur Vergeistigung seines Lebens und damit zur eigenen Individuation einlädt. Dies lässt sich mit Rank als selbstschöpferische Erhebung über die Gebundenheit und Anhaftung an das mütterlich-irdische biologische Geburtsgeschehen deuten, mithin als Akt der Wiedergeburt.

Abb. 54: Bonn-Pützchen, Herz-Jesu-Kloster, Kapelle, 2005, DVD Architekten Fische /v. Kietzell, © Johannes Marburg; mit freundlicher Erlaubnis der Künstler

Abb. 55: Bonn-Pützchen, Herz-Jesu-Kloster, bipolarer Innenraum, 2005, DVD Architekten Fischer / v. Kietzell, © Johannes Marburg; mit freundlicher Erlaubnis der Künstler

Von dieser bipolaren Struktur unseres Wohn-Selbst bietet sich eine differenzierte Interpretation des bekannten Satzes des Architekten Dominikus Böhm »Raum ist Sehnsucht« an. Raum kann Ort und Ziel von Sehnsucht sein, weil er ein verlorenes Objekt symbolisiert, welches wieder gefunden werden will. Wenn diese Sehnsucht ausschließlich auf die vorgeburtliche Einheitserfahrung bezogen wird und somit die Hoffnung meint, in Räumen dieses ursprüngliche Objekt wiederzufinden, greift sie sicher zu kurz. Der bipolare Raum, Symbol der inneren Struktur des Wohn-Selbst, hält auch den Gegenpol in Erinnerung: Die Hoffnung auf Differenzierung, Individuation, Trennung als kreative Verwirklichung menschlichen Lebens und Überwindung jener Angst, die Rank mit der Enge und dem Schmerz der vorgeburtlichen und geburtlichen Erfahrung in Verbindung bringt. Er kann aber auch Objekt von Ängsten und Schmerzen sein, auf dessen Vermeidung die Energie gerichtet ist.

B. Wohnen als heilsame Erfahrung

Räume, Wohnungen und deren Einrichtungen können auf unser seelisches Erleben zurückwirken, und umgekehrt bestimmt unser seelisches Erleben die Art und Weise, wie wir wohnen, und zwar sowohl was die Objekte des Wohnens als auch den Vollzug des Wohnens betrifft. Wir haben im vorigen Abschnitt die frühesten Erlebnisschichten freigelegt, die durch das Wohnen aktiviert werden und auf denen sich die subjektiven Empfindungen, die das Wohnen auslöst, gründen. Das bedeutet auch, dass wir Einfluss nehmen können auf unser seelisches Empfinden über die Art und Weise, wie wir wohnen. Wohnen ist gleichsam eine alltägliche Arbeit an unserem Selbst mit therapeutischer Wirkung. Wohnen kann man verstehen als eine Art der Selbstsorge, die die eigene Autonomie und Bezogenheit unterstützt. Als psychohygienische Aktivität kann Wohnen helfen, unser Selbst im Gleichgewicht zu halten zwischen den Wünschen nach Selbstabgrenzung und Selbstöffnung.

Im zweiten Teil dieses Kapitels geht es nun darum, solche heilsamen Aspekte des Wohnens zu benennen, die im Rückgriff auf die bereits oben genannten Klassiker einer Psychoanalyse des vorgeburtlichen und geburtlichen Erlebens genannt wurden.

8. Wohnen als Bewältigung von Trennungsangst

Ranks Kulturtheorie des Wohnens

Die Theorie von der dynamischen Wirksamkeit der verdrängten Geburtsangst, wie Rank sie formuliert hat, enthält einen bedeutsamen kulturtheoretischen Aspekt im Hinblick auf die psychologische Bedeutung des Bauens und Wohnens. Die Geburt markiert einen Daseinswechsel, der nach Rank mit dem Verlust eines als angenehm und lustvoll erlebten intrauterinen Zustand zusammenhängt und das Bedürfnis nach Wiederherstellung intrauteriner Lebensbedingungen aktiviert. Dahinter verbirgt sich die Vorstellung eines vorgeburtlichen harmonischen und paradiesischen Urzustandes – eine Annahme, die, wie wir gesehen haben, vom heutigen Wissensstand um pränatale Erlebnisse von Embryo und Fötus so nicht zu halten ist. Die vorgeburtliche Lebenszeit ist keineswegs friedlich und ideal: Sie ist oft eng und bedrängend. Es handelt sich bei Rank auf Grund des vor 90 Jahren fehlenden Wissens um den intrauterinen Zustand um eine eindeutige Wunschvorstellung, eine die reale Situation verleugnende Idealisierung. Wenn bei Rank die idealisierende Perspektive auch vorherrscht, so gibt es bei ihm auch Hinweise auf eine realistischere Einschätzung der Situation des Fötus. Die griechischen Unterweltstrafen und die christlichen Höllenstrafen versteht Rank (1924, S. 127) als symbolische Reproduktion der intrauterinen Situation. Das Übergewicht der paradiesischen Vorstellung macht dennoch einen Sinn, wenn man die überragende Bedeutung des Geburtstraumas in Rechnung stellt. Die traumatische Trennungserfahrung führt zu Idealisierung des früheren Zustandes, auch wenn dieser so nie bestanden hat. Es ist zu vergleichen mit einem Menschen, der auf Grund bedrängender und entbehrender Lebenserfahrung im Erwachsenenalter den Zustand der Kindheit und Jugend im goldenen Licht erscheinen lässt. Im Bezug auf die Menschheitsgeschichte begegnet uns diese nachträgliche Idealisierung eines früheren Zustands im Mythos vom Paradies und der Vertreibung daraus. Unabhängig von der Realität des vorgeburtlichen Lebens ist es für die kulturelle und künstlerische Aktivität des Menschen bedeutsam, dass er nach Rank durch Kulturarbeit eine sublimierte Ersatzbildung des Urzustandes zu finden sucht, die eine Überwindung des Urtraumas der Geburt und der Trennung darstellt.

Mit großem Scharfblick untersucht Rank mythologisches Material und sieht im Mythos vom Helden den Versuch, dass Trauma der Geburt zu kompensieren. Schon die Geburt des Helden – Aussetzung, Tötungsversuch, Verwahrlosung – deutet auf ein schweres Trauma hin, welches durch alle möglichen Heldentaten wieder inszeniert wird und auf diese Weise bewältigt werden soll. Typische Motive wie unverwundbare Hornhaut, Tarnkappe, schützender Aufenthalt im Tierleib, Erlösungs- und Erwählungsfantasien erweisen sich als eine Art Daueruterus, der den Helden umgibt. Die Entstehung dieses Urtyps von Mythos im europäischen Kulturkreis verweist auf die Völkerwanderung im alten Griechenland: Die Trennung vom heimischen Mutterboden und die Neuansiedlung an fremden Küsten deutet Rank als Wiederholung des Geburtstraumas, welches die Bildung von Mythos und Kunst als dessen Bewältigung begünstigt. Die Wurzel der Kunst, so Rank, ist ein Formproblem, denn alle Form geht »auf die Urform des mütterlichen Gefäßes zurück, die in der Kunst in weitgehendem Maße Inhalt geworden ist; und zwar in einer idealisierten und – eben zur Form – sublimierten Weise, welche die der Urverdrängung verfallene Urform wieder akzeptabel macht, indem sie als ›schön‹ dargestellt und empfunden werden kann« (Rank 1924, S. 153).

Abb. 56:
Weibliche Figurine, um 1000 v. Chr., Terracotta

Wohnen als kreative Selbstschöpfung

Im künstlerischen Akt, zu dessen Urform Rank das Bauen zählt, sucht der schaffende und gestaltende Mensch eine einmal bestandene und verloren gegangene Einheit mit dem vorgeburtlichen Universum wiederherzustellen. Die Wurzeln des kosmischen und spirituellen Einheitsgefühls sieht Rank im vorgeburtlichen Zustand, welcher durch das Trauma der Geburt jäh beendet und im künstlerischen Akt wiederhergestellt wird. Vom Standpunkt heutigen Wissens um das pränatale Leben muss diese einfache, in der Psychoanalyse oft immer noch vorherrschende Auffassung eines Gegensatzes von Einssein und Getrenntsein, wobei Einssein mit dem Zustand vor, Getrenntsein mit dem Zustand nach der Geburt gleichgesetzt wird, zurückgewiesen werden. Von Anfang an sind die befruchtete Samenzelle, der Embryo und der Fötus eine vom mütterlichen Organismus geschiedene Einheit, wenn es auch dichte Momente der Symbiose und Verschmelzung gibt. Von Beginn an besteht also eine bezogene Polarität von Getrennt- und Verbundensein. Der Fötus ist Teil eines größeren Ganzen und ist selbst ein Ganzes, von dem der mütterliche Leib ein Teil ist. Wir haben diesen Zustand als »Teil-Ganzes« bezeichnet. Wenn man dies mit bedenkt, wird der zweite von Rank ausgearbeitete Aspekt der künstlerisch wiederherzustellenden All-Einheit plausibel: Es handelt sich nämlich keineswegs um eine nostalgische Aktivität, die regressiv etwas Verlorenes zu finden glaubt, sondern gleichzeitig um eine selbstschöpferische Tätigkeit im Sinne einer Neuschöpfung. In dieser, die intrauterine Vergangenheit übersteigende Neuschöpfung, sieht Rank die ursprüngliche Kreativität des Menschen begründet.

Bebauen der Erde als Beseelung des Menschen

Seine These vom kreativen Charakter menschlicher Weltgestaltung[15] verdeutlicht er durch seine Studien zum Bauen als Grundvorgang von Kunst, wie Otto Rank sie in dem breit angelegten philosophisch-psychologisch-kulturtheoretischen Hauptwerk *Kunst und Künstler* im

15 Ranks Auffassung ist dem Kreativitäts-Konzept Winnicotts, wonach Kreativität eine »Tönung der gesamten Haltung gegenüber der äußeren Realität« (1979, S. 78) darstellt, sehr ähnlich.

Jahr 1932 entwickelt hat. Dabei ist Erhebung des Menschen über die Erde, das »Emporrücken des Himmels« jene Grundbewegung der Individuation, die sich in der bebauenden Tätigkeit Ausdruck verschafft. Im Bauen und Wohnen sind beide Aspekte vereint: das Wieder-Finden des verlorenen Urraumes und das Neugestalten eines menschlichen Lebensraumes, der die traumatische Verlusterfahrung überwindet. In psychohistorischer Perspektive, welche diese beiden Aspekte in sich aufnimmt, erscheint die Geschichte der Menschwerdung des Menschen auf dieser Erde als eine Geschichte seiner Beseelung, die sich in der bebauenden Konstruktion der Welt widerspiegelt. Damit nimmt Rank Gedanken vorweg, die wir bereits im ersten Kapitel als Heideggers Verständnis des Wohnens als Sein auf dieser Welt kennen gelernt haben. Damit wird dieser philosophische Aspekt psychologisch konkreter: Im Bauen lässt sich der Vorgang der Entstehung einer inneren, seelischen Wirklichkeit nachzeichnen. Im Bebauen der Erde wird die Beseelung des Menschen anschaulich, und zwar in der Doppelperspektive der erhofften und verloren gegangenen Einheit und als Selbstbefreiung aus bindenden Verlusterfahrungen und traumatischen Geburterlebnissen. Weil Rank seine Auffassung von Kreativität psychohistorisch verwurzelt, sollen im Folgenden die wichtigsten Aspekte des Wohnens und Bauens genannt werden.

Psychohistorische Erweiterung: Grabbau, Hausbau, Tempelbau

Rank unterscheidet in der Frühzeit der Entstehung der Baukunst drei Phasen: Grabbau, Hausbau, Tempelbau, denen jeweils eine bestimmte Bewusstseinsstufe zugeordnet ist: die Totenseele, die Lebensseele und die Gottesseele.

Das erste Haus, dass der Mensch der Altsteinzeit baut, ist ein Haus für die Toten – ein Grab – denn die Erfahrung des Todes lässt ihn glauben, dass der ganze Mensch an einem anderen Ort weiterlebt, und zwar nicht nur in Form einer vom Körper getrennten geistigen Seele, sondern als ganzer Mensch. Sein Bewusstsein von sich selbst war noch vor-dualistisch. Deshalb bedarf es eines Wohnhauses, eines Aufenthaltsortes, das den toten Menschen wie eine Hülle umfängt. Der Tote bedarf mehr als der Lebende eines solchen Hauses, da er sich ja nicht frei bewegen kann. Die Vorstellung, dass das Totenhaus später zu einem Ort der Wiedergeburt wird, deutet darauf hin, dass sich die Seelenkonzeption in Richtung eines Dualismus von sterblichem Leib und unsterblicher Seele gewandelt hat. Die Idee der Wandlung und Wiedergeburt nimmt ihren Ausgang von der sehr sinnenhaften Beobachtung eines Seelenwurms, der aus dem Leichnam hervorkriecht. Der an der Leiche zu beobachtende Wurm lässt den Rückschluss zu, dass im Toten neues Leben entsteht. Später wurde der Wurm, erstes Symbol einer überindividuellen Seele, durch andere, größere Tiere ersetzt und beeinflusste die Bestattungsriten, bei denen der Tote in einem Tierkörper oder in einer Tierhaut bestattet wurde. Die Vorstellung, von einem großen Tier verschlungen zu werden, eignete sich besser als der Wurm, der ja den Leichnam zerfraß, um die Wiedergeburt aus dem Leib der Mutter darzustellen. Im Wort »Sarkophag«, dass ja aus dem Griechischen stammt und »Fleischfresser« bedeutet, und auf den der frühe Grabbau als heutiger »Sarg« zusammengeschrumpft ist, klingt noch etwas von dieser frühen Erfahrung des umwandelnden Gefressen-Werdens nach. Nach Rank (1932, S. 140) entspricht das Einnähen eines Toten in die Tierhaut dem Mythos vom Verschlungenwerden durch ein großes Tier, aus dem der Verschlungene wie ein Wunder herausfindet.

Die Vorstellung vom Mutterleib als einem Fisch lebt in zahlreichen Vorstellungen weiter wie in der Jona-Geschichte der Bibel. Diese frühe Grablegung des Toten in ein Tier spiegelt eine doppelte Strebung wider: Einerseits speist sie sich von der Erfahrung intrauterinen Lebens, und andererseits stellt sie einen ersten »Fortschritt in der Geistigkeit« (Freud) dar, weil sich der frühe Mensch in diesen Praktiken bereits über seine Herkunft erhebt und sich ein zweites Mal als geboren erlebt, was ihn zur Gewissheit der Unsterblichkeit führt. Diese selbstschöpferische Tendenz begegnet uns in den späteren Ausgestaltungen der Totenhäuser als Gruften, Krypten und Kapellen, die dann zum Ort der Wiedergeburt einer von allem Fleischlichen und Vergänglichen befreiten Seele wurde. Die Verknüpfung von Grabbau und Hausbau findet Rank von den Urgeschichtsforschern insofern bestätigt, als die ursprünglichen Wohnungen des Menschen eben keine gebauten Häuser waren, sondern natürliche Felsvorsprünge und höhlenartige Ausbuchtungen, da sich der frühe Mensch noch nicht ins Innere von Höhlen hineintraute. Erst auf der Bewusstseinsstufe »Lebensseele« wird die natürliche

Behausung auf die Erde und schließlich auf Bergeshöhen verlagert. Zunächst aber war der Baum, der sich in der Weite der Savanne findet, jener Platz, der einen Ort zwischen Himmel und Erde darstellte und als Baum-Haus Schutz vor den Tieren bot.

Abb. 57: Pfahl-Haus (Zentral-Celebes), aus: Rank, Otto (1932): Kunst und Künstler. Gießen 2000, S. 168

Im Pfahlbau, der nicht am Wasser, sondern auf dem trockenen Land entstanden ist, begegnen uns der erste selbst geschaffene Schutz und damit eine Loslösung von der mütterlichen Erde. In diesem ersten Haus ist der ganze Mensch und nicht nur seine erdhaft-mutterleibliche Herkunft dargestellt, sondern auch seine selbstschöpferische »Erhebung über die Erde« (Rank 1932, S. 166). Der ursprünglich natürliche Höhlenschutz wird jetzt von unterhalb der Erde nach oben verlegt. Bis heute spricht man vom oberen Teil des Hauses als »Dachboden«.

Mikrokosmierung und Makrokosmierung als Bewusstseinsstufen

Die dritte Stufe in der Seelen- und Bewusstseinsevolution, die reine Geistigkeit des Menschen, der sich von erdhaften Bindungen befreit, spiegelt sich wider im Übergang vom Wohnhaus zum Tempel, vom Pfahlbau zur sakralen Säulenhalle. In der Entwicklung des griechischen Tempels lässt sich dieser kollektive Bewusstseinswandel besonders eindrücklich nachvollziehen.

Abb. 58: Griechischer Tempel, Parthenon/Athen

Die Proportionalität von Säulentempel und menschlichem Körper spiegelt eine neue Bewusstseinsstufe wider, nach der der Mensch das Maß aller Dinge ist. Dieses »Emporrücken des Himmels« (Jaspers) als ein entscheidender Schritt im »Fortschritt in der Geistigkeit« (Freud) verlagert die Götter und Heroen aus der menschlichen Welt in eine himmlische Sphäre: Sie werden auf die Gipfel der Berge wie den Olymp verlegt, wie auch in der jüdischen Religionsgeschichte der Berg Sinai zum Ort der Gotteserscheinung wird. Die Toten hingegen werden in die Unterwelt verbannt und so entzieht sich der Mensch dem Einflussbereich der Götter und der Macht der Toten. Der *Mikrokosmos* des Menschen wird so zum Mittelpunkt und Maßstab des jetzt entstehenden geozentrischen und anthropozentrischen Weltbildes. Ganz anders gestaltete sich diese Entwicklung im Orient. Dessen große architektonische Bauten stellten eine *makrokosmische* Widerspiegelung der göttlichen Welt dar: Das Leben auf der Erde ist keine eigene Existenzform, sondern Abbild der alles umfassenden mütterlich-nährenden, jenseitig-göttlichen Welt.

Abb. 59: Sultan Ahmed-Moschee, Istanbul, Türkei, aus: Gottes Häuser. Fotografiert von Andreas Hoffmann. Einleitungen und Textauswahl von Peter Wild. Gütersloh 1997, S. 23

Diesen beiden geistigen Tendenzen, dem sich über die Erde erhebenden autonomem Bewusstsein der Griechen und dem höhlenartigen Enthaltensein der Orientalen, entsprechen die beiden unterschiedlichen Baustile: Der Höhlenarchitektur des Orients mit Kuppeln, Rundungen und gewölbten Innenräumen (Abb. 59) steht die »Dolmenarchitektur« des Okzidents gegenüber, wie sie in der griechischen Säule ihre Vollendung gefunden hat. Die eine Form hat phallischen, die andere uterischen Charakter (Gebser 1992, S. 36f.). Eine Integration dieser polaren Elemente des Männlich-Väterlichen und des Weiblich-Mütterlichen findet sich in den christlichen Sakralbauten. Eine solche gelungene Verbindung dieser beiden Elemente findet sich in der Kathedrale Saint Philibert in Tournus in Burgund (Abb. 60), in denen Säulen und Türme mit Gewölben und Kuppeln eine bezogene ganzheitliche Polarität darstellen, wie sie ja inhaltlich in der Vorstellung von der Menschwerdung des Gottes als Integration beider Teile zum Ausdruck kommt.

Abb. 60:
Saint Philibert, Tournus, Frankreich/Burgund

Es geht hier darum, die beiden für das Bewusstsein des Menschen so entscheidenden Tendenzen festzuhalten, die Rank mit den Begriffen von *Makrokosmierung* und *Mikrokosmierung* beschreibt, und die im Übergang von der orientalischen zur okzidentalen Architektur als symbolischer Niederschlag festgemacht werden können. Während sich im makrokosmischen Bewusstsein der Mensch vorzugsweise als Teil eines größeren Ganzen erfährt, also in mutterleiblicher Eingebundenheit lebt, wandelt sich im mikrokosmischen Bewusstseinszustand das Selbstverständnis des Menschen vom biologischen Geschöpf zum selbstschöpferischen Geist. Es der Übergang vom unbewussten Selbst zum Ich-Bewusstsein, jener Vorgang also, den Freud so treffend als Therapieziel für das aufgeklärte, autonome Subjekt beschrieben hat: »Wo Es war, soll Ich werden« (Freud 1923).

Dem Wohnen, so die Folgerung aus diesem psychohistorischen Befund, liegt eine doppelte Motivstruktur zu Grunde: Es geht um die Wiederherstellung mutterleibsähnlicher, Sicherheit gebender Vertrautheit und zugleich um die selbstschöpferische Erhebung über jene bedrohlichen Erfahrungen, die mit Geburt und vorgeburtlicher Situation verbunden sind. Dem heutigen Bewusstsein ist der letzte Aspekt sicher näher liegender, weil er dem emanzipatorisch-avantgardistischen Akzent von Bauen und autonomem Wohnen als Möglichkeit der Selbstverwirklichung mehr Raum gibt. Bevor wir uns letzterem Motiv zuwenden, geht es zunächst um das mehr unbewusste Motiv des mutterleibähnlichen Eingebundenseins in einen größeren makrokosmischen Zusammenhang.

9. Wohnen als Zugang zur Einheitserfahrung

Die vorgeburtliche Erfahrung des Eingebundenseins bestimmt alle späteren Einheitserlebnisse, wie sie etwa in spirituellen und meditativen Übungen gesucht und in mystischen, ekstatischen, rauschhaften und religiösen Erlebnissen beschrieben werden. Den Wurzeln dieser Einheitserfahrung ist Graber auf der Spur. In Übereinstimmung mit Rank versteht er kulturelle Schöpfungen wie Haus und Wohnung als Ersatzbildungen für den verloren gegangen Urraum. Die uns umgebenen Räume stehen für jenes unbewusste Selbst, welches seine Wurzeln in der Einheitserfahrung des Fötus im Mutterleib hat. Je weiter sich im Lebenslauf eines Menschen die Ich-Werdung und die Fähigkeit zum Ertragen von Ambivalenz entwickelt haben, desto intensiver wird jener ursprüngliche Zustand des unbewussten Selbst gesucht, den Graber mit dem Nirwanaprinzip und dem Unsterblichkeitsglauben vergleicht. Das Streben nach Ureinheit ist in Grabers Perspektive Ziel der Individuation, welche alle Dualität hinter sich lässt. Dieses Streben ist grundiert vom unbewussten vorgeburtlichen Alleinheitserlebnis, welches auch eine fortwährende Erneuerung des ambivalenten, ichhaften Lebens aus dessen Ursprung heraus ermöglicht. Diese Erneuerung findet statt in »Wiedergeburten« wie Schlaf, Sättigung, Liebeserfüllung, Ritualen und spirituell-religiösen Einheitserfahrungen. Nach Graber handelt es sich dabei um notwendige Regenerationsvorgänge, die die Fortsetzung des Lebens angesichts des traumatischen Daseinswechsels der Geburt ermöglichen.

Wenn man von Grabers Ansatz ausgehend die Bedeutung des Wohnens erhellen will, muss man sich noch einmal die Bedeutung der Ich-Selbst-Dynamik bewusst machen, und zwar für die Therapieziele und für die Erreichung von Erfüllung und innerem Frieden. Graber sieht das Ziel der Individuation des Menschen darin, das bewusste Ich mit seinen mannigfaltigen Identifizierungen allmählich aufzuheben zu Gunsten des unbewussten Selbst, in dem der Mensch zu seiner ursprünglichen Einheit zurückfinden kann. Diese Rückkehr versteht Graber nicht als Regression im Sinne eines frühen Triebziels, sondern als Aufhebung der Triebe und Überschreiten des triebhaften Ichs in Richtung des wahren, unbewussten, einheitsbezogenen Selbst, dessen Wurzeln im vorgeburtlichen Zustand verborgen liegen, die aber »als *innere* Erinnerung, als Engramm, wie eine lautere Quelle unsere Seele labt, selbst dort, wo wir in der Angst und im Leid der Ichbedrängnisse eines verheerenden Ichschicksals zu verdursten drohen« (Graber 1924, S. 166).

Dieses zeitlose Selbst begegnet dem Menschen in früheren Bewusstseinszuständen, vor allem in den Projektionen in ein jenseitig-ewiges Dasein und in der Vorstellung eines einen und einzigen Gottes, der uns gegenübertritt. Aber auch begrenzte und profane Dinge können zu Trägern der Projektion des unbewussten Selbst werden und damit als Symbole dieses wahren Selbst auf uns rückwirken. Wenn wir mit ihnen in Kontakt stehen, bewirken sie das Erlebnis der Wiedergeburt, dass heißt die Überwindung der ichhaften Angst, von unserem ursprünglichen unbewussten ewigen Selbst getrennt zu sein.

Bei Wohnung und Haus handelt es sich ohne Zweifel um solche Orte der »Wiedergeburt«. Hier ist ja für die meisten Menschen das Realitätsprinzip der Außenwelt und des Berufslebens außer Kraft gesetzt; vor allem in der oben beschriebenen Polarität von privat/öffentlich übernimmt die Wohnung die Funktion eines seelischen Schutzraumes, in dem der Kontakt und die Begegnung mit dem unbewussten Selbst möglich wird. Der Aufenthalt in der eigenen Wohnung kann deshalb als eine Art Wiedergeburtserlebnis empfunden werden. Die umgebenden Wände, die Ausstattung, die vertrauten Gegenstände ermöglichen die Fantasie eines Lebens, welches ganzheitlicher ist als das durch zahlreiche oft widersprüchliche Anforderungen des Berufs gespaltene öffentliche Leben. Die eigenen vier Wände können so zum Symbol des unbewussten Selbst werden, wodurch das unter Konflikten und Ambivalenzen leidende Ich etwas von jener Ich-Erweiterung erlebt, die durch die vorgeburtliche Einheitserfahrung präfiguriert wurde.

10. Die Wohnung als Symbol der nährenden Plazenta

Lloyd deMause und die fötalen Ursprünge von Kultur und Geschichte

Die inneren Repräsentanzen der nährenden und vergiftenden Plazenta und deren Spaltung bzw. Integration bilden nach deMause die Grundlagen von Kultur und Geschichte: »Die Allgegenwart der fötalen Bildsprache mit Verschmutzungsängsten, Blutsbanden, nährenden und monströsen Wesen, Wiedergeburtsritualen und kataklysmischen Umwälzungen im Gruppenleben der Menschheit von primitiven Religionen bis zur modernen Politik ist einfach zu deutlich, um ignoriert zu werden« (deMause 2000, S. 352).

An Gruppen und Institutionen teilzunehmen, ist wie die Fantasie zu teilen, einem gemeinsamen Mutterleib anzugehören und mit anderen durch Nabelschnüre verbunden zu sein und genährt zu werden. Die Anführer von Gruppen oder die Götter von Völkern sind wie Plazentas, die mit Gutem versorgen und das Schlechte entsorgen. Die Gruppenfantasie kann sich auch in Räumen materialisieren, die diese nährende Plazenta symbolisieren und die zugleich vor der vergiftenden Plazenta schützen. Urform dieses Raumes ist die altsteinzeitliche Höhle, die weniger Wohnraum war, sondern »Mutterleibs-Heiligtum« (ebd., S. 379). Bevor wir den Weg von der Höhle zur Wohnung weiter verfolgen, ist es notwendig, zunächst die Symbolik der Plazenta in der Kultur darzustellen, wie deMause sie verstanden hat.

Plazenta-Symbolik

»Alle Geburten sind Zwillingsgeburten; niemand kommt unbegleitet und ohne Anhang zur Welt« (Sloterdijk 1998, S. 419). Mit diesem Satz beginnt der Philosoph Peter Sloterdijk das Engel-Kapitel in seiner philosophischen Psychologie *Sphären I, Blasen*. Engel und Schutzgeister sind spätere personale Symbolisierungen dieses Zwillings, der als Plazenta der erste Begleiter des Menschen war. Bei den meisten Stämmen der Naturvölker wird die Plazenta nach der Geburt aufbewahrt. Als

»Double« steht sie für die »Seele« des Säuglings; sie wird rituell begraben oder an der Spitze eines Baumes oder eines Pfahles aufgehängt, der dann zum Baum des Lebens wird. Im ägyptischen Ritus des Sed-Festes, in dem die Wiedergeburt des Pharaos rituell begangen wird, führt die an einem langen Pfahl befestigte Plazenta eine Prozession an. DeMause (2000, S. 393) sieht hierin den Prototyp aller Standarten und Fahnen in ihrer schützenden und nährenden Wirkung.

Abb. 61:
Die Plazenta des Pharaos beim Sed-Fest, ca. 3000 v. Chr.

Die Diener des Pharaos wurden »Wächter der Plazenta des Pharaos« genannt und stehen für das *ka,* die Seele des Menschen. Bei königlichen Geburtsszenen wurden in Ägypten oft zwei Babys dargestellt, wobei das zweite den Zwilling, das *ka* des Pharao, darstellt, das seine Macht und Lebenskraft enthält und sich in der nach ihm geborenen Plazenta materialisiert.

Abb. 62:
Zwei Reiter, die aus einem Labyrinth herauskommen. Zeichnung auf dem Krug von Tragliatella, aus: Rank, Otto (1932): Kunst und Künstler. Gießen 2000, S. 157

Eine Darstellung der nährenden Plazenta findet sich auf dem »Krug von Tragliatella«, ein im 6.–7. Jahrhundert gefertigtes Gefäß, auf dem die Reiter aus einem Labyrinth herauskommen, welches sowohl die Trojaburg symbolisiert als auch das idealisierte Leibesinnere, aus denen die Helden hervorgehen. In der Sage vom hölzernen Pferd, aus dessen Innerem die Reiter hervorgehen, wird das Gefäß das mythische Gegenstück zur Trojaburg benannt. Die nährende Plazenta wird auf das Innere des Pferdes verschoben, aus welchem den Helden die Kraft zum Kampf erwächst.

Abb. 63: Raphael und Gabriel als Seelenführer, Altartafel des Meisters von Lluca, um 1200

Da die Plazenta, wie deMause betont, neben der nährenden auch eine vergiftende Seite hat, kann diese sich auch in gefürchteten Geistern oder Teufeln ausdrücken. Vorläufer dieser menschenähnlichen Symbolisierungen sind Pflanzen und Tiere, die jeweils den nährend-schützenden und den vergiftend-verschlingenden Teil der Plazenta ausdrücken. Der vergiftende Aspekt der Plazenta leitet sich aus der Tatsache ab, dass im letzten Trimester der Schwangerschaft der Fötus der Plazenta entwächst und diese ihre Funktion, mit frischem Blut und Sauerstoff zu versorgen, kaum noch erfüllen kann. Die Plazenta wird für ihn zur

Quelle des Schmerzes, wenn das Blut, das sie liefert, von Kohlendioxyd und Ausscheidungsstoffen verunreinigt ist. Für deMause liegen in der doppelten Objekterfahrung mit der nährenden und vergiftenden Plazenta die physischen Prototypen der späteren psychischen Mechanismen Projektion und Introjektion. Die nährende Plazenta ist das erste Objekt einer guten Beziehung und wird als solche introjiziert, während die vergiftende Plazenta der Behälter ist, in den alle negativen und schmerzhaften Spannungen zurückgegeben und auf ihn projiziert werden. Folgerichtig stellt deMause die These auf,

> »dass so, wie die befriedigenden und dankbaren Gefühle, die mit der Nährenden Plazenta verbunden werden, einen Prototyp für alle späteren Liebesbeziehungen bilden, auch die Erfahrungen des Verunreinigtwerdens und Erstickens eine Haltung der Furcht und des Zornes gegenüber der Vergiftenden Plazenta hervorrufen, die somit der Prototyp aller späteren Hassbeziehungen ist – ob zur mörderischen Mutter, zum kastrierenden Vater oder, in letzter Instanz, zum strafenden Über-Ich selbst« (deMause 2000, S. 349).

Eine Symbolisierung der vergiftenden Plazenta findet sich in Tieren wie Kraken, Polypen, Schlangen und Drachen.

Besonders Baum und Adler und deren Abkömmlinge sind die wichtigsten Symbolträger dieser plazentalen Doppelbedeutung (vgl. Janus 2000, S. 293–307).

Baum-Haus, Tempel, Wohnung

Das Baum-Haus ist uns bereits bei der Erhebung des frühen Menschen aus den Erdlöchern begegnet. Insofern es als Wohnsitz des Menschen seine Entfernung vom nährenden Mutterboden notwendig macht, werden Stamm und Krone des Baumes zur verbindenden und nährenden Nabelschnur und Plazenta. Der Baum begegnet uns in zahlreichen Dichtungen der Völker als zentrales Lebenssymbol. Im zweiten Schöpfungsbericht der Bibel z. B. werden mehrere nährende Bäume genannt, wobei ein Baum, nämlich der der Erkenntnis von gut und böse, eine besondere Erwähnung findet, denn von ihm zu essen wird dem Menschen untersagt. Sollte er dieses Verbot überschreiten, so der biblische Text, werde er sterben. Der Tod im intrauterinen Paradies, welcher durch den

Genuss der Frucht vom verbotenen Baum bewirkt wird, ist gleichzeitig die Geburt in die nachuterine Welt. Der Legenda aurea zufolge, einer mittelalterlichen Sammlung von Heiligenlegenden, erwächst auf dem Grab des Adam ein Baum, aus dem später das Kreuz Christi gemacht ist. Dieses Kreuz wird dann in der christlichen Symbolik zum Welten- und Lebensbaum, von dem die Erlösung und die Wiedergeburt ausgehen durch den Tod Christi.

Abb. 64: Ernst Steiner, »Ich kehre wieder – Du niemals«, Postkarte. Mit freundlicher Genehmigung des Künstlers

Auf den plazentalen Bezug des Baumes, wie er in der Grafik von Ernst Steiner (Abb. 64) in den Ästen, die wie Blutgefäße aussehen, zum Ausdruck kommt, verweist auch das Motiv des umgekehrten Baumes, das in verschiedenen Mythologien auftaucht und nach Janus die Wendung des Fötus um 180 Grad widerspiegelt und somit die Wendung vom Tod zum Leben symbolisiert (Janus 2000a, S. 294). Interessant ist, dass der Apostel Petrus der Tradition nach mit dem Kopf nach unten gekreuzigt wurde und damit eben diese lebenserneuernde Wendung, die man im Tod der Märtyrer erblickte, vollzog.

Die lebensspendende Bedeutung des Baumes erlangt dieser dadurch, dass er nach Meinung der meisten Urgeschichtsforscher (vgl. Rank 1932, S. 169) das erste Wohnhaus darstellt, durch das der Mensch die passive Position des Beschützt-Werdens durch die aktive Position des Sich-Erhebens über die schützende mutterleibliche Urhöhle überwindet. Spuren dieser kreativen Leistung identifiziert der Urgeschichtsforscher Leroi-Gourhan (1988, S. 397) bereits für die »Wohnungsbauer«

der mittleren Altsteinzeit, die mit den ersten bildlichen Darstellungen zusammenhängen. Stellflächen am Eingang von Höhlen und Felsvorsprüngen werden durch Mammutstoßzähne von der Umwelt abgegrenzt, um ein Innen und Außen zu schaffen. Dieser erste Wohnraum übernimmt somit neben der funktionellen bereits eine symbolische Funktion, indem er den Bewohner vom Chaos der Umwelt abgrenzt. Dieses Chaos, dass uns ja später auch im Schöpfungsbericht der Bibel als Zustand vor der Schöpfung begegnet, steht für jenen natürlichen Zustand, der seine unstrukturierte, chaotische und bedrohliche Seite erst durch die Projektion des intrauterinen Chaos auf die Außenwelt erhält.

Der Zuwachs an selbstschöpferischen Fähigkeiten spiegelt sich in diesem ersten Schritt von »natürlichen« zu »kulturellen« Wohnformen: Die natürlichen Felsvorsprünge und Erdlöcher boten Schutz, die Verschiebung auf Bergeshöhen gaben Macht und signalisierten somit einen Zuwachs an Autonomie:

> »Das erste wirkliche Haus, zu dem sich der anfängliche Höhlenbewohner – im wahrsten Sinne des Wortes – aufschwang, nämlich der Baum, hat zunächst auch noch schützenden Charakter, stellt aber in seiner Erhebung über die Erde schon einen Schritt zur Erfindung dar, die sich dann im primitiven Haus, dem Pfahlbau, bereits schöpferisch auswirkt« (Rank 1932, S. 166).

Belegt wird diese These dadurch, dass tatsächlich die ersten Pfahlbauten nicht im Wasser, wie zu vermuten wäre, sondern auf dem Land entstanden und der schützenden Baumhöhle nachempfunden sind. Dieses Haus auf Beinen stellt eine selbstschöpferische Leistung des Menschen dar, der sich über den mütterlichen Erdboden erhebt und gleichzeitig dessen Schutzfunktion z.B. vor wilden Tieren übernimmt. Im Pfahlhaus begegnet uns somit eine doppelte Symbolisierung: die nach oben verlagerte schützend-bergende mutterleibsähnliche Urhöhle und zugleich der sich aus dieser Höhle erhebende ganze Mensch, wobei das Laubdach eher die schützenden Funktion darstellt und der Stamm den sich über die Erde erhebenden und autonom werdenden Menschen.

Die Entwicklungslinie vom Pfahlhaus zu weiteren Gebäuden verläuft in zwei Richtungen: einmal in den sakralen Zweig, der sich in der Entwicklung von Pfahlhaus zum griechischen Tempel widerspiegelt und ein andermal in die Weiterentwicklung zum Wohnhaus. Beiden gemeinsam ist die selbstschöpferische, kreative Erhebung über die erdhaft-mütterlichen Bindungen, die die Höhle symbolisiert. Die Architektur des griechischen Tempels spiegelt jene Bewegung des Emporrückens des Himmels wider, die sich in der allmählichen Übersiedlung der Götter aus unterirdischen Erdhöhlen und Schluchten auf die Höhen des Olymps ausdrückt. Die Säulen tragen das Dach mit den göttergeschmückten Friesen, die zum wichtigsten Teil des Tempels werden. Die sich in dieser Bewegung von unten nach oben ausdrückende Selbsterhebung des Menschen über die natürlichen bindenden Kräfte und seine Vergeistigung spiegelt sich in den architektonischen Formen des Sakralbaus wider. Am Beispiel von Delphi lässt sich ablesen, wie sich aus der unterirdischen Kultstätte des Erdgeistes Python, der als Schlange in einem Erdspalt hauste, der Tempel des himmlischen Lichtgottes Apoll entwickelte. Der griechische Tempel ist nicht mehr die Widerspiegelung einer makrokosmischen göttlichen Ordnung wie im Orient, sondern eine Darstellung des sich selbst aufrichtenden Menschen. Die griechische Säule steht ebenso wie der Tempel für den ganzen Menschen, der jetzt zum Maß aller Dinge wird. Diese abendländische Entwicklung des Menschen von seiner erdhaften Abhängigkeit hin zur geistigen Unabhängigkeit spiegelt sich auch den christlichen Sakralbauten wider, in denen jedoch in der Regel beide Elemente vorkommen: Krypten, Nischen und verborgene Winkel geben den bergend-schützenden Bedürfnissen Raum, während der aufstrebende Raum, etwa einer gotischen Kathedrale, die vergeistigende und selbstüberschreitende Tendenz zum Ausdruck bringt. Nicht zuletzt ist die sichtbare Zuordnung von Turm und Kirchenschiff eine sinnfällige Symbolisierung der Polarität von erdhaft-schützenden und aufstrebend-vergeistigenden Tendenzen.

Auch die Entwicklung des Wohnhauses und der Ansiedlungen weist die Verbindung zur Plazenta-Symbolik auf. Die für die drei monotheistischen Religionen so bedeutsame Stadt Jerusalem ist auf dem Omphalos, dem Erdnabel, errichtet und wird als mütterlich-bergende Stadt verehrt und besungen. Bei den romanischen Völkern des Mittelmeerraumes wird die Stadt um einen zuerst festgelegten Mittelpunkt errichtet, den Mundus, der als kreisrunde Grube den Mittelpunkt der Siedlung bildet. Diese plazentale Symbolik wird ähnlich wie im Sakralbau allmählich dominiert vom Turm, der die Selbstexpansion und Erhebung über das Erdhafte darstellt. Handel, Verkehr und Macht sind Faktoren, die diese Umschaltung begünstigen. Der Turmbau von Babel ist das wohl prominentste Beispiel für eine Wolkenkratzerarchitektur, die nun das Zentrum des Städtebaus bildet (vgl. Rank 1932, S. 189).

In heutigen Wohnvollzügen begegnet diese plazentale Symbolik in verschiedensten Formen: Eine überladene Ausgestaltung der Wohnung durch Möbel, Plüsch, Nippes und Blumen lassen sich als Abkömmlinge des plazentalen Baumes verstehen, während eine minimalistische und puristische Wohnungseinrichtung eher das Bedürfnis nach dem reinen Raum, ebenfalls von mutterleiblichen Urerfahrungen unterlegt, darstellt.

Adler und Schlange

Eine zweite Symbolisierung von Nabelschnur und Plazenta tritt in Adler und Schlange auf, die oft als Paar genannt werden. Nach Janus (2000a, S. 296) drückt der Adler mit seinen Flügeln die schützende Funktion der Plazenta aus, die noch in den Flügeln des Schutzengels enthalten sind. Wegen seines nahen Verhältnisses zur Sonne wird dem Adler die Qualität eines allmächtigen, wärmenden und schützenden Tieres angedacht. Die Universalität des Adlerkultes bei ganz verschiedenen Völkern deutet Janus von der pränatalen Psychologie her, von der man annehmen kann, »dass sie in der gemeinsamen Urerfahrung mit der Plazenta begründet ist, die über dem Föten schwebt« (Janus 2000a, S. 297).

Diese ursprünglich mütterlich-plazentalen Bedeutungen des Adlers erfahren später eine paternale Umgestaltung im Sinne eines emanzipatorischen Symbols wie bei Zeus und Jupiter und in der christlichen Bedeutung des Adlers als geistiger Kraft. Die patriarchal geprägten Mythologien wie die griechisch-römischen spiegeln ja eine Bewusstseinsentwicklung wider, die mit der Auflehnung des Menschen gegen die Urgötter, d.h. gegen die durch die Plazenta vermittelte mütterliche Urgöttin, begann. Dieser Individuationsschritt beinhaltet die Auseinandersetzung mit den zwar bergenden, aber auch einschränkenden Bedingungen vorgeburtlichen Lebens. Diese Auflehnung gegen Gott und die Götter, wie sie etwa bei Prometheus, Luzifer oder Adam und Eva begegnet, setzt Schuldgefühle, Vergeltungsängste und selbstdestruktives Verhalten frei:

Der schützende Adler mutiert zum Geier – Symbol der jetzt feindlich gewordenen Plazenta – und zerhackt ihm, wie bei Prometheus, die Leber, das Organ der Entgiftung des Körpers. Im Christentum übernehmen später Schlange und Drachen die Bedeutung der feindlichen Plazenta; sie werden zum Bild der Sünde, der Verführung und des Triebes, über die sich der siegreiche Adler erhebt, der für das »Wort« steht und die Vergeistigung des Menschen durch die Identifizierung mit Christus darstellt.

Ein bekanntes Motiv des Ringens mit der vergiftenden Plazenta ist der Kampf des Helden mit dem Drachen, wie er etwa im Kampf des Erzengels Michael oder des Heiligen Georg mit dem Drachen anschaulich wird.

Abb. 65:
Kampf der Engel mit dem Drachen, San Pietro al Monte Civate (Comer See), um 1100

Der ursprünglich weiblich-schützende Charakter des Adlers ist aber in der jüdisch-christlichen Tradition noch aufgehoben: Im Schutzengel hat sich die Vorstellung der weiblich-schützenden Seite des ansonsten eher männlichen Gottes erhalten. Dies kommt im hebräischen »racham« und arabischen »rahman« (Erbarmen) zum Ausdruck, in Islam und Judentum eine wichtige Bezeichnung Gottes. Beide Begriffe leiten sich von »rächäm« (Gebärmutter) ab und verweisen auf die plazentalen Wurzeln auch eines männlichen Gottesbildes.

In der weltlichen Adler-Symbolik ist der plazentale Ursprung ebenso noch enthalten. Der Reichsadler wurzelt im Adler der römischen

Armee, der als Feldzeichen der Truppe vorausgetragen wurde. Diese plazentale Bedeutung des Adlers als magisches Schutzsymbol leitet sich ab aus dem ägyptischen Brauch, die Plazenta des Pharaos als Standarte neben ihm herzutragen. Nur im Zustand fötaler Sicherheit war die Truppe kampffähig. Im österreichischen Wort »Palatschinken« für dünne Pfannekuchen steckt bis in den Begriff noch ein Rest der Plazenta-Bedeutung: Der Palatschinken wurde in kleinen, transportablen Backöfen gebacken, die die römische Truppe auf ihren Feldzügen mit sich trug, um sich zu ernähren.

Bis heute gilt der Adler als Garant für Sicherheit und Schutz: Er schmückt als eine Art Amulett die Trikots des Fußballnationalmannschaft ebenso wie er als Wappentier eine ganze Nation und ihre Vertreter im Parlament schützt. Das Bedürfnis, sich einen Vogel in die Wohnung zu holen, könnte als ein Abkömmling der schützenden Symbolmacht des Adlers verstanden werden.

Wohnen als Wiederfindung und Neufindung

Bevor wir die Plazenta-Symbolik in den Einrichtungsgegenständen der Wohnung aufspüren, ist noch auf einen Aspekt von Ludwig Janus hinzuweisen, der letztlich die alte Frage der Psychoanalyse betrifft, ob wir in den Erfahrungen unseres Lebens immer nur die alten Erfahrungen unserer Kindheit wiederfinden oder ob Neues möglich ist? Die aus der Auseinandersetzung mit der vorgeburtlichen und geburtlichen Prägung des Individuums gewonnene Sicht der Kultur wird bei Janus von einem polaren Spannungsbogen bestimmt: Einerseits ist es der Hinweis, dass sich sowohl im mythisch-religiösen als auch im modern-säkularen Bereich jener kostbare Schatz auffinden lässt, der in den pränatalen Symbolen der Urhöhle, des Urozeans und des Lebensbaumes die Wiederfindung des Urerlebnisses der Geborgenheit in der uterinen Höhle und des Wohlbehagens der Versorgung durch eine nährende Plazenta in Aussicht stellt. Andererseits zielt das Wohnen als Teil der Kultur, überhaupt der Lebensarbeit des Menschen, nicht nur ab auf eine regressive Gestaltung primärer Sicherheit und Vertrautheit, sondern auf Neuschöpfung und Befreiung aus dem fötalen Drama. Für unsere Fragestellung bedeutet dies, dass sich im Wohnen und seinen Wandlungen die affektive, unbewusste Erinnerung an die vorgeburtliche Lebenszeit und die Geburt ebenso aufspüren lässt wie die kreative Neuschöpfung, die Wiedergeburt, wie sie im schöpferischen Akt des Bauens, Wohnens und Einrichtens zum Ausdruck kommt.

Einrichtungskunst als Plazenta-Symbolik

Die »Einrichtungen« der altsteinzeitlichen Höhlen sind in gewisser Weise die Vorläufer unserer Wohnungseinrichtungen. Sie sind als Kunstwerke nur dann hinreichend auszudeuten, wenn man sie als Versuche versteht, die Ängste zu bewältigen, die der Frühmensch in seiner Individuation, in seinem Sicht-allmählich-Herauslösen aus dem mütterlich-erdhaften Naturzusammenhang zu bestehen hatte. Sie unterscheiden sich nur nach dem Grad des Bewusstseins vom modernen Menschen, nicht aber in der Notwendigkeit der Angstbewältigung und der Inszenierung des fötalen Dramas. Davon zeugt moderne Kunst ebenso wie die Höhlen der Altsteinzeit, die durch die bekannten Malereien und Reliefs imponieren, die sich an ihren Wänden finden. Schauen wir uns eine bekannte Darstellung aus der Höhle von Lascaux genauer an.

Abb. 66: Altsteinzeitliche Höhlen von Lascaux

Auf den ersten Blick handelt es sich um eine Jagdszene, die man als symbolische Bewältigung der Angst, die beim Jagen des Großwildes entsteht, interpretieren kann. Man kann diese Szene jedoch auch im Anschluss an den prähistorischen Forscher Leroi-Gourhan als Darstellung eines schamanistischen Rituals verstehen (vgl. Gibeault/Uhl 2004, S. 36; deMause 2000, S. 376f.). Dieses Ritual stellt einen Versuch dar, wie in dieser frühesten Gestaltung der dritten Haut durch Bemalung die Angst vor dem Herausfallen aus einer sicheren Welt dargestellt und bewältigt werden soll. In der Regel wird das Bild als Jagdunfall interpretiert. Zu sehen ist ein nackter, vogelköpfiger Mann mit erigiertem Phallus, der vor einem verwundeten Bison liegt, welcher gerade zu Boden sinkt. Man erkennt einen Speer im Leib des Bisons, einen Stock mit Vogel und einen gegabelten Stock. Die schamanistische Interpretation entdeckt in dem Bild jedoch keinen Jäger, sondern einen Schamanen im Zustand der ekstatischen Trance. In der dem Schamanismus zu Grunde liegenden animistischen Weltauffassung sucht der Mensch durch Identifikation mit den Tiergeistern jene Sicherheit und Verbindung mit einem umfassenden Geist zu erlangen, die er durch die Vertreibung aus der Sicherheit erdhafter Verbindung verloren hat. Stab und Vogel sind Symbole, die ihm Anteil an der Natur des Vogels geben, den wir ja als schützendes und nährendes Plazenta-Symbol kennen gelernt haben. Der Künstler als Schamane bringt sich selbst als kreativer, selbstschöpferischer und damit wiedergeborener Mensch ins Spiel, der in einer Tiefenregression die pränatalen Ängste durchlebt hat. DeMause versteht deshalb die aus dem Bison austretenden Eingeweide und den erigierten Penis als plazentale Symbolisierung: Die Begegnung mit der nährenden und vergiftenden Plazenta (Eingeweide) und die Überwindung der vorgeburtlichen Ängste (Erektion) sind Akte jenes fötalen Dramas, welches sich im künstlerisch-rituellen Akt ereignet und die Individuation des altsteinzeitlichen Menschen auf der ihm entsprechenden animistischen Bewusstseinsstufe widerspiegelt. Dieser Individuationsschritt ist als Wiederholung und Überwindung des fötalen Dramas zu verstehen, welches den frühen Menschen zur selbstschöpferischen Tätigkeit im Sich-Erheben über die Erde befähigt.

Unsere heutigen Wohnungseinrichtungen erfüllen eine ähnliche Funktion wie das künstlerisch-schamanistische Ritual des altsteinzeitlichen Menschen: »Das Wunder der späten altseinzeitlichen Höhlenkunst liegt wohl in der Fähigkeit der Psyche, bildliche mythische Vermittlungen zu schaffen, Mythogramme, die dem Ursprung und dem Jenseits Sinn geben« (Sacco 2000, S. 144).

Der Graben zwischen der steinzeitlichen Höhlenkunst der modernen

Wohnungseinrichtung ist wohl nur ein zeitlicher, aber kein struktureller. Die fest installierte Fernsehecke, die seit den 50er Jahren einen geradezu rituellen Ort in unseren Wohnungen einnimmt (Abb. 67), lässt sich verstehen als der Versuch, ein Mythogramm zu schaffen, Ängste der Isolation und Vereinsamung zu binden, indem sie mit einer imaginären Welt verbindet. Dadurch gibt sie der Trennungseinsamkeit, die die Individuation des modernen Menschen hervorbringt, einen Sinn, indem sie mit einer jenseitigen Welt verbindet, in der es Schutzgeister, Heilige und Götter in Form von Stars, Ikonen und Marken gibt, die diese Angst beruhigen. In der Werbe-Fernsehecke (Abb. 67) verbindet sich die Marke »Grundig« mit dem »Jenseits« des Fernsehens in der Bändigung der Isolationsangst.

Abb. 67: Fernsehszene der 50er Jahre, aus: Flagge, Ingeborg; Wüstenrot Stiftung (Hg.) (1999): Geschichte des Wohnens, Bd. 3. Stuttgart, S. 778

Auch die Möbel und andere Einrichtungsgegenstände verbinden uns mit einer kollektiven »jenseitigen« Welt über eine Art Gruppenfantasie, wie sie etwa das Möbelhaus Ikea vermittelt. Die Verbindung mit solchen kollektiven Bewusstseinszuständen wirkt wie eine nährende Plazenta, die eine Zufuhr von nährenden Wohnerlebnissen vermittelt.

In der Gestaltung von Sitzmöbeln wie im Sessel von Gaetano Pesce (Abb. 68) lässt sich die Ähnlichkeit mit weiblichen und plazentalen Formen nicht übersehen. Gegenüber einem eher kühlen Design der 70er und 80er Jahre haben sie heute Hochkonjunktur.

Abb. 68: Gaetano Pesce, Up 5 Donna, aus: Flagge, Ingeborg; Wüstenrot Stiftung (Hg.) (1999): Geschichte des Wohnens, Bd. 3. Stuttgart, S. 858

»Homing«und »cocooning« als Höhlenexistenz

Ende der 80er Jahre prophezeite die amerikanische Trendforscherin Faith Popcorn für die westliche Welt eine Zunahme des sog. »cocooning«. Gemeint ist damit ein wohliger Rückzug in die Gemütlichkeit und Geborgenheit der eigenen vier Wände. Im Gegensatz zu sonst eher kurzlebigen Trends hat der bevorzugte Aufenthalt in der eigenen Wohnung als einem Kokon nach dem üblichen Verfallsdatum von 15 Jahren noch zugenommen und sich gesteigert zum »homing«. Das Bedürfnis nach Sicherheit und Schutz vor einer als gefährlich eingeschätzten Außenwelt wurde durch den Terrorismus vom und nach dem 11. September 2001 ebenso verstärkt wie durch die Verunsicherungen durch eine immer komplexer werdende Technikwelt, die wirtschaftliche Instabilität und die gesellschaftliche Verunsicherung einer multikulturellen Gesellschaft und globalisierten Welt, die das Bedürfnis nach Überschaubarkeit und Vertrautheit in den eigenen vier Wänden gegenpolig wachrufen. Die Möbelindustrie als Teil der Erlebnisgesellschaft schwimmt ganz oben auf der »cocooning«- und »homing«-Welle. Die Designer haben die kühlen und sachlichen Möbel aus Leder und Chrom, die sich an der klaren Formensprache des Bauhaus-Designs orientierten, längst eingetauscht gegen Einrichtungsgegenstände mit abgerundeten Formen, warmen Farben und weichen Materialien, wie etwa bei der Laura-Ashley-Linie (Abb. 69). Kuschelige Wohnsofas und eine Art neues Biedermeier-Design vermitteln ebenso Behaglichkeit wie der aktuelle Landhausstil, der ein Wohngefühl vermittelt, das die Sehnsucht nach einem ganzheitlichen und urlaubsähnlichem Leben wie in der Toskana oder der Provence befriedigen soll.

Abb. 69: Laura-Ashley-Zimmer, Homepage Hotel Bayrischer Hof, München

Das alles geschieht im »homing« ohne Festlegung und starre Ordnung; es herrscht die Tendenz zu Beweglichkeit und Flexibilität vor. Je nach Gemütslage soll sich die Wohnung und ihre Einrichtung dem Einzelnen anpassen und gleichzeitig Stimmungen hervorbringen, die mit dem Lebensgefühl in der Welt »draußen« kontrastieren. Wie immer man diesen Trend bewerten will, ob als regressiven Rückzug ins Private, als eine Art narzisstischer Selbstpaarung oder als kreativen Ausgleich für gesellschaftlichen, beruflichen oder politischen Frust –, es wird viel gewonnen sein, in dieser Tendenz des Wohnens verborgene vorgeburtliche Motive zu entdecken und sie ins Bewusstsein zu integrieren, denn die Wohnung und ihre Einrichtung wird spätestens seit Beginn der Neuzeit zur symbolischen Inszenierung des eigenen Selbst.

Abb. 70: Poggenpohl-Werbung aus: Living Home Heft 4 (2005)

In der hier gewählten Perspektive aktualisieren sich im »homing« und »cocooning« als Wohnformen Erinnerungen an vorgeburtliche und geburtliche erlebte Szenen, die lustvoll und beglückend, aber auch traumatisch sein können. Als Glück werden solche Zustände erlebt, die der organismischen Versorgung und der Sicherheit im Mutterleib ähneln, als bedrängend solche Zustände, die Erinnerungen an traumatische Enge, Unterversorgung, Schmerz und Angst ebenso wachrufen wie die Angst vor Trennung und Verlust. Anders gesagt: Je bedrängender Verlust und Trennung erlebt werden, desto wichtiger werden Beruhigungsformen dieser Angst. In Einrichtungen wie dem Poggenpohl-Intergrationsraum (Abb. 70) wird durch die drei Funktionen Küche, Kino, Homeoffice Rundumversorgung in Aussicht gestellt und durch die kühle Sachlichkeit und Funktionalität Ängste vor dem Verschlungenwerden abgewehrt, die durch die permanente Versorgung mit Nahrung, Bildern, Klängen und Informationen wachgerufen werden.

Diese zweifache Angst beschreibt Peter Sloterdijk im ersten Band seiner *Sphären*-Trilogie mit dem Titel *Blasen* als eine Art Krankheit der Neuzeit. Die Urform der Umhüllung, so Sloterdijks These, ist die vorgeburtliche Zweiheit von Fötus und Plazenta, die durch die Geburt zerstört wird. Ein Bedarf nach Zweiheit wird durch diese Zerstörung geweckt *und* enttäuscht. Die Kritik des Philosophen richtet sich tatsächlich gegen eine Kultur, in der ein bipolarer Innenraum und das Paar-Sein des Einzelnen aufgegeben und ausgetauscht sind gegen Werte wie Individualität und Autonomie, die sich weitgehend verselbstständigt und ihre Verbindung mit Beziehung und Bezogenheit verloren haben. Sloterdijk beschreibt hier den Schatten, den die lichte Idee des Menschen als Individuum hervorbringt: den Verlust des ursprünglichen Zustandes des Paar-Seins. In der alteuropäisch-jüdischen Tradition – sozusagen vor der Inthronisation des autonomen, sich selbst genügenden Individuums – werden der Mensch und seine Erschaffung als Koexistenz von Zweien gedacht: Gott und sein Adam bilden ein primäres Dual, »eine gemeinsame innenraumhafte S p h ä r e«, einen Intimraum, in dem Gott durch Adam und Adam durch Gott ergänzt wird (Sloterdijk 1998, S. 45).

Das Zerbrechen dieser Zweieinheit – die sphärische Urkatastrophe – ermöglicht das Entstehen dessen, was später Psyche heißen wird. Im Zerplatzen der Blase, beim Verlassen des symbiotischen Raumes tritt das Dritte, die Welt als ein »Außen«, auf den Plan. Sloterdijk stimmt nun keineswegs das Loblied auf die Fruchtbarkeit des Dritten als Garanten der Individuation an, sondern hält es für die »Basisneurose der okzidentalen Kultur, von einem Subjekt träumen zu müssen, das alles beobachtet, benennt, besitzt, ohne sich von etwas enthalten, ernennen, besitzen zu lassen« (ebd., S. 85).

Blasen – Höhlen – Wohnungen

Am Ende des ersten Kapitels wurde auf die Bedeutung der vorgeburtlichen Fruchtblase und die Erfahrung des Platzens hingewiesen, die Sloterdijk für bestimmte Bewusstseinszustände annimmt.

Diese plazentale Zweiheit als Grundform menschlicher Existenz ist in der westlichen Hemisphäre zunehmend in den Hintergrund getreten zu Gunsten der Idee des einen autonomen Individuums. Am Beginn der westlichen Kultur steht jedoch nicht das einzelne Individuum, sondern Doppelgestalten: In Sphinxen, Zentauren, Janusfiguren und Schutzengeln prägt sich die Idee der Zweiheit aus, mit der das Individuum eine Ganzheit bildet. Der Einzelne erscheint immer als ein Zwilling. In den Mythen von der Vertreibung aus dem Paradies, vom Fall der Engel oder von der Zerteilung der Kugel drückt sich der Prozess des Verlustes von Zweiheit und die Geburt des monistischen Individuums als eines unteilbaren Einen aus, ein Vorgang, der in der ekstatischen

Selbstfreisetzung des Ichs in der Moderne mündet. Der Kehrseite dieses Zugewinns an Ichhaftigkeit, Autonomie und Freiheit beschreibt der Soziologe Peter Gross so: »In der Rückwendung auf sich selbst (nachdem es sich auf sich selbst zurückgewendet hat, weil es nichts mehr außer sich findet) findet es nichts, keine Heimat, kein Innen, kein Selbst, keinen Zwillingsbruder und keine Zwillingsschwester« (Gross 1999, S. 40).

Dieser Verlust führt neuzeitlich in den »Selbstinzest« (ebd., S. 246), eine Beschreibung für das klinische Bild der narzisstischen Persönlichkeitsstörung. Diesen Verlust von Zweiheit und die Suche nach ihr, die sich auch im zunehmenden Interesse an der archaischen, durch die frühe Mutter-Kind-Beziehung geprägten Seelenschicht ausdrückt, hat neben Otto Rank auch Michael Balint (1937) schon früh erkannt. Die Dual-Einheit mit der Mutter, diese »enge Verbundenheit wird durch unsere Kultur viel zu früh zerrissen. Daraus resultieren unter anderem die so wichtigen Anklammerungstendenzen, aber auch die allgemeine Unzufriedenheit, die unersättliche Gier unserer Kinder« (Balint 1937, S. 33).

Sloterdijk interpretiert die abendländische Metaphysik und Religion als den Versuch, den intimen seelischen Innenraum, die Verbindung mit dem zum Ich passenden Double herzustellen, indem dieser Beziehungswunsch nach außen projiziert wird. Der Gottesgedanke steht für diese Suche nach einem seelischen Intimpartner, auch wenn der Gott der abendländischen Tradition durch die Metaphysik zu einem objektiven Gegenstand des Denkens wurde, obwohl er in präobjektiven Erfahrungen – das gemeinsame Leben mit einem beschützenden Du – der vorgeburtlichen Blasenexistenz verwurzelt ist.

Abb. 71: M. C. Escher, Hand mit spiegelnder Kugel, 1935, aus: Sloterdijk, Peter (2004): Sphären III. Schäume. Frankfurt/M., S. 585

Die moderne Kultur erscheint in dieser Interpretation als kulturelle Beraubung von Zweiheit bzw. Zwillingsexistenz. Die Wertschätzung von Zweiheit bei Sloterdijk ließe sich verstehen als Reaktion auf solche Diagnosen unserer Kultur, die eine zu frühe Beendigung der Dualunion von Mutter und Kind (Balint), den Verlust der Innenräumlichkeit (Sloterdijk) und den daraus resultierenden Selbstinzest (Gross) des Individuums beklagen. Es scheint mir wichtig zu sein, diesen offensichtlichen Verlust von Zweieinheit sehr ernst zu nehmen. Die skizzierten Wohnform des »homing« und »cocooning« ebenso wie der künstlerische, ästhetische, therapeutische, spirituelle und religiöse Erfahrungshunger nach Ganzheit und Heil lassen sich als Kompensation für diesen kulturellen Verlust interpretieren. Das Bedürfnis nach Umhüllung durch die Wohnung, die Suche nach einem Zustand der Blasenexistenz kommt in dem Bild von M. C. Escher, Hand mit spiegelnder Kugel (Abb. 71), in seiner ganzen Ambivalenz zum Ausdruck: Der Mangel an umhüllender Sicherheit führt in die Selbstisolation, die ihrerseits die gesuchte Kugelexistenz ermöglicht.

Psychohistorisch haben unsere heutigen Wohnformen ihre Vorläufer in den altsteinzeitlichen Höhlen. Diese befanden sich im Bauch der Erde und ihre Ausgestaltung etwa durch Tierdarstellungen an den Wänden bilden die ersten Kulturschöpfungen, wie etwa in den Höhlen von Lascaux und Altamira. Die Mutterleibsymbolik dieser Höhlen, die oben beschrieben wurde, wird besonders deutlich, wenn man sich den Wandel im Bewusstsein und Erleben der Menschen beim Übergang vom Sammler zum methodischen Jäger vergegenwärtigt. Janus vertritt die Hypothese, dass der Übergang vom instinktgebundenen Sammler zum methodischen Jäger einen Individuationsschub darstellt, der Verlassenheits- und Alleinseinsängste wachruft, die durch eine Art Regression in pränatale Bewusstseinszustände bewältigt wird, in denen »Triebhandlung und Triebziel noch nicht fest verlötet sind« (Janus 2000a, S. 253f.). Das Zurückziehen in die Höhle symbolisiert und aktualisiert diese pränatalen Bewusstseinszustände, welche die Angst vor Differenz und Individualität beruhigen sollen. Die ausgestaltete Höhle ist ähnlich wie die moderne Wohnung nicht nur ein mit Illustrationen und Bildern ausgestalteter Ort, sondern ein Raum, der ein umfassendes Gruppendenken ermöglicht, kollektive Symbole schafft und damit das Denken und Fühlen des Einzelnen bzw. der sozialen Schichten und des Kollektivs regulieren kann. Auf diese Weise entsteht ein Bewusstsein, indem der unbewusste Trieb transformiert wird und in der Gestaltung des äußeren Raumes eine innere Welt entsteht. Das äußere Bild, die gestaltete Höhle, ermöglicht die Umwandlung von körperlicher Erregung, von Angst und Gewalt, in ein inneres Bild des Menschen von sich selbst, und zwar in einer symbolisch verschlüsselten und unbewussten Form. Das Zurückziehen in die Höhle symbolisiert und aktualisiert diese pränatalen Bewusstseinszustände, welche die Angst vor Differenz und Individualität beruhigen sollen.

Dieser Zusammenhang von zielgerichteter Jagd und mutterleiblicher Regression lässt sich im modernen Wohnen wieder finden. Die Anforderungen des Berufes und des öffentlichen Lebens setzen eine unglaubliche Individuationsleistung voraus, wenn man sich etwa die Anforderungsprofile von Stellenanzeigen für die Wirtschaft anschaut:

Ungebunden und frei von Bindungen an Orte und Menschen, überall einsetzbar und vollkommen anpassungsfähig soll der erfolgreiche Berufstätige sein. Das mobilisiert natürlich Ängste, die durch Rückzug in die eigenen vier Wände bewältigt werden sollen. Was die unbewussten Motivationen angeht, gleichen sich die äußerlich sehr unterschiedlichen Wohnformen: Die durchgestylte, puristische und mit nur wenigen Designerstücken ausgestattete Wohnung symbolisiert ebenso die Urhöhle wie die Einrichtung im Landhaustil und im Laura-Ashley-Design. Sie verbinden den postmodernen Menschen mit dem steinzeitlichen Höhlenbewohner, der in den Höhlen mit ihren Zeichnungen in magischer Weise die Angst vor dem Allein- und Getrenntsein beruhigen will. Durch das zyklische Eintauchen in diese geschützte Welt vollzieht sich geradezu rituell die notwendige Wiedergeburt in die konflikthafte und Leistung fordernde Welt »draußen«.

11. Wohnen und Gewalt

Wenn es nicht gelingt, die Angst vor dem Getrenntsein als Voraussetzung des Lebens auf dieser Welt zu beruhigen, kann sie in Gewalt umschlagen. Dass Wohnungen zum Objekt von Gewalt werden können, zeigt sich nicht nur bei sog. Familientragödien, die sich im Raum der Wohnung ereignen. Wenn das Gleichgewicht von Öffnen und Schließen, von Bei-sich-Sein und In-der-Welt-Leben aus dem Gleichgewicht geraten ist, kann die Wohnung zum Ort werden, an dem sich Wut gegen alles, was außerhalb ist, bis zum Hass steigern kann. Die Außenwelt wird dann nur noch als feindselig und die tiefe Sehnsucht nach Geborgenheit störend erlebt und soll deshalb beseitigt werden. Im Terrorismus spielt dieses Motiv der Beseitigung alles Fremden und die Paradiesfantasie störenden eine große Rolle. Diese Motive der Entstehung von destruktiver Aggression im vorgeburtlichen Leben hat Béla Grunberger untersucht.

Die Entstehung der Aggression im monadischen Urraum nach Béla Grunberger

Die Monade, wie sie Grunberger versteht, wurde bereits beschrieben. Sie tritt auf als Bedürfnis, sich mit Hüllen zu umgeben und sich eine zweite und dritte Haut zu schaffen, also in kulturellen Leistungen wie Kleidung, Mode, Architektur. Besonders in der sakralen Baukunst begegnet uns eine kulturell geformte Monade: In sakralen Räumen wie einer Kirche realisiert sich in räumlich-sinnlicher Weise das Erlebnis der Vereinigung mit dem Göttlichen. Dadurch wird ein Teil jenes kosmischen Narzissmus befriedigt, der auf die Erfahrung des Enthaltenseins abzielt[16].

Der schützende Raum, das Dach über dem Kopf, das Haus, die Wohnung und der sakrale Raum verschaffen dem Menschen als imaginäre Begleiter dieses Grundgefühl von Sicherheit und Behaustsein.

16 Als Beispiel nennt Ilona Kaminer (1999) in ihrer Arbeit über Grunberger den Architekten Friedrich Kiesler und seine freischwebenden Räume, die er den kubisch geschlossen Räumen traditioneller Architektur entgegensetzt. Der Innenraum einer romanischen oder gotischen Kathedrale mag auch anatomisch an den weiblichen Uterus erinnern.

Schützende Räume umhüllen das vielfach bedrohte Leben und ermöglichen so den Glauben, trotz aller Trennung und Individuation mit einem tragenden Grund verbunden zu bleiben. Sie sind Garant dafür, dass mit der Geburt nicht alles vorbei ist, was Wohlbehagen und Schutz spendete. Räume stellen sicher, dass Zweieinheit nicht nur Illusion ist. Die pränatale Einheit bildet so den biologischen Mutterboden, aus dem das Bedürfnis nach Umhüllung und verlässlichem Schutz hervorgeht.

Grunberger weist immer wieder darauf hin, dass die Funktion der Monade auch von anderen Objekten der Kultur übernommen werden kann. Zu nennen sind hier z.B. die Idee des imaginären Begleiters, wie sie in der Gestalt des Tieres in Märchen auftaucht, der Schutzengel und die Vorstellung von einem Aufgehobensein in einer höheren Macht (Gnade) in der Religion, aber auch die Identifizierung mit charismatischen Persönlichkeiten oder narzisstisch besetzten Ideologien.

Die Sehnsucht nach umhüllender Zweieinheit und Verschmelzung, nach Paradies und Gottgleichheit hat aber auch einen Schatten, weil sie ein hochambivalentes Phänomen ist. Dieser Schatten besteht darin, dass sich der Wunsch nach Verschmelzung und Rückkehr der Aggression bedient, um ans Ziel zu gelangen

Narzissmus und vorgeburtliche Aggression

Grunberger verlegt den Ursprung dieser dem narzisstischen Wohlbefinden dienenden Aggression in die pränatale Zeit und benennt sie nach dem ägyptischen Totengott Anubis, der in Gestalt eines Schakals auftritt. Als Gott der Einbalsamierer repräsentiert er jene Bewegung des Reinhaltens, die aus dem Toten alle stinkenden Eingeweide herausholt, so wie der Schakal die im Wüstensand bestatteten Toten aus der »Mutter Erde« ausgräbt und verschlingt. Anubis ist der Gegenspieler zum positiven Narzissmus und will den Ort vollkommenen Wohlbehagens, den Mutterleib, rein halten und für sich haben. Er steht zugleich für die Intoleranz gegenüber jeder Grenze: Als Aasfresser akzeptiert er nicht einmal die Grenze des Todes.

Der Narzissmus ist also ein zweipoliges Geschehen, das sich als positive und destruktive Strebung entwickelt. Bereits vorgeburtlich konzipiert Grunberger den Narzissmus als aus zwei Kernen bestehend: aus dem Paläonarzissmus, der oben beschrieben wurde, und aus der primitiven Aggression. Beides sind biologische Instinkte und haben noch nicht das Niveau von Trieben oder seelischen Strebungen. Der Paläonarzissmus gründet im beschleunigten Zellwachstum des Fötus, welches als Ausdruck eines primitiven Selbstwerdungsbedürfnisses verstanden werden kann. Wenn später die Integration dieses Pols des Narzissmus in das reife Ich gelingt, ist er die Quelle der nicht triebgesteuerten, asexuellen Liebe, die auf Verbindung, Wohlbefinden und das Aufrechterhalten eines idealen Zustandes aus ist, wie er im Ichideal aufgehoben ist und u.a. im Wohnen aktiviert wird

Der zweite Kern des Narzissmus, die primitive, anubische Aggression, beseitigt alles, was sich störend dem Zustand des Wohlbehagens entgegenstellt und lässt sich wie der Schakal durch nichts vom Fressen abhalten. Eine solche vampirische Aggressivität sinnt Grunberger dem Fötus an, der den Organismus der Mutter parasitär aussaugt. Im Falle einer späteren gesunden Entwicklung integriert sich dieser Pol in die konstruktiven Fähigkeiten des Ich.

Unter intrauterinen Bedingungen bilden Narziss und Anubis eine harmonische Ergänzung. Die Annahme einer auch aggressiven Ausstattung des Fötus begründet Grunberger mit der belegten Beobachtung, dass die intrauterine Harmonie störanfällig ist und der Fötus auf diese Störung reagiert. Es ist hinreichend bekannt, dass Föten zwischen der 20. und 34. Schwangerschaftswoche bei Eingriffen Schmerz empfinden und diesen zu beseitigen suchen. Bei Punktierungen etwa reagieren Föten mit der Ausschüttung des Stresshormons Beta-Endorphin, wodurch Glücksgefühle erzeugt werden. Schon rein physiologisch gesehen, gibt es also im Fötus die Tendenz, einen harmonischen und spannungsfreien Zustand durch Mobilisierung aggressiver Abwehrmaßnahmen herbeizuführen.

Die Geburt haben wir mit Rank und Graber mit einer apokalyptischen Katastrophe verglichen, eine Sicht, der sich auch Grunberger anschließt. Die beiden Kerne des Narzissmus entzweien sich. Die Mythen von Paradies und Vertreibung, Sündenfall und Strafe usw. sind kulturelle Projektionen dieses Absturzes in die Realität. Durch die Geburt wird anubische Aggressivität reaktiv mobilisiert, die alles zu beseitigen sucht, was der Rückkehr ins Paradies im Weg steht. Die Aggression des Babys richtet sich zunächst gegen den mütterlichen Körper als dem nächstliegenden Objekt. Darin gleicht das Baby

Anubis, dem Gott der Einbalsamierer, die den Inhalt des Leichnams, die Eingeweide, entfernen und in mütterliche Gefäße, die Kanopen, legen. Grunberger deutet dies nicht wie Melanie Klein als Ausdruck eines gegen die Mutter gerichteten frühen Todestriebes, sondern als Wertschätzung der mütterlichen Lebenshöhle und Ausdruck des Wunsches, dorthin zurückzukehren. Daraus ergibt sich das Motiv, die Hindernisse auf dem Weg dorthin beseitigen zu wollen.

Wohnen als Nährboden von Gewalt?

Die nachgeburtliche Entwicklung stellt sich also dar als Konflikt zwischen reinem Narzissmus des vorgeburtlichen Lebens und den Triebanforderungen der nachgeburtlichen Welt jenseits des Paradieses. Der Narzissmus muss auf jeder Stufe die Triebe nutzen, um seine Ziele zu erreichen, da ja das intrauterine Milieu nicht mehr zur Verfügung steht. Jeder Reifungsschritt ist somit Verzicht auf reinen Narzissmus, ist Anerkennung der Realität und der Welt der Triebe. Diese müssen narzisstisch besetzt werden und dürfen nicht entwertet oder mit Scham belegt werden. Dann kommt es zu einer neurotischen Spaltung zwischen Trieb und Narzissmus. Bei der oralen Trieborganisation im ersten Lebensjahr läuft alles weitgehend unproblematisch ab, da orale Triebziele mit dem reinen Narzissmus eng verbunden sind. Die anale und sexuelle Trieborganisation im zweiten und dritten Lebensjahr sind die eigentlichen Gegenspieler des Narzissmus, da sie als Dreck, als Zwang, als Körperspannung und als Orgasmus dem Tod verbunden sind und somit narzisstisch geleugnet werden müssen, um den fantasierten Idealzustand der Unsterblichkeit und Reinheit aufrechtzuerhalten, der sich ja aus vorgeburtlichen Quellen speist.

Zur Erreichung dieses idealen Zustandes kann sich der Einzelne gewaltsamer Akte bedienen. Vor dem Hintergrund weltweiter terroristischer Gewalterfahrung bekommen die Analysen des vorgeburtlich geprägten Narzissmus eine aktuelle Bedeutung. Die Zerstörung, die der Terrorist über sich und andere bringt, ist gespeist von der Fantasie, dass es ein unzerstörbares Band mit einem zeitlosen und glückseligen Jenseits gibt, welches durch die Gewalt in regressiver Weise wiederbelebt werden soll. Die Zerstörung dient dem Versuch, den vorgeburtlichen Zustand wieder zu finden. Ein kulturgeschichtliches Beispiel für diesen destruktiven Versuch bildet der Antisemitismus, dessen verborgene Motive und die darin schlummernden Gewaltpotentiale Grunberger ausführlich analysiert hat. Nicht zufällig werden die Terroristen in ihrer Latenzphase als »Schläfer« bezeichnet. Eine so harmlose Tätigkeit wie das Schlafen wird so zum Sinnbild für ein höchst destruktives Geschehen.

Natürlich ist das Wohnen als solches nicht gewaltsam. Aber es kann als regressive Wiederbelebung eines zeitlosen, glückseligen Zustands verstanden werden, der darauf abzielt, alles Störende zu beseitigen. Praktisch kann sich dies darin zeigen, dass die Wohnung zu Abwehrzwecken benutzt wird, um alles Störende und Fremde von sich fern zu halten. Es kommt zu einer Spaltung in eine gute und heile Innenwelt, welche durch die Begrenzung der Wohnung symbolisiert ist, und eine gefährliche, feindselige Außenwelt, die es zu meiden und zu bekämpfen gilt. Menschen, die an solche paranoiden Zuständen leiden, verlieren den Kontakt zur Realität, wodurch die fantasierte Bedrohung immer größer wird. Dieses gespaltene Erlebnismuster »gutes Innen« gegen »böses Außen« überträgt sich auf Einstellungen und Verhaltensweisen, die sich in radikalen oder fundamentalistischen Positionen wieder finden. Bezogen auf das Wohnen bedeutet dies, dass die Wohnung zum vorambivalenten Ideal stilisiert werden kann. Die eigenen vier Wände geraten zum Bild vollkommener Versorgung und Freiheit von Rivalität, Versagung und Ambivalenz. Das Unreine, Bedrohliche und Fremde wird auf dem Weg der Projektion nach außen verlagert und kann dort verfolgt und bekämpft werden.

Die Ambivalenz der Wohnung

Das Ich der Moderne leidet an Überlastung und sucht den Rückzug in schützende Hüllen. Dieses überlastete Ich braucht Wohnungen als »Immunsysteme« (Sloterdijk 2004, S. 534), die der Einzelne wiederum zu defensiven Maßnahmen braucht, um sich vor überfordernden Anforderungen und Überschwemmungen von Reizen zu schützen. Darin ist eine Tendenz lebender Systeme zu entdecken, die nicht bestehen können, ohne für Selbstabschließung in sich selbst zu sorgen: »Sie [die Wohnung, D. F.] materialisiert die Tatsache, dass der menschlichen Weltoffenheit immer eine komplementäre Weltabwendung entspricht« (ebd., S. 540).

Immunologische Raumstörungen werden auch in der Krankheitslehre von Psychoanalyse und Psychiatrie erfasst. Hier leiten sich manche Bezeichnungen von räumlichen Vorstellungen ab bzw. orientieren sich an der gestörten Fähigkeit, sich in privaten und öffentlichen Räumen aufzuhalten. In der Agoraphobie findet aus Angst vor Öffentlichkeit ein radikaler Rückzug in private Räume statt. Der Kontakt wird nur zu wenigen vertrauten Personen aufrechterhalten. Diese Form des Rückzugs dient nach dem im zweiten Teil dargestellten gegenpoligen Grenzkonzept von Wolfgang Trauth der gegenkompensatorischen Aufrechterhaltung des vertrauten Existenzgefühls. Bei schweren Depressionen erfasst der Rückzug auch die vertrauten Personen und zeigt sich in einer völligen Isolation, die als innerer Zustand gleichzeitig räumlich inszeniert und dargestellt wird. Dieser Rückzug selbst darf nicht als die eigentliche Krankheit verstanden werden, sondern ist als ein Rettungsversuch des Ichs zu verstehen auf Grund einer schweren inneren, unbewussten Konfliktlage. So kann der Rückzug etwa schützen vor befürchteten Kränkungen und Verletzungen, die ein depressiver Mensch mit den Kontakten und Beziehungen mit anderen Menschen deshalb verbindet, weil er es in seiner Kindheit so erfahren hat und sich nicht in der Lage sieht, neue Erfahrungen zu machen. An dieser Stelle kann nur auf die Versuche verwiesen werden, die psychoanalytische Krankheitslehre nach Gesichtspunkten der räumlichen Erfahrung zu konzeptualisieren.

Der Soziologe Richard Sennett (1995) bestätigt in seiner Studie zum Leben in der Stadt *Fleisch und Stein* diesen Zusammenhang von lustbetontem Rückzug und Gewaltbereitschaft, da der treibende Motor der Lustsuche das Begehren nach Rückkehr an den Ort der mutterleiblichen Geborgenheit sei: »Im Bann des Lustprinzips wollen Menschen sich von ihrer Umgebung lösen« (Sennett 1995, S. 459). Dieser moderne Drang nach Reizschutz sei zwar wegen der Überlastung des modernen Individuums verständlich, aber es sei ein »äußerst gefährlicher Impuls« (ebd.), da er zur Krankheit eines Mangels an Reizen führe und damit zur völligen Schmerzunempfindlichkeit. Gegen dieses Phantasma vollkommener Geborgenheit, welches laut Sennetts Diagnose durch die Architektur machtvoll unterstützt werde, helfe nur eine neue Schmerzempfindlichkeit, die den Menschen berührbar mache und zur Fähigkeit der Anerkenntnis einer Realität außerhalb seiner selbst führe. Nur so sei »der drohenden Indifferenz entgegenzuwirken und eine sich dem Sog machtvoller Lust entgegenstellende Architektur zu errichten, die gewissermaßen als Ort der Unlust bzw. des Schmerzes funktioniert« (Härtel 2005, S. 18).

Mit diesem letzten Gedanken wird sichtbar, welcher Gefahr das Wohnen ausgesetzt ist, wenn es sich dem Sog nach Geborgenheit und regressiver Konfliktfreiheit ausliefert.

12. Wohnen als spirituelle Erfahrung

Die alltäglichen Vorgänge, die wir rituell tagtäglich in unserer Wohnung vollziehen, können für unser Seelenleben eine heilsame Bedeutung erlangen, wenn wir sie bewusster vollziehen und den Sinn hinter dem Sinn erkennen. Hier wird bewusst der Begriff *heilsam* gewählt, um ihn von *heilend* abzugrenzen, der mit manchen übertriebenen und unrealistischen Heilserwartungen verbunden sein kann[17]. In verschiedenen Anläufen haben wir den unbewussten Sinn freizulegen versucht, den Räume in Form von Behausungen und Wohnungen haben können. Im zweiten Teil haben wir aufgezeigt, wie es die Wohnung unserem Wohn-Ich ermöglicht, die vielfältige Regulation von körperlichen, psychischen und sozialen Grundbedürfnissen zu besorgen, wozu u.a. gehören: Öffnen und Schließen, innen und außen sein, sich als autonomes Ganzes und als Teil eines größeren Ganzen erleben können. Darüber hinaus wurden all die lebenserneuernden Funktionen genannt, die uns die einzelnen Räume unserer Wohnung auszuüben ermöglichen. Am Beispiel des Einschlafens und Aufwachens wurde deutlich, dass dieser Grundrhythmus die Wohnung zum Ort der Wiedergeburt machen kann, wie wir ihn beim Übergang vom vorgeburtlichen zum nachgeburtlichen Leben zum ersten Mal vollzogen haben. Wenn das Einschlafen am Abend zu einer täglichen Erfahrung des Loslassens wird, dann kann das Aufwachen am Morgen, der neue Tag, als eine wertvolle und einmalige Chance unseres Lebens begriffen werden.

Wohnend verbringen wir vielleicht den größten Teil der Zeit unseres Lebens. Diese Zeit ist zu schade, als dass wir sie einfach ablaufen lassen wie eine leere, unerfüllte Zeit. Wenn es gelingt, den Umgang mit der dritten Haut mit Wachheit und Bewusstheit zu vollziehen, erhält das Leben in seinen alltäglichen Vollzügen eine kreative Färbung. Wohnen als Lebenskunst wäre dann nicht eine extravagante Art, sich einzurichten, sondern hieße, unsere dritte Haut als einen nach außen verlagerten Teil unseres Selbst zu verstehen und ihn, öffnend und schließend, zu gestalten.

Darüber hinaus steht die Wohnung als »Sinn-Container« für unser Wohn-Selbst, also für jene unbewussten Erfahrungen, die wir mit dem

17 Den Begriff *heilsam* in seiner Unterscheidung zu heilend-therapeutisch verdanke ich der Arbeit von Wolfgang Reuter (2004).

ersten vorgeburtlichen Raum gemacht haben: den Zustand der Einheit und die Erfahrung der Trennung aus dieser Einheit.

Der Weg vom Wohn-Ich zum Wohn-Selbst kann in gewisser Weise als Umkehrung jenes programmatischen Satzes Freuds gelten, den er als Ziel der Psychoanalyse angibt: »Wo Es war, soll Ich werden«. Das Ich hat sich auch mit Hilfe der Psychoanalyse weite Bereiche des Es zugänglich gemacht, in gewisser Weise hat es sich so aufgebläht, dass es nicht einmal mehr um die Existenz eines Unbewussten weiß. Heute geht es eher darum, die einseitige Identifikation mit dem Ich aufzugeben und dem unbewussten Selbst wieder mehr Beachtung zu schenken. Dies gilt auch für das Wohnen. Wie kann dem Wohn-Selbst wieder mehr Raum gegeben werden?

Ich möchte hier einige sehr subjektive Hinweise geben, die mir geeignet zu sein scheinen, Wohnen als heilsame und gleichsam spirituelle Erfahrung zu erleben und durch einen Zugang zu den verschütteten Quellen unseres unbewussten Selbst zu finden.

Eine Möglichkeit ist die Lektüre vor allem des dritten Teils dieses Buches, und zwar eine Lektüre nicht nur mit Kopf und Verstand, sondern mit den Bildern, Gefühlen und Wünschen, die dabei auftauchen. Unser Ich ist so sehr daran gewöhnt, die Bilder und Gedanken zu zensieren, zu bewerten, aus ihnen ein Problem zu machen, dass wir gar nicht mehr zu einer tieferen Schicht des Erlebens vordringen können. Unser Wohn-Selbst hingegen wird aktiviert, wenn wir diesen Gefühlen und Bildern wieder Raum geben, sie anschauen, wahrnehmen und akzeptieren.

Eine weitere Möglichkeit besteht darin, die eigene Wohnung, das eigene Zimmer zum Gegenstand meditativer Betrachtung zu machen. Wenn man den eigenen Raum, in dem man sich befindet, absichtslos betrachtet, was soviel heißt wie in ihm nichts zu *tun*, sondern in ihm zu *sein*, dann erschließt sich der Raum nicht nur als meine dritte Haut, sondern er wird zum Zugang zum eigenen inneren Raum. Vielleicht ist dies die wichtigste Aufgabe, die unsere Wohnung für uns erfüllen kann, dass sie einen Resonanzboden bildet für die Schwingungen unseres unbewussten Wohn-Selbst. Die »Poetik des Raumes« von der Bachelard spricht, wird lebendig, wenn die Wohnung nicht mehr nur ein Außen ist, welches in der Perspektive der dritten Person objektivierend wahrgenommen wird. Sich meditativ-betrachtend als Teil eines Raumes zu erleben, kann eine Hilfe sein, die Vormachtstellung des denkenden und ständig bewertenden Ichs einzuschränken und die Erfahrung der Verbundenheit und Einheit mit anderen Menschen und mit dem Kosmos zu begünstigen. Der innere Raum, der Kern des Wohn-Selbst, den die Wohnung versinnbildlicht, beginnt zu schwingen.

Wir finden damit Anschluss an jenes unbewusste Selbst, dass Graber in der vorgeburtlichen Erfahrung des Enthaltenseins, der Ungeschiedenheit und der Einheit mit dem mutterleiblichen Mikrokosmos verankert sieht. Wer diesen inneren Raum in sich selbst aufspürt und ihn betritt, wird Teil jener ursprünglichen Einheit, die aller Dualität, Differenz und Geschiedenheit vorausgeht. Mit dem ersten Raum, der uns nach der Einnistung der befruchteten Eizelle in die Gebärmutter zur Verfügung gestellt wurde, verbindet sich das Gefühl des Ungetrenntseins und der Einheit. Danach erlebt der Fötus einen Zustand der Zeitlosigkeit, weil Zeit erst mit der verzögerten Bedürfnisbefriedung einsetzt. Wegen der Rundumversorgung erlebt der Fötus aber noch kein Vorher und Nachher und folglich auch keine Zeit. Er erlebt auch keinen Raum im Sinne einer Begrenzung, sondern ist frei schwebend, verbunden mit allem, ohne Grenze. Vor allem in spirituellen, mystischen und meditativen Erfahrungen wird dieses Bewusstsein der Alleinheit und Ewigkeit als ein Zustand beschrieben, der jenseits des Ichs liegt, transpersonal ist und die Welt der Dualität und Polarität überschreitet. Wir Menschen können diesen Zustand des ewigen Jetzt wohl nur deshalb beschreiben, weil Reste des Erlebens aus dieser frühen Zeit der Einheit, der Zeit- und Raumlosigkeit in uns erhalten geblieben sind, auf denen die Alleinheits- und Ewigkeitserfahrung aufbauen. Unsere Wohnung kann uns als Symbol der ersten Hülle, aus der wir erwachsen sind, diese Erfahrung in Erinnerung halten. Sie verweist auf den inneren Raum, der in uns liegt, den wir jederzeit betreten können und in den der Rückzug möglich ist, wenn eine bedrängende Situation es erfordert. So, wie wir die Wohnung betreten, um uns vor allzu belastenden Erfahrungen der Welt »draußen« zu schützen, so kann der innere Raum als Ort jenseits der Konflikte und Ambivalenzen aufgesucht werden. Es ist sozusagen ein Verlassen des Ichs und ein Ankommen in unserem Selbst. In gewisser Weise ist dieser innere Raum unsterblich, weil er immateriell ist.

Damit schließt sich der Kreis. Lassen wir am Ende dieser letzten eher spirituellen Erkundungen zum Raumerleben mit der letzten Zeile aus jenem Gedicht von Hermann Hesse schließen, der uns beim Durchschreiten der Räume von der Empfängnis bis zum Tod begleitet hat:

> »Es wird vielleicht auch noch die Todesstunde
> Uns neuen Räumen jung entgegensenden,
> Des Lebens Ruf an uns wird niemals enden.
> Wohlan denn, Herz, nimm Abschied und gesunde!« (Stufen. G.W. I, S. 119)

Der letzte Raum, der zu durchschreiten ist, wird der Raum des Sterbens sein. Auch dabei kann die meditative Betrachtung der Wohnung hilfreich sein, weil sie zu einem Gewahrwerden der eigenen Begrenztheit und Sterblichkeit führen kann. Das Gegenteil von meditativem Zugang zum eigenen Raum ist das ichhafte Verhaftetsein mit der eigenen Wohnung. Es verhindert, Abstand zur ihr zu finden und das notwendige Verlassen der Wohnung zu realisieren. Ein Tag wird der letzte sein, den wir lebend in unserer Wohnung verbringen. Dies zu realisieren und zu integrieren ist eine Frucht des heilsamen Umgangs mit der eigenen Wohnung. Wo die Sterblichkeit, das »Abbrechen des Hauses« nicht integriert ist, verbreitet der Tod Angst und Schrecken und muss gemieden werden. Die ichhafte Auflehnung gegen den Tod führt zur phobischen Vermeidung des Gedankens an die eigene Sterblichkeit und zu unrealistischen Größenfantasien in Gestalt von Gedanken über die eigene Todesüberlegenheit. Wo jedoch das vorgeburtlich entstandene Gefühl der Einheit und Verbundenheit mit allem aktiviert ist, erscheint der Tod als ein Zustand, in dem sich das ursprüngliche fötale Einssein vollendet und wir wieder in einen Zustand der Zeit- und Raumlosigkeit, des ewigen Jetzt, überwechseln. Dieses Wohn-Selbst ist jener Teil von uns, der sich beim Zerfallen des Hauses, also im Streben, mit dem größeren Raum, der uns umgibt, verbindet und uns einfügt in ein größeres Ganzes, in einen kosmischen Zusammenhang. Dieser Transformationsvorgang des Sterbens wird mit Vorliebe als ein Verlassen des Hauses beschrieben und als ein Wiederfinden einer neuen Wohnung.

Literatur

Alberti, Bettina (2005): Die Seele fühlt von Anfang an. Wie pränatale Erfahrungen unsere Beziehungsfähigkeit prägen. München.

Anzieu, Didier (1985): Das Haut-Ich. Frankfurt/M. 1991.

Assmann, Jan (1998): Moses der Ägypter. München.

Bachelard, Gaston (1960): Poetik des Raumes. Frankfurt/M., 7. Aufl. 2003.

Baudrillard, Jean (1968): Das System der Dinge. Über unser Verhältnis zu den alltäglichen Gegenständen. Frankfurt/M., 2. Aufl. 2001.

Baier, Franz Xaver (2000): Der Raum. Prolegomena zu einer Architektur des gelebten Raumes. Köln.

Balint, Michael (1937): Frühe Entwicklungsstadien des Ich. In: Kutter, Peter (Hg.): Psychologie der zwischenmenschlichen Beziehungen. Psychoanalytische Beiträge zu einer Objektbeziehungs-Psychologie. Darmstadt 1982, S. 19–42.

Bauriedl, Thea (1994): Auch ohne Couch. Psychoanalyse als Beziehungstheorie und ihre Anwendungen. Stuttgart.

Benjamin, Walter (1982): Das Passagen-Werk, Bd. 1. Frankfurt/M.

Pohlen, M.; Bautz-Holzherr, M. (1991): Eine andere Aufklärung. Das Freudsche Subjekt in der Analyse. Frankfurt/M.

Bion, Winfred R. (1962): Lernen durch Erfahrung. Frankfurt/M. 1990.

Birnbacher, Dieter; Macho, Thomas & Martens, Ekkehard (1989): Heimat/Wohnen. Hannover.

Bischof, Norbert (1996): Das Kraftfeld der Mythen. Signale aus der Zeit, in der wir die Welt erschaffen haben. München.

Bollnow, Otto Friedrich (1963): Mensch und Raum. Stuttgart, 9. Aufl. 2000.

Chasseguet-Smirgel, Janine (1988): Zwei Bäume im Garten. München, Wien.

Dahl, Gerhard (2002): Primärer Narzissmus und inneres Objekt. Zum Schicksal einer Kontroverse. In: Psyche 55 (2002), 577–611.

DeMause, Lloyd (2000): Was ist Psychohistorie? Eine Grundlegung. Gießen.

Diergarten, Friedrich (2003): Das Unbehagen im Christentum. Psychoanalytische und theologische Untersuchungen zu Verdrängungsphänomenen. Frankfurt/M.

Evertz, Klaus (2002): Kunstanalyse. Überlegungen zu einer entwicklungspsychologisch und psychoanalytisch begründeten Rezeptionsebene in der Kunstwissenschaft. In: Ders.; Janus, Ludwig (2002): Kunstanalyse. Ästhetische Erfahrung und frühe Lebenszeit. Heidelberg, S. 45–112.

Federn, Paul (1956): Ichpsychologie und die Psychosen. Bern, Stuttgart.

Flade, Antje (1987): Wohnen – psychologisch betrachtet. Bern, Stuttgart, Toronto.

Flagge, Ingeborg (Hg.) (1999): Geschichte des Wohnens. Von 1945 bis heute. Aufbau – Neubau – Umbau. Stuttgart.

Freud, Sigmund (1895): Entwurf zu einer Psychologie. G.W. Nachtragsband.

Ders. (1900/01): Die Traumdeutung. G.W. II und III.

Ders. (1916/17): Vorlesungen zur Einführung in die Psychoanalyse. G.W. XI.

Ders. (1917): Eine Schwierigkeit der Psychoanalyse. G.W. XII.

Ders. (1920): Jenseits des Lustprinzips. G.W. XIII.

Ders. (1923): Das Ich und das Es. G.W. XIII.

Ders. (1930): Das Unbehagen in der Kultur. G.W. XIV.
Ders. (1917): Vorlesungen zur Einführung in die Psychoanalyse. G.W. XI.
Ders. (1939): Der Mann Moses und die monotheistische Religion. G.W. XVI.
Foucault, Michel (1977): Sexualität und Wissen. Frankfurt/M.
Funke, Dieter (1986): Im Glauben erwachsen werden. Psychische Voraussetzungen der religiösen Reifung. München.
Ders. (2000): Das Schulddilemma. Wege zu einem versöhnten Leben. Göttingen.
Ders. (2004): Der Sakralraum als sinnlich-symbolische Erfahrung. In: Lienhardt, Conrad (2004): Sakralraum im Umbruch. Kirchenbau der Katholischen Kirche in Oberösterreich seit 1948. Regensburg, S. 26–31.
Gebser, Jean (1992): Ursprung und Gegenwart, Gesamtausgabe, Bd. 2. Schaffhausen, 3. Aufl. 2003.
Gibeault, Alain; Uhl, Richard (2004): Vom Werkzeug zum Kunstwerk: Die Erfindung des Symbols. In: Sacco, Francois; Sauvet, Georges (Hg.) (2004): Vom Wesen des Menschen. Ein Dialog zwischen Prähistorie und Psychoanalyse. Gießen, S. 12–38.
Graber, Gustav Hans (1924): Die Ambivalenz des Kindes, heute: »Ursprung, Einheit und Zwiespalt der Seele. Vor- und nachgeburtliche Entwicklung des Seelenlebens«. München 1970.
Ders. (1966): Die Not des Lebens und ihre Überwindung. Bern, Düsseldorf.
Girard, Rene (1988): Der Sündenbock. Zürich.
Grof, Stanislav (1987): Das Abenteuer der Selbstentdeckung. Heilung durch veränderte Bewusstseinszustände. Ein Leitfaden. Hamburg, 4. Aufl. 2001.
Gross, Peter (1999): Ich-Jagd. Im Unabhängigkeitsjahrhundert. Frankfurt/M.
Gross, Werner (2003): Was erlebt ein Kind im Mutterleib? Ergebnisse und Folgerungen der pränatalen Psychologie. Freiburg/Br.
Grunberger, Béla (1976): Vom Narzissmus zum Objekt. Frankfurt/M.
Ders. (1988): Narziss und Anubis. Die Psychoanalyse jenseits der Triebtheorie, Bd. 2. Wien, München.
Ders.; Dessuant, Pierre (2000): Narzissmus, Christentum, Antisemitismus. Eine psychoanalytische Untersuchung. Stuttgart.
Guderian, Claudia (2004): Die Couch in der Psychoanalyse. Geschichte und Gegenwart von Setting und Raum. Stuttgart.
Habermas, Tilman (1999): Geliebte Objekte. Symbole und Instrumente der Identitätsbildung. Frankfurt/M.
Härtel, Insa (2004): Erbauliches von der Mutter? Einbildung und Umbildung erfüllender Aufenthaltsorte. In: texte. psychoanalyse. ästhetik. kulturkritik 24 (2004) Heft 2, 12–32.
Heidegger, Martin (1952): Bauen Wohnen Denken. Stuttgart 1978.
Hegener, Wolfgang (2001): Wege aus der vaterlosen Psychoanalyse. Tübingen.
Hesse, Hermann (1941): Stufen. In: G.W., Bd. I (Werkausgabe edition suhrkamp), Frankfurt/M. 1973, S. 119.
Houzel, Didier (2004): Das Konzept der psychischen Hülle. In: Brosig, Burkhard; Gieler, Uwe (Hg.) (2004): Die Haut als psychische Hülle. Gießen, S. 50–81.
Hüther, Gerald (2004): Die Macht der inneren Bilder. Wie Visionen das Gehirn, den Menschen und die Welt verändern. Göttingen.
Ders. (2005): Pränatale Einflüsse auf die Hirnentwicklung. In: Krens, Inge; Krens, Hans (Hg.) (2005): Grundlagen einer vorgeburtlichen Psychologie. Göttingen, S. 49–62.

Ders.; Krens, Inge (2005): Das Geheimnis der ersten neun Monate. Unsere frühesten Prägungen. Düsseldorf, Zürich.
Janus, Ludwig (1997): Wie die Seele entsteht. Unser psychisches Leben vor und nach der Geburt. Heidelberg.
Ders. (Hg.) (1998): Die Wiederentdeckung Otto Ranks für die Psychoanalyse. In: psychosozial 21 (1998) Heft 3.
Ders. (2000): Der Seelenraum des Ungeborenen. Pränatale Psychologie und Therapie. Düsseldorf.
Ders. (2000a): Die Psychoanalyse der vorgeburtlichen Lebenszeit und der Geburt. Gießen.
Kaminer, Ilona (1999): Die intrauterine Dimension in der menschlichen Existenz und in der Psychoanalyse – Hommage an Béla Grunberger. In: Psyche 53 (1999), 101–136.
Kern, Hermann (1982): Labyrinthe. Erscheinungsformen und Deutungen. 5000 Jahre Gegenwart eines Urbildes. München.
Kernberg, Otto (1988): Innere Welt und äußere Objekte. Anwendungen der Objektbeziehungstheorie. München, Wien.
Kimmerle, Gerd (1997): Der Fall des Bewusstseins. Zur Dekonstruktion des Unbewussten in der Logik der Wahrheit bei Freud. Tübingen.
Klein, Melanie (1995/96): Gesammelte Schriften, Bd. I, Teil 1 u. 2. Stuttgart, Bad Cannstatt.
Kohut, Heinz (1973): Narzissmus. Frankfurt/M.
Krens, Inge; Krens, Hans (Hg.) (2005): Grundlagen einer vorgeburtlichen Psychologie. Göttingen.
Leroi-Gourhan, Andre (1988): Hand und Wort. Die Evolution von Technik, Sprache und Kunst. Frankfurt/M.
Leuzinger-Bohleber, Marianne; Mertens, Wolfgang & Koukkou, Martha (Hg.) (1998): Erinnerung von Wirklichkeiten. Psychoanalyse und Neurowissenschaften im Dialog, Bd. 1: Bestandsaufnahme, Bd. 2: Folgerungen für die Praxis. Stuttgart.
Leuzinger-Bohleber, Marianne (2001): »… und dann – mit einem Male – war die Erinnerung da …« (Proust). Aus dem interdisziplinären Dialog zwischen Psychoanalyse und Cognitive Science zum Gedächtnis. In: Psychotherapie Forum 9, Nr. 2 (2001), 71–85.
Löw, Martina (2001): Raumsoziologie. Frankfurt/M.
Lorenzer, Alfred (1981): Das Konzil der Buchhalter. Die Zerstörung der Sinnlichkeit. Eine Religionskritik. Frankfurt/M. 1991.
Macho, Thomas (2004): Das zeremonielle Tier. Rituale – Feste – Zeiten zwischen den Zeiten. Styria.
Markowitsch, Hans J.; Welzer, Harald (2005): Das autobiographische Gedächtnis. Hirnorganische Grundlagen und biosoziale Entwicklung. Stuttgart.
Mätzler, Karl (2005): Sexualität, unbewusste Phantasie und die Bedeutung der Konkretheit von Teilobjekten. In: Ders.; Mätzler, Ruth (2005): Sexualität in der kleinianischen Psychoanalyse. Tübingen, S. 161–186.
Ders.; Mätzler, Ruth (2005): Sexualität in der kleinianischen Psychoanalyse. Tübingen.
Maguire, Anne (1993): Hauterkrankungen als Botschaft der Seele. München.
Meisenheim, Wolfgang (2004): Das Denken des Leibes und der architektonische Raum. Köln.
Nitzschke, Bernd (1998): Aufbruch nach Inner-Afrika. Essays über Sigmund Freud und die Wurzeln der Psychoanalyse. Göttingen.

Odenthal, Andreas (2002): Liturgie als Ritual. Theologische und psychoanalytische Überlegungen zu einer praktisch-theologischen Theorie des Gottesdienstes als Symbolgeschehen. Stuttgart.

Plessner, Helmut (1975): Die Stufen des Organischen und der Mensch. Einleitung in die philosophische Anthropologie. Berlin, New York.

Pohlen, Manfred; Bautz-Holzherr, Margarethe (1991): Eine andere Aufklärung. Das Freudsche Subjekt in der Analyse. Frankfurt/M.

Raguse, Hartmut (2002): Narziss, Christus, Hitler. Grunberger und Dessuants Beschreibung und Deutung des Antisemitismus. In: Psyche 56 (2002), 190–204.

Rank, Otto (1924): Das Trauma der Geburt. Gießen 1998.

Ders. (1932): Kunst und Künstler. Studien zur Genese und Entwicklung des Schaffensdranges. Gießen 2000.

Reuter, Wolfgang (2004): Heilsame Seelsorge. Ein psychoanalytisch orientierter Ansatz von Seelsorge mit psychisch Kranken. Münster.

Rosenfeld, Herbert A. (1991): A clinical approach to the psychoanalytic theory of the life and death instincts: An investigation into the aggressive aspects of narcissism. International Journal of Psychoanalysis 52, 169–178.

Sacco, Francois; Sauvet, Georges (Hg.) (2004):Vom Wesen des Menschen. Ein Dialog zwischen Prähistorie und Psychoanalyse. Gießen.

Sacco, Francois (2004): Vorderansicht oder Profil – eine Frage des Stils? In: Ders.; Sauvet, Georges (Hg.) (2004): Vom Wesen des Menschen. Ein Dialog zwischen Prähistorie und Psychoanalyse. Gießen, S. 114–144.

Safranski, Rüdiger (2003): Wie viel Globalisierung verträgt der Mensch? München, Wien.

Schmidt, Fritz; Dirlmeier, Ulf (1998): Geschichte des Wohnens im Spätmittelalter. In: Dirlmeier, Ulf (Hg.): Geschichte des Wohnens, Bd. 2: 500–1800, Hausen, Wohnen Residieren. Stuttgart, S. 229–346.

Seidler, Günter H. (2002): Der Sog in die Monade: Die Elimination der »dritten Position«. Klinische Bilder und psychodynamische Abläufe beim »destruktiven Narzissmus«. In: Ders. (Hg.) (2002): Das Ich und das Fremde. Klinische und sozialpsychologische Analysen des destruktiven Narzissmus. Gießen, S. 9–23.

Selle, Gert (1993): Die eigenen vier Wände. Zur verborgenen Geschichte des Wohnens. Frankfurt/M.

Sennett, Richard (1995): Fleisch und Stein. Der Körper und die Stadt in der westlichen Zivilisation. Berlin.

Sloterdijk, Peter (1993): Weltfremdheit. Frankfurt/M.

Ders. (1998): Sphären I. Blasen. Frankfurt/M.

Ders. (2004): Sphären III. Schäume. Frankfurt/M.

Subkowski, Peter (2004): Zur Psychodynamik des Sammelverhaltens. In: Psyche 58 (2004), 321–351.

Trauth, Wolfgang (1997): Zentrale psychische Organisations- und Regulationsprinzipien und das psychoanalytische Verständnis von Abwehr und Regulation. Psychoanalytische Grundlagenforschung. Sonderheft 1 der »Zeitschrift für psychoanalytische Psychotherapie« XIX. München.

Urner, Erika (1993): Häuser erzählen Geschichten. Die Bedeutung des Hauses in der Kinderzeichnung. Zürich.

van der Wal, Jaap; van der Bie, Guus (2005): Grundzüge einer phänomenologischen

Embryologie. In: Krens, Inge; Krens, Hans (Hg.) (2005): Grundlagen einer vorgeburtlichen Psychologie. Göttingen, S. 31–48.
Vico, Giambattista (1965): Die neue Wissenschaft über die gemeinschaftliche Natur der Völker. Berlin.
Wahl, Heribert (1994): Glaube und symbolische Erfahrung. Eine praktisch-theologische Symboltheorie. Freiburg/Br.
Wertheim, Margaret (2002): Die Himmelstür zum Cyberspace. München.
Wilber, Ken (1991): Wege zum Selbst. Östliche und westliche Ansätze zu persönlichem Wachstum. München.
Winnicott, Donald W. (1974): Reifungsprozesse und fördernde Umwelt. Frankfurt/M. 1994.
Ders. (1979): Vom Spiel zur Kreativität. Stuttgart.

Abbildungen

1. Masaccio, Vertreibung aus dem Paradies, 1427, Capella Brancacci, Florenz.
2. Piero della Francesco, Madonna des Parto, 1467, Monterchi.
3. Kugelhaus auf der Jahresausstellung »Die technische Stadt«, Dresden 1928, aus: Nerdinger, Winfried (Hg.) (2002): Konstruktion und Raum in der Architektur des 20. Jahrhunderts – exemplarisch. Beispiele aus der Sammlung des Architekturmuseums der Technischen Universität München. München, S. 13.
4. eigene Grafik.
5. Kuppel des Pantheon, Rom.
6. Heinz Isler, Tankstelle Deitingen-Süd, 1968, aus: Nerdinger, Winfried (Hg.) (2002): Konstruktion und Raum in der Architektur des 20. Jahrhunderts – exemplarisch. Beispiele aus der Sammlung des Architekturmuseums der Technischen Universität München. München, S. 61.
7. Konstruktion eines pfostengestützten Schrägdachs, aus: Camesca, Ettore (Hg.) (1971): Das Haus. Vom Pfahlbau zur Wohnmaschine. Gütersloh, S. 13.
8. Umm Dabagiya, Nordirak, um 6500 v. Chr., aus: Hoepfner, Wolfgang; Wüstenrot Stiftung (Hg.) (1999): Geschichte des Wohnens, Bd. 1. Stuttgart, S. 19.
9. Grundriss eines römischen Hauses, aus: Camesca, Ettore (Hg.) (1971): Das Haus. Vom Pfahlbau zur Wohnmaschine. Gütersloh, S. 53.
10. Max Dudler, Schokoladenmuseum Stuttgart 2005, aus: FAZ vom 9. Sept. 2005.
11. René Magritte, Die Beschaffenheit des Menschen, 1933, Washington, National Gallery of Art, © VG Bild-Kunst, Bonn.
12. Skizze aus: Camesca, Ettore (Hg.) (1971): Das Haus. Vom Pfahlbau zur Wohnmaschine. Gütersloh, S. 20.
13. Antonella da Messina, Hieronymus im Gehäuse, 1474, London, National Gallery.
14. Heimbüro mit Computer im Schrank, aus: Flagge Ingeborg; Wüstenrot Stiftung (Hg.) (1999): Geschichte des Wohnens, Bd. 3. Stuttgart, S. 765.

15. Klosteranlage Camaldoli im Casentin/Italien.
16. Herrgottswinkel in einem Bauernhaus.
17. »Zimmer in Burg Grafeneck« L. Burger, 1887, Rom, Sammlung Malfatti.
18. Freud-Museum, London.
19. Gotischer Beichtstuhl im Kölner Dom, aus: Guderian, Claudia (2004): Die Couch in der Psychoanalyse. Geschichte und Gegenwart von Setting und Raum. Stuttgart, S. 97.
20. Freud-Museum, London.
21. Mustereinrichtung 1962, aus: Flagge, Ingeborg; Wüstenrot Stiftung (Hg.) (1999): Geschichte des Wohnens, Bd. 3. Stuttgart, S. 776.
22. Kisho Kurakawa, Nakagin Casule Tower, Tokyo 1972, aus: Nerdinger, Winfried (Hg.) (2002): Konstruktion und Raum in der Architektur des 20. Jahrhunderts – exemplarisch. Beispiele aus der Sammlung des Architekturmuseums der Technischen Universität München. München, S. 28.
23. eigene Grafik.
24. Uroboros-Schlange.
25. eigene Grafik.
26. Paolo Uccello, Der Hostienverkauf, um 1465–1469.
27. Die perspektivische Konstruktion des Uccello-Bildes.
28. Leonardo da Vinci, De divina proportione.
29. See mit Wasserträgern, aspektivische Darstellung, aus: Brunner-Traut, Emma (1978): Ägypten. Kunst und Reiseführer mit Landeskunde. Stuttgart, Berlin, Köln, Mainz, S. 186.
30. Der im Tierkreiszeichen enthaltene zweifache menschliche Körper, franz. Handschrift aus dem 15. Jahrhundert.
31. eigene Grafik.
32. Nachzeichnung von Francesco di Giorgio Martini, Proportionsstudie für eine Säule, 2. Hälfte des 15. Jahrhunderts.
33. Kinderzeichnung, aus: Urner, Erika (1993): Häuser erzählen Geschichten. Die Bedeutung des Hauses in der Kinderzeichnung. Zürich, S. 26.
34. Das Innere der Kathedrale von Ely, Gemälde von Turner 1796, National Gallery London.
35. Kaiser-Wilhelm-Gedächtniskirche, Berlin.

36. eigene Grafik.
37. Wohnhaus T. E. S. T. System, Beverly Hills, Kalifornien, Architekt: Helmut C. Schulitz 1976, aus: Nerdinger, Winfried (Hg.) (2002): Konstruktion und Raum in der Architektur des 20. Jahrhunderts – exemplarisch. Beispiele aus der Sammlung des Architekturmuseums der Technischen Universität München. München, S. 125.
38. Die Figur Hon (=sie) Niki de Saint Phalle, 1966, Stockholm, Moderna Museet, © VG Bild-Kunst, Bonn.
39. Bronzezeitliche Felsritzung ca. 900–500 v. Chr., Pontevedra/Spanien, aus: Kern, Hermann (1982): Labyrinthe. Erscheinungsformen und Deutungen; 5000 Jahre Gegenwart eines Urbildes. München, S. 39.
40. Entwurf Sobek-Haus, 1997, aus: Nerdinger, Winfried (Hg.) (2002): Konstruktion und Raum in der Architektur des 20. Jahrhunderts – exemplarisch. Beispiele aus der Sammlung des Architekturmuseums der Technischen Universität München. München, S. 101.
41. »Palast der Eingeweide«, Berlin, Vorderasiatisches Museum, aus: Kern, Hermann (1982): Labyrinthe. Erscheinungsformen und Deutungen; 5000 Jahre Gegenwart eines Urbildes. München, S. 34.
42. Münze aus Knossos und Ornament, aus: Rank, Otto (1932): Kunst und Künstler. Gießen 2000, S. 156.
43. Monteriggioni, Toskana, Italien, Postkarte, aus: Selle, Gert (1993): Die eigenen vier Wände. Zur verborgenen Geschichte des Wohnens. Frankfurt/M., S. 184.
44. eigene Grafik.
45. eigene Grafik.
46. Leonardo da Vinci.
47. Ei- und Samenzellen, aus: Krens, Inge/Krens, Hans (Hg.) (2005): Grundlagen einer vorgeburtlichen Psychologie. Göttingen, S. 40.
48. Anita Glatzer, Pulcherrima. Aufgenommen im pathologisch-anatomischen Bundesmuseum Wien, aus: Sloterdijk, Peter (1998): Sphären I. Blasen. Frankfurt/M., S. 527.
49. Fötografie, Foto Lennrat Nilsson, aus: Sloterdijk, Peter (2004): Sphären III. Schäume. Frankfurt/M., S. 896.
50. Ödipus und die Sphinx von Theben.
51. Jona, Armenbibel, 14. Jahrhundert.

52. Pieta, Michelangelo, Rom, San Pietro, 1498–1501.
53. eigene Grafik.
54. Bonn-Pützchen, Herz-Jesu-Kloster, Kapelle, 2005, DVD Architekten Fischer /v. Kietzell, © Johannes Marburg; mit freundlicher Erlaubnis der Künstler.
55. Bonn-Pützchen, Herz-Jesu-Kloster, bipolarer Innenraum, 2005, DVD Architekten Fischer /v. Kietzell, © Johannes Marburg; mit freundlicher Erlaubnis der Künstler.
56. Weibliche Figurine, um 1000 v. Chr., Terracotta, archäologisches Museum, Heraklion/Kreta.
57. Pfahl-Haus (Zentral-Celebes), aus: Rank, Otto (1932): Kunst und Künstler. Gießen 2000, S. 168.
58. Griechischer Tempel, Parthenon/Athen.
59. Sultan Ahmed-Moschee, Istanbul, Türkei, aus: Gottes Häuser. Fotografiert von Andreas Hoffmann. Einleitungen und Textauswahl von Peter Wild. Gütersloh 1997, S. 23.
60. Saint Philibert, Tournus, Frankreich/Burgund.
61. Die Plazenta des Pharaos beim Sed-Fest, ca. 3000 v. Chr., Ägyptisches Museum Kairo.
62. Zwei Reiter, die aus einem Labyrinth herauskommen. Zeichnung auf dem Krug von Tragliatella, aus: Rank, Otto (1932): Kunst und Künstler. Gießen 2000, S. 157.
63. Raphael und Gabriel als Seelenführer, Altartafel des Meisters von Lluca, um 1200.
64. Ernst Steiner, »Ich kehre wieder- Du niemals«. Postkarte, Mit freundlicher Genehmigung des Künstlers.
65. Kampf der Engel mit dem Drachen, San Pietro al Monte Civate (Comer See), um 1100.
66. Altsteinzeitliche Höhlen von Lascaux.
67. Fernsehszene der 50er Jahre, aus: Flagge, Ingeborg; Wüstenrot Stiftung (Hg.) (1999): Geschichte des Wohnens, Bd. 3. Stuttgart, S. 778.
68. Gaetano Pesce, Up 5 Donna, aus: Flagge, Ingeborg; Wüstenrot Stiftung (Hg.) (1999): Geschichte des Wohnens, Bd. 3. Stuttgart, S. 858.
69. Laura-Ashley-Zimmer, Homepage Hotel Bayrischer Hof, München.
70. Poggenpohl-Werbung aus: Living Home Heft 4 (2005).
71. M. C. Escher, Hand mit spiegelnder Kugel, 1935, aus: Sloterdijk, Peter (2004): Sphären III. Schäume. Frankfurt/M., S. 585.

2006 · 334 Seiten · Broschur
EUR (D) 29,90 · SFr 52,-
ISBN 3-89806-470-0

Norbert Elb dokumentiert die Selbstorganisation und Emanzipation der SM-Bewegung in den letzten fünfzehn Jahren sowie die sozialen Vorgänge innerhalb der Szene, die mit jener der Schwulen und Lesben vergleichbar ist. Die SM-Bewegung ordnet sich selbst den Neuen Sozialen Bewegungen zu und versteht sich als zivilgesellschaftliches Projekt. Im Zentrum steht dabei der Einsatz für eine selbstbestimmte Sexualität verbunden mit der Kritik repressiver gesellschaftlicher Strukturen. Da der Autor selbst Mitglied der SM-Szene ist, verfolgt er einen nicht-objektivistischen Forschungsansatz und beschäftigt sich damit, wie SM beschrieben und verstanden werden kann, welche soziale Rolle diese Subkultur für die in ihr involvierten SMlerInnen spielt und welche Rückwirkungen die SM-Subkultur auf die Entwicklung der Sexualität und Identität erzeugt.

Oktober 2006 · ca. 300 Seiten · Broschur
EUR (D) 34,– · SFr 58,50
ISBN 3-89806-509-X

Reinhard Lindner präsentiert idealtypische klinische Muster der Trias Suizidalität, Lebensgeschichte und Übertragungsbeziehung von suizidalen Männern. Kliniker und Wissenschaftler finden hier Verständnisebenen schwieriger Behandlungssituationen und ein wissenschaftliches Erkenntnismodell, um vom Einzelfall systematisch und nachvollziehbar zu generalisierenden Erkenntnissen zu gelangen.

PV
Psychosozial-Verlag

Goethestr. 29 · 35390 Gießen · Tel. 06 41/9716903 · Fax 77742
bestellung@psychosozial-verlag.de
www.psychosozial-verlag.de

2005 · 232 Seiten · Broschur
EUR (D) 19,90 · SFr 34,90
ISBN 3-89806-394-1

Was ist Liebe? Was hat eine Affäre mit der eigenen Beziehung zu tun? Lohnt es sich zu kämpfen? Kann eine Therapie helfen? War die Beziehung nicht von Anfang an zum Scheitern verurteilt? Ist die Ehe gar der Friedhof jeder Liebe?

Wolfgang Hantel-Quitmann widmet sich diesen Fragen und kreiert daraus eine »Psychologie der Liebesaffären«, entwickelt an Beispielen aus der paartherapeutischen Praxis, großen Werken der Weltliteratur und den Liebesaffären berühmter Paare.

Für alle, die sich aus psychologischem, literarischem oder rein menschlichem Interesse mit dem Thema beschäftigen – bevor die nächste Liebesaffäre als Ende aller Liebe, moralisch verwerflich oder schicksalhaft missgedeutet werden könnte. Eine vergnügliche und erhellende Lektüre.

2004 · 231 Seiten · gebunden
EUR (D) 29,90 · SFr 52,20
ISBN 3-89806-349-6

Warum fasziniert uns die romantische Liebe? Warum macht sie uns aber zugleich Angst? Mitchell befasst sich – gut lesbar und mit zahlreichen Beispielen aus seiner 30-jährigen klinischen Erfahrung – in seiner wegweisenden Studie mit dem Schicksal der romantischen Liebe im Verlauf der Zeit.

Laut gängiger Meinung ist die Liebe zerbrechlich und vergänglich. Mitchell hingegen behauptet, dass in langfristigen Beziehungen die Romantik nicht abnimmt, sondern zunehmend gefährlicher wird. Nicht Gewohnheit tötet die Liebe, sondern unsere Angst vor Abhängigkeit. Mitchell veranschaulicht das ganze Spektrum romantischer Erfahrungen und zeigt, dass die Liebe Bestand haben kann, wenn wir uns unserer eigenen selbstdestruktiven Tendenzen und tiefen Angst vor der Liebe bewusst werden.

PV
Psychosozial-Verlag
Goethestr. 29 · 35390 Gießen · Tel. 0641/9716903 · Fax 77742
bestellung@psychosozial-verlag.de
www.psychosozial-verlag.de

2005 · 344 Seiten · Broschur
EUR (D) 19,90 · SFr 34,90
ISBN 3-89806-389-5 · 978-3-89806-389-0

Horst-Eberhard Richter beschreibt die moderne westliche Zivilisation als psychosoziale Störung. Er analysiert die Flucht aus mittelalterlicher Ohnmacht in den Anspruch auf egozentrische gottgleiche Allmacht. Anhand der Geschichte der neueren Philosophie und zahlreicher sozio-kultureller Phänomene verfolgt er den Weg des angstgetriebenen Machtwillens und der Krankheit, nicht mehr leiden zu können. Die Überwindung des Gotteskomplex wird zur Überlebensfragen der Gesellschaft und des modernen Menschen.

Richters bahnbrechendes Werk neu aufgelegt und angesichts der ökonomischen Krisen und der Zunahme terroristischer Gewalt in der westlichen Gesellschaft aktuell wie nie zuvor.

September 2006 · 288 Seiten · gebunden
EUR (D) 19,90 · SFr 34,90
ISBN 3-89806-570-7 · 978-3-89806-570-2

Horst-Eberhard Richter, einer der bedeutendsten Psychoanalytiker und Sozialphilosophen der Gegenwart, untersucht das Schwinden von Menschlichkeit im Rausch der wissenschaftlich-technischen Revolution. Von den erfolgreich konkurrierenden Frauen eingeholt, müssten die Männer ihrerseits mehr psychologische Weiblichkeit entwickeln, um den Ausfall an sozialen Bindungskräften wettzumachen und um zu verhindern, dass sich die Armutskluft und die Komplizenschaft von fundamentalistischem Terror und kriegerischer Gegengewalt nicht verewigen.

Eine brillante Weiterentwicklung seiner Thesen aus »Der Gotteskomplex« (1979).

PV
Psychosozial-Verlag

Goethestr. 29 · 35390 Gießen · Tel. 0641/9716903 · Fax 77742
bestellung@psychosozial-verlag.de
www.psychosozial-verlag.de